マクロ金融経済と信用・貨幣の創造

均衡モデルと不均衡調整モデル

藤原秀夫

東洋経済新報社

はしがき

　本書は著者の第6番目の単独著書である．このように記すのも，次のような思いがあるからである．作曲家にも研究者にも，ともに，主旋律がある．作曲家の交響曲に当たるのが，研究者にとっては，著書である．交響曲で繰り返し現れる主旋律と同じように，研究者の著作にも繰り返し現れる主旋律がある．著者の6つの交響曲（著書のこと）に現れる主旋律は，作品を見れば，一目瞭然であろう．

　ともあれ，本書の課題は，以下の通りである．本書は，閉鎖経済および開放経済のマクロ的枠組みの下で，信用創造と貨幣供給の「基本問題」の解決を課題としている．著者の考える「基本問題」とは，一言で言えば，次のようになる．銀行信用と貨幣供給の等価性とワルラス法則を制約として，部分的な伝統的信用創造モデルおよび貨幣創造モデルをマクロ均衡同時決定モデルに整合的に接合し，政策の有効性，市場の不完全性，金融危機などの多様なマクロ的金融現象を分析できる土台となる理論モデルを構築することである．その接合の方法が，いわばインターフェースであり，このインターフェースによって，そのモデルに対応する不均衡調整モデルが相異し，市場均衡の安定性が異なり，マクロ的金融現象の分析も相異する．そのインターフェースとは，特定の市場均衡と信用創造の関係を意味する．いわば，信用創造の「場」である．以上が，端的に述べた本書の課題である．詳しくは，序論で展開される．

　いたずらに，馬齢を重ねて今日に至る．ひたすら研究に没頭したとは，お世辞にもいえない．突然，精神が高揚した時期が現れ，そのあと長い不調の時が続くというのが常態であった．かといって，赫奕たる反骨精神でやってきたわけでもない．まさに，一升瓶に一升五合の酒は入らない．才あるなしも禍福もまた同じ．以て肝に銘ず．然るに，記された思索の残滓は，膨大である．茫洋たる精神のなせる業なるか．PCの出現遅きに失し，40歳以前に書き記されたものは，無念なるかな，いまや霧散した．

　本書の上梓に際し，それらをつらつら眺めてみると，若かりし頃，実に，10

ページ以上にわたって，為替相場の「オーバーシューティング・モデル」の検討作業と基本的矛盾の解決策を書き留めている．このモデルは，それに十数年以上も先立つマンデル＝フレミング・モデルとともに，ことあるごとに人々の口の端にのぼるモデルである．然るに，いまだ，その理論の持つ基本的矛盾は解決に至らず，これらのモデルの真の（市場）不均衡調整モデルは見いだされていないと考える．

　それよりも多くのページを割いて考察された問題が，4つある．1つは，院生時代から取り組んだ，R. A. マンデルの「高成長率の経済ほど国際収支（貿易収支）が黒字になる．それは，外貨の需要が増大するからである」というカウンター・ケインジアンの命題である．この問題についての著者の最終的解決策は，拙著『マクロ貨幣経済の基礎理論』東洋経済新報社，2008年，で提示されている．もう1つは，「資産モデル」と「期首モデル」，である．これらのモデルも，多期間にわたっては，ワルラス法則を制約として，マクロ均衡動学モデルとして整合的に再構成されることを示した．さらに，為替相場決定理論の統一的解釈，もしくは，そのための前提である統合の問題である．為替相場決定理論には，幾つものモデルがあり，現実の局面に応じて，道具箱から適合するモデルを取り出せばよいのであるというような考え方が存在すると思われるが，同意することはできない．理論の進歩は，その統合の試みから訪れると確信する．これらの問題の解決策については，上記の拙著以外に，『為替レートと対外不均衡の経済学』東洋経済新報社，1999年，で提示されている．

　最後に，長期予想インフレ率と政策のコンフィデンス（confidence）の問題がある．現実に適合して調整される短期予想インフレ率とは異なり，長期予想インフレ率は，直接的に，政策の影響を受ける．その程度は，政策のコンフィデンス次第であることを明確にしている．今日，金融政策の有効性の分析に際して，フォワード・ルッキングの視点が主流であるが，この視点に通じるものがある．この分析を行ったのは，1980年代初頭から90年代前半にかけてである．最終的には，下記の業績に結実している．

　拙著『マクロ金融政策の理論』晃洋書房，1995年

　拙稿「独立性と金融政策――ケインジアンの見方」（三木谷良一・石垣健一編著『中央銀行の独立性』東洋経済新報社，1998年）

本書で検討している「オーバーシューティング・モデル」とは異なり，筆者が行ったその頃の検討作業は，処女作でもあり経済学博士学位論文ともなった『マクロ経済分析における貨幣と証券――整合的なマクロ経済モデルの構築』千倉書房，1988年，の延長線上にある青年時代の着想である．可能な限り，論文として早く結実させたいと考えている．本書での検討は，『為替レートと対外不均衡の経済学』東洋経済新報社，1999年，の着想の延長線上でなされている．

　信用創造と貨幣創造（の部分モデル）をマクロ均衡同時決定モデルに整合的に接合し，マクロ信用創造モデルの土台を創ることを目指した本書の後，政策的に多様な問題や，金融アーキテクチャーの問題，景気循環，経済成長の問題へと，枠組みと分析対象を拡張展開していかなければならないと思っている．

　思えば，気の遠くなる道程である．本書の出版を依頼したのは，昨年の冬であったと思う．吹き荒ぶ寒風の中さがすのはかすかな春の匂ひなるかな，その春が過ぎ，新緑の匂いあふれてゆく川のせせらぎを聴き岩清水飲む，その短い夏も終わり，高原の霧雨けむる湯の里で散る時を待つ紅葉とならむ，間もなく，1年が経とうとしている．光陰矢の如し．

　世に鎬を削る者，綺羅星の如し．而して，我が道は，「独行道」．その諦念たるや，高村光太郎のかの有名な『道程』の最初の一節にあり．

　　どこかに通じている大道を僕は歩いているのじゃない
　　僕の前に道はない
　　僕の後ろに道は出来る
　　道は僕のふみしだいて来た足あとだ
　　だから
　　道の最端にいつでも僕は立っている
　　　（高村光太郎全集　第十九巻『道程』　筑摩書房より）

　また道の最端となる著書を上梓することができた．これはひとえに，編集を担当していただいた，東洋経済新報社出版局の編集者，茅根恭子女史のご尽力による．女史とは，これで三度である．いつも筆者の主張を，編集者の立場か

ら熱心にお聞きいただき，改めて厚くお礼を申し上げる．その中で，筆者が気付いたことも多々あり，東洋経済新報社の編集レベルの高さを，また感じさせられた次第である．特に，オーバーシューティングに対してアンダーシューティングという用語を筆者が使ったとき，大いに，気に入られて，文献を調べるようにと示唆された．その甲斐あって，幾つかの関連論文を探し当てて読むことができた．このように，1冊の本の刊行をめぐっては，編集者と著者との真摯な議論が展開される．編集のお仕事に敬意を表する．

最後に，我が青春時代にみまかりし父母に，本書を捧げることをお許しいただきたい．ちちははの眠る高野の蛇腹道 ははと植えたりもみじ懐かし，自らに精進を誓い，筆を擱くことにしたい．

濁流の川となりて大河となる武庫川を寓居にて眺める
2014年10月13日（台風19号襲来の日）

藤原秀夫

目次──マクロ金融経済と信用・貨幣の創造

はしがき

序論 ─────────────────────────── 1
 Ⅰ．金融仲介と金融経済の制約　1
 Ⅱ．マクロ的枠組みの下での信用創造および貨幣創造　3
 Ⅲ．金融政策の波及経路の問題と，不均衡調整過程の特徴　20
 Ⅳ．利子率のテーラー・ルールと LM 曲線　26
 Ⅴ．本書の各章の相互連関　28
 序論への補論　29

**第1章　ケインジアン・モデルおよび
　　　　「マネタリスト・モデル」と利子率政策** ─────── 33
 第1節　マクロ供給関数と所得流通速度　34
  1．ワルラス法則と貨幣需要　34
  2．マクロ供給関数と所得流通速度　34
 第2節　利子率政策　35
  1．テーラー・ルール　35
  2．利子率政策　37
 第3節　利子率政策とケインジアン・モデル　37
  1．ケインジアン・モデル　37
  2．長期均衡の性質　39
  3．長期均衡の安定性　40
  4．貨幣（供給）政策の場合　41
  5．利子率政策の極端な特定化　43
 第4節　利子率政策と「マネタリスト・モデル」　46
  1．利子率政策を組み込んだ「マネタリスト・モデル」　46

2．市場均衡の安定性と短期均衡の性質　48
　　3．長期均衡の性質と動学分析　50
　　4．貨幣政策の場合の「マネタリスト・モデル」との比較　52
　第5節　結論　55

第2章　貨幣錯覚，名目政府支出と利子率政策 ─── 57
　第1節　貨幣錯覚と利子率のテーラー・ルール　58
　　1．利子率のテーラー・ルールを含む単純なマクロ経済モデル　58
　　2．モデルの本質的特徴　60
　第2節　政府が貨幣錯覚を持ち，名目政府支出の増加率が
　　　　　政策変数である場合　63
　　1．名目政府支出の増加率が政策変数である単純なマクロ・モデル　63
　　2．長期均衡とその過少決定問題　64
　　3．名目政府支出増加率が政策変数である場合の整合的なモデル　65
　　4．ポリシー・ミックスの問題　67
　第3節　利子率政策の代替的な定式化と完結したモデル　70
　　1．利子率政策の定式化の修正　70
　　2．誘導目標としての名目利子率と市場名目利子率の決定　71
　第4節　結論　77

第3章　信用と貨幣の創造を含んだマクロ経済モデルの本質 ─── 79
　第1節　貨幣市場の分割と過剰決定問題　81
　第2節　信用創造および貨幣創造の標準的モデル　85
　　1．貨幣乗数を導出する部分的なモデル　86
　　2．標準的モデル　88
　　3．不均衡調整モデル　89
　第3節　代替的モデルの存在　91
　　1．本源的預金を含む部分的信用創造モデル　92
　　2．代替的モデル　93
　　3．代替モデルの不均衡調整モデル　96
　第4節　結論　99
　第3章への補論　99

第4章　為替相場決定理論の再構成について ─── 103
　第1節　為替相場決定の最小の部分均衡モデル　104

1．為替相場決定モデルの整理の視点　104
　　2．最小の部分均衡モデル　105
　第2節　為替相場決定理論としての最小の部分均衡モデル　115
　　1．国際収支均衡モデルと貿易収支均衡モデルおよび
　　　資本収支均衡モデル　115
　　2．為替相場決定理論としての最小の部分均衡モデル　117
　第3節　為替相場決定理論としての「資産モデル」　117
　　1．資本収支均衡モデルにおけるフローとストック　117
　　2．資本収支均衡モデルと資産モデル　118
　　3．資産市場の一般均衡モデルとしての資産モデル　119
　第4節　為替相場決定理論としての古典的マネタリー・モデル　120
　　1．「購買力平価モデル」と整合的なマネタリー・モデル　120
　　2．古典的マネタリー・モデルと金利平価条件　122
　第5節　マンデル゠フレミング・モデルと
　　　　　オーバーシューティング・モデル　123
　　1．マンデル゠フレミング・モデルと「金利平価モデル」　123
　　2．為替相場のオーバーシューティング・モデル　125
　第6節　結論　128
　第4章への補論　一般均衡モデルとして修正された現代マネタリー・
　　　　　　　　モデル（ポートフォリオ・バランス・モデル）　129

第5章　開放経済におけるマクロ不均衡調整モデル　137

　第1節　開放マクロ経済モデル　138
　　1．開放経済のマクロ均衡同時決定モデル　138
　第2節　不均衡調整モデル　144
　　1．伝統的不均衡調整モデル　144
　　2．証券市場仮説　145
　　3．2つのモデルの比較検討　147
　第3節　金融市場の瞬時的調整と不均衡調整モデル　149
　　1．財市場の不均衡と金融市場の瞬時的調整　149
　　2．金融市場の瞬時的調整と単純な不均衡調整モデル　150
　第4節　金利平価モデルとマクロ不均衡調整モデル　158
　　1．完全資本移動の「標準モデル」　158

2．不均衡調整モデルの政策的含意　166
　　3．為替相場予想の内生化と不均衡調整モデル　168
　　4．結論　172
　第5章への補論　173

第6章　市場の均衡および不均衡における信用創造と貨幣供給 ―― 187
　第1節　マクロ均衡同時決定モデルと不均衡調整モデル　189
　第2節　貨幣創造および信用創造と開放マクロ経済モデル　191
　　1．預金供給の非決定性とマクロ均衡同時決定モデル　192
　　2．マクロ均衡同時決定モデルの全体像　198
　　3．自国証券と外国証券が不完全代替の場合　199
　第3節　開放マクロ経済モデルの不均衡調整モデルと均衡　201
　　1．不均衡調整モデル　201
　　2．マクロ均衡同時決定モデルの均衡の性質　203
　　3．不均衡調整モデルが示す市場均衡の安定性と，均衡の同値性，についての証明　205
　　4．ベース・マネーの為替相場への効果　209
　第4節　結論　209

第7章　貸出市場の不完全性による信用割当とマクロ信用創造モデル ―― 211
　第1節　貸出市場の不完全性と標準モデル　212
　　1．標準モデル　212
　　2．均衡の性質　215
　　3．モデルの制約の下での証券市場とモデルの全体像　218
　　4．不均衡調整過程　220
　第2節　民間銀行部門の預金供給の受動的行動態度を仮定したモデルと貸出市場の不完全性　221
　　1．モデル　222
　　2．均衡の性質　225
　　3．不均衡調整過程　227
　第3節　開放マクロ経済モデルと信用創造・貨幣創造および貸出市場の不完全性　230
　　1．標準モデルと貸出市場の不完全性　231

2．代替的モデル　234
    第4節　結論　241
補遺および数学注 ────────────────── 243
    第3章への補遺　243
    第5章への補遺　245
    第7章への補遺　254
    数学注　256

    参考文献　263
    索引　271

序論

I. 金融仲介と金融経済の制約

　金融経済は，単なる貨幣経済ではなく，支払決済や資金流通において，信用が中心的な役割を果たす経済である．信用を供給する経済主体の中心は，銀行部門を中核とする金融機関である．金融経済は，入れ子構造，重層構造として進化発展する巨大な金融組織をその資金循環の中心的な担い手とする貨幣と信用の経済であるといってよい．それ故，金融経済理論のメイン・テーマが，銀行部門の中心的機能である金融仲介（資金仲介）の理論となるのは必然的である．歴史的にみて，戦後だけでも，1つの分水嶺となったガーリー=ショー[1]の研究業績以来，この領域の研究成果は膨大である．それらを俯瞰することは，筆者の能力をはるかに超えている．

　本書では，部分的な信用創造や貨幣創造の伝統的モデルを，マクロ均衡同時決定モデルに整合的に接合する．本書は，信用と所得を同時に決定する市場均衡モデルとその市場不均衡調整モデルに基づいて，金融経済の基本的現象を金融経済の制約の中で，整合的に分析することを目指している．また，閉鎖経済だけではなく，とりわけ開放マクロ経済を対象として，マクロ信用創造モデルを定式化し，市場均衡および市場不均衡調整過程の分析を展開している．マクロ信用創造モデルに関する限り，開放マクロ経済モデルは閉鎖経済モデルの単なる応用的問題ではない．この議論は，本論で展開することになるが，筆者が

---

1) Gurley, J. G. and E. S. Shaw, *Money in a Theory of Finance*, Brookings Inst., 1960.
　Gurley, J. G. and E. S. Shaw, "Financial Structure and Economic Development," *Economic Development and Cultural Change*, Vol.15, No.3, April 1967.

解決を目指している基本的問題の性格である．

　第3章，第6章，第7章で，これらの問題を取り扱っており，本書の中心はここにある．本書では，これらの問題を「マクロ的枠組みの下での貨幣と銀行信用の基本問題」であり，「市場の均衡と不均衡における信用創造および貨幣創造」の問題であると規定している．この基本問題をまず解決して，その明確な結論に基づいて政策的な多様な分析を展開するべきであると，筆者は考えている．後者の問題は，日本経済のもちろんのこと，「日本化」（Japanization）が指摘される欧米の先進国経済の分析において，重要性を増していると痛感している．本書では，前者の基本問題の理論的解決が主である．確かな理論的モデルに基づいて政策問題が分析されるべきであると考える．後者の問題については，若干の言及にとどめ，後日を期すが，火急の分析課題としたい．

　さて，金融仲介の理論的意味であるが，単純に言えば，次の点につきる．

$$間接証券の供給 - 支払準備の需要 \equiv 本源的証券の需要$$

　民間銀行部門は，間接証券を資金余剰部門に供給して支払準備を差し引いた資金余剰でもって，資金不足部門の供給する本源的証券を需要する．この仲介によって，資金余剰部門の貯蓄の一部である資金フローが資金不足部門の資金需要を充たす資金フローへと転換する．この恒等式の右辺は，民間銀行信用であり，左辺は（広義の意味での）流動性の供給であり，その一部は貨幣（預金通貨）である．

　進化・発展をとげた金融経済では，銀行部門は民間銀行部門と中央銀行によって構成される．[2] 銀行信用には，民間銀行信用と中央銀行信用がある．中央銀行信用の供給がこの金融仲介にどのようにかかわるのかが明らかにされなければならない．1つは，銀行部門内で完結する場合で，たとえば，中央銀行の対民間銀行部門への貸出である．もう1つは，中央銀行信用の供給が，民間銀

---

[2] イングランド銀行が中央銀行として確立されたのは，1844年のピール銀行法による．本書を脱稿した2014年は，アメリカの中央銀行であるFRB（米連邦準備制度理事会）がその業務の第一歩を記した100年目に当たる記念すべき年である．FRBは，1913年に成立した連邦準備法に基づいているが，この年は第1次大戦の勃発前年であり，それからちょうど1世紀が過ぎたわけである．

行部門を経由しようが証券市場を直接的に経由しようが，資金不足部門の本源的証券の需要を伴う場合である．

民間銀行部門の金融仲介によって生じる（民間銀行部門から）民間非金融部門への資金フローは間接金融である．資金余剰部門の経済主体が市場で直接，本源的証券を需要する資金フローは直接金融であり，この直接金融の資金フローと金融仲介によって生じる間接金融の資金フローが相互にどのような影響を及ぼすのかは，基本的であり，同時に重要な問題である．

金融仲介によって，民間銀行部門が各種本源的証券を需要し民間銀行信用を供給するが，この銀行信用は（その一定割合の）派生預金を生み出す．中央銀行信用が非金融部門の供給する各種本源的証券の需要であるかぎり，中央銀行信用もまた（その一定割合の）派生預金を生み出す．これらの派生預金は間接証券であり，同時に貨幣（預金通貨）であり，支払準備を残して，さらに，民間銀行部門の各種本源的証券の需要となる．このようにして，民間銀行信用が創造され，それは同時に間接証券でもある貨幣が創造される過程でもある．

これから明らかにしていくように，信用創造が貨幣創造を伴う金融仲介の過程で，貨幣供給量と銀行信用が一致する傾向にあるという一種の「等価原理」なるものが制約として存在するのかどうかが，マクロ金融経済分析にとって本質的に重要な論点である．本書の基本問題は，この「等価原理」と密接に関係している．中央銀行信用を含めて，この貨幣と銀行信用の「等価原理」が「貨幣供給」と「銀行信用」に関して成立するとすれば，これは，金融経済のマクロ・モデル（喩えると，球体）を包むいわば「皮」のようなものである．金融経済（理論）には，制約である恒等式が3つある．数量方程式，ワルラス法則，そしてこの貨幣と銀行信用の「等価原理」である．この3つの「等価原理」を「皮」として金融経済（宇宙）の理論は構築されなければならないと，筆者は考える．

II．マクロ的枠組みの下での信用創造および貨幣創造

[1] 伝統的モデル

部分的なモデルとして存在する信用創造モデルは，民間銀行部門の制約式とその準備需要および派生預金の行動方程式によって構成される．民間銀行部門

の制約式で決定されるのは，その本源的証券需要である．民間銀行部門の供給する間接証券は預金に関するもののみであると仮定し，さらにその預金は同時に銀行債務（信用）としての貨幣であると仮定する．派生預金以外に本源的預金が存在する．本源的預金とは，この部分モデルでは外生的に決定される預金であり，本源的証券需要から派生的に生じるのではない，つまり本源的証券需要に依存しない預金である．

部分的なモデルとしての信用創造モデルは，これで完結している．準備需要と預金の関係，預金と本源的証券需要の関係をすべて民間銀行部門の制約式に代入し，本源的証券需要について解けば，本源的証券需要と外生変数である本源的預金の関係性が導出される．この関係性が信用乗数であった．

このモデルを，中央銀行信用を含むように拡張することは簡単である．中央銀行信用が銀行部門内部で完結する最も単純な例に，中央銀行の対民間銀行部門貸出がある．これを外生変数とすれば，これは法定準備には直接的影響をもたない外生変数であるので，本源的預金に付け加えて，この中央銀行信用と本源的証券需要との関係性も導出することができる．この関係性も信用乗数の1つであり，そしてこの信用乗数こそ同時決定モデルで現れる貨幣乗数である．

ここでは，単に信用創造の伝統的モデルを紹介することはしない．超過準備の重要性と中央銀行の対民間銀行部門貸出や準備預金供給の理論的処理を明確にする．部分的な信用創造モデルでは，マクロ経済モデルで取り上げられる主要な市場は体系の外にある．このモデルで取り上げられる重要な取引とそれがなされる市場は，中央銀行貸出の取引であり，その準備預金に関する取引である．これらは，広義の意味で市場取引であり，ここにどのような仮定を置くかが重要である．中央銀行が貨幣（ベース・マネー）を供給するのはこのルートだけであると仮定する．非金融部門が供給する本源的証券を需要することを通じて貨幣が供給される場合は，第3章で取り扱われている．

(0.Ⅱ.1) $D^* + D + A^d - R^d \equiv Z^b$

(0.Ⅱ.2) $CU^s + R^s \equiv A^s$

(0.Ⅱ.3) $M^s \equiv D^* + D + CU^s$

ここで，Z^b：民間銀行部門の本源的証券需要，D^*：本源的預金，D：派生預金，A^d：民間銀行部門の中央銀行貸出の需要，：R^d準備（預金）需要，CU^s：現金通貨供給，R^s：準備預金供給，A^s：中央銀行の貸出供給，M^s：貨

幣供給，とする．

(0.Ⅱ.1)，(0.Ⅱ.2) 式は，それぞれ民間銀行部門と中央銀行のバランス式である．(0.Ⅱ.3) 式は貨幣供給の定義式である．直截簡明に述べれば，(0.Ⅱ.1)，(0.Ⅱ.2) 式を合体したものが，統合された銀行部門の制約となる．すでに述べた貨幣供給と銀行信用の「等価原理」のもととなる．

(0.Ⅱ.4) $\quad D^* + D + CU^S + (A^d - A^s) + (R^S - R^d) \equiv Z^b$

(0.Ⅱ.4) 式の枠組みでは，民間銀行信用（民間銀行部門の本源的証券の需要）の取引がどのように行われるかも，そしてその市場も一切現れてこない．預金についても同様である．あるのは，民間銀行部門と中央銀行をめぐる準備預金と貸出金の取引とその市場である．この2つの市場にどのような仮定を置くかが重要である．

(0.Ⅱ.5) $A^d = A^s$, $R^S = R^d$

この部分的信用創造モデルの枠組みにおける重要な論点の1つは，これらの市場と取引にどのような仮定を置くかである．前者が中央銀行貸出の市場であり，後者が準備（預金）市場である．(0.Ⅱ.5) 式を市場均衡とみた場合，不均衡の場合の調整変数が必要である．中央銀行貸出の市場では，それは公定歩合やコール・レートであろう．準備預金市場では，準備預金金利，公定歩合，コール・レート，などであろう．調整変数と市場不均衡の1対1の対応の原理からすれば，前者では公定歩合，後者では準備預金金利であろう．

この市場および取引が，政府や中央銀行の政策によって左右されるのも，この問題の本質的特徴の1つである．そこで，単純化のために，これらの市場について，次のような特定化を行うことにする．すなわち，中央銀行貸出は，中央銀行の貸出供給が政策的に決定され，民間銀行部門はこれを受動的に受け入れると仮定する．つまり，中央銀行貸出に関しては，民間銀行部門の貸出需要に関する受動的行動態度を仮定する．公定歩合は，この市場の不均衡に応じて変動し，この市場の不均衡を速やかに調整する金利ではない．短期政策金利である，と仮定する．準備預金市場では，逆に，中央銀行が民間銀行部門の準備預金需要を受動的に受け入れると仮定する．準備預金供給や準備預金金利は，中央銀行の支払準備政策の手段であり，後者は公定歩合とともに，短期政策金利であるとする．これらの市場と取引について，このような理解は，やや現実に近いといえるが，現実が理論的な（効率的）市場に近づいていく可能性もま

た大いにあるといわなければならない．（現在，日本銀行は超過準備に0.1％の利子を支払っている．付利は2008年10月以降である．）

(0.Ⅱ.5) 式の均衡とそれぞれの受動的行動態度を仮定すれば，統合された銀行部門の制約は次のようになる．

(0.Ⅱ.6)　　$CU^S + D^* + D \equiv Z^b$

(0.Ⅱ.6)′　　$M^S \equiv Z^b$

(0.Ⅱ.3) 式の貨幣供給の定義式を (0.Ⅱ.6) 式に代入すれば，(0.Ⅱ.6)′ 式となり，貨幣（供給）の定義に従えば，この2式は同じものである．したがって，貨幣供給と銀行信用（本源的証券需要）は一致する．前述した制約としての「等価原理」である．間接証券に債券や各種貯蓄性預金を加えていき，その段階で貨幣供給の定義を変更していけば，(0.Ⅱ.6)′ 式は常に成立する．現金と決済用の預金のみに貨幣供給の定義を限定すれば，民間銀行信用を表す本源的証券需要からそれら以外の間接証券（銀行部門の供給する債券や貯蓄性預金）の供給額を控除したものが，貨幣供給に一致する．貨幣供給と信用とを区別する観点からは，民間銀行部門が供給する間接証券のどこまでを貨幣供給とするかは，重要な論点となるはずである．仮に，当該マクロ金融経済を分析する理論モデルが，間接証券として決済用預金しか含まないのであるならば，この「等価原理」が狭義の意味で成立する．このようなモデルでは，信用と貨幣供給の区別は本質的意味を持たない．これが本質的意味をもつ場合は，決済用預金（決済性預金）のみではなく多様な間接証券を理論モデルに含み，何が貨幣であるのかを厳格に定義して，貨幣である決済用預金と一致する民間銀行信用は全体の銀行信用の一部であるということになる．本書では，このような多様な間接証券は分析の視野の外に置かれる．

これまでの枠組みで重要な論点は，次の諸点にある．預金や本源的証券を取引する市場はまったく明示的ではないということである．部分的な信用創造モデルでは，明示的に現れる経済主体は中央銀行と民間銀行部門のみである．ここで，民間銀行部門の行動方程式を明確に定式化しておこう．これまでの議論からも明らかなように，民間銀行部門は，保有資産となる準備預金と本源的証券を需要する．準備預金需要が定式化されれば，預金を与えると，それは本源的証券需要の定式化でもある．この2つの行動方程式は，(0.Ⅱ.1) 式の民間銀行部門のバランス式によって制約されているからである．したがって，その

いずれか1つを定式化すればよい.

　準備需要が,所要準備(法定準備)だけであれば,(0.Ⅱ.1)式の制約から,中央銀行貸出と資金余剰(総預金額から所要準備を控除した額)はすべて本源的証券の需要となる.通常の伝統的モデルもそのように定式化されている.ここでは,超過準備需要の存在を仮定して,行動方程式を定式化する(そして,それが現実に近いし,一般的な仮定であることに留意しなければならない).その際,資金余剰の一定割合を超過準備需要と本源的証券需要に割り振ると仮定する.この仮定は本質的である.つまり,民間銀行部門は,資産運用として超過準備と本源的証券(各種本源的証券は完全代替)の2つを持つことになる.超過準備需要のないモデルでは,資金余剰と本源的証券需要は一致する.民間銀行部門の資産運用の自由度はない.いわば,最大信用供与ということを意味している.このように考えると,超過準備は民間銀行が運用する保有資産の1つである.

　準備預金金利が政策的に決定される状況の下で,ゼロかまたきわめて低収益であるとしても,流動性として保有する価値は存在する.民間銀行部門は決済用預金を供給して,資金を調達している.この決済用預金は,保有者からみて,インフレによる課税をのぞいてもリスクゼロとはならない.銀行倒産やその際のペイオフなどの問題も潜在的にしろ顕在的にしろ存在する.このようなリスクを保有者に与えずに安定して資金を調達するためには,その最適な準備が所要準備とは限らないのが一般的である.

(0.Ⅱ.7)　$R^d = \tau(D^* + D) + ER$,　$1 > \tau > 0$

(0.Ⅱ.8)　$ER = \varepsilon(1-\tau)(D^* + D) + aA^s$,　$1 > \varepsilon > 0$,　$1 > a > 0$

　ここで,ER:超過準備需要,τ:法定準備率,とする.

　(0.Ⅱ.7)式は,準備需要が所要準備と超過準備需要によって構成されることを意味している.中央銀行貸出は政策変数で与えられ,民間銀行部門が受動的に受け入れている.資金余剰は,$(1-\tau)(D^* + D)$である.これを,一定比率で,超過準備需要(εの割合)と本源的証券需要($(1-\varepsilon)$の割合)に割り振って,資金運用を行うと仮定されている.資金余剰だけではなく,中央銀行借入についても,一定比率$(1-a, a)$でもって,本源的証券と準備預金で資金運用を行うと仮定している.問題は,このεやaが何に依存しているかということであろう.しかしながら,部分的信用創造モデルでは,これは取り扱わなく

てよい．これらは，非金融部門も取り上げ，本源的証券の取引とその市場が結合されるときに扱えばよい．

　問題は，これらの道具立てで，信用が創造されるかである．これだけでは，単に，準備を差し引いた額だけ本源的証券が需要されるということにすぎない．預金については，これまで，民間銀行部門の供給変数なのか需要変数なのかを明らかにしてこなかった．これは，信用創造を分析するうえで，いずれでもよい．非金融部門が需要して，民間銀行部門が受動的に供給するという場合もあり得るであろうし，預金市場を考えて，民間銀行部門の預金供給と非金融部門の預金需要が一致するところで市場が均衡するということでもよい．問題は，本源的預金と派生預金の区別であり，これが，信用創造においては本質的な問題である．派生預金は民間銀行信用に依存する預金である．本源的預金は銀行信用には依存しない独立した預金で外生変数である．以下では，派生預金は民間銀行信用（本源的証券需要）の一定比率（δ）で生じると仮定する．

　(0.II.9)　$D = \delta Z^b, \quad 1 > \delta > 0$

　(0.II.9) 式を仮定すれば，本源的証券の需要は，派生預金を生み出し，その一部は準備として保有されるが，一部は本源的証券の需要となる．伝統的な信用創造モデルの筆者のバージョンを集約的に示せば，次の基本方程式となる．超過準備と派生預金が本質的な要素である．

　(0.II.10)　$Z^b = (1-\varepsilon)(1-\tau)(D^* + \delta Z^b) + (1-a)A^S$

　(0.II.10) 式により，本源的証券需要と中央銀行借入の関係性（m），本源的証券需要と本源的預金の関係性（κ）をもとめる．これらが信用乗数である．それらを求めることは，本源的証券需要を外生変数によって解くことを意味する．

　(0.II.10)′　$Z^b = \kappa D^* + m A^S (= M^S), \quad (dZ^b = \kappa dD^* + m dA^S (= dM^S))$

$$\kappa = \frac{(1-\varepsilon)(1-\tau)}{1-(1-\varepsilon)(1-\tau)\delta} > 0, \quad m = \frac{1-a}{1-(1-\varepsilon)(1-\tau)\delta} > 0$$

　ここで，貨幣供給と本源的証券需要は，決済用預金を貨幣供給と定義する限り一致するので，その点が明示されている．通常，m を貨幣乗数というが，$a=0$ が暗黙に仮定されている．

　(0.II.11)　$m - 1 = \dfrac{(1-\varepsilon)(1-\tau)\delta - a}{1-(1-\varepsilon)(1-\tau)\delta}$

　(0.II.11) 式により，次の条件が成立する．

(0.Ⅱ.12)　If　$0 \leq a < (1-\varepsilon)(1-\tau)\delta$,　then　$m > 1$

　伝統的モデルでは，前述したように超過準備の存在を仮定していないし，準備は所要準備のみであり，中央銀行借入はすべて，資金余剰として本源的証券需要となる．したがって，貨幣乗数は1より大きくなる．

　第3章では，中央銀行が，非金融部門の供給する本源的証券を需要することを通じて，ベース・マネーを供給すると仮定している．また，民間銀行部門が，預金供給に関して預金需要に受動的行動態度をとる場合（筆者の代替モデル）と，預金市場の需給均衡を考える場合（標準的モデル）の，両方のモデルを分析している．ここでのモデルと比較すると，その違いがより明確となる．いずれの場合も，貨幣乗数は1より大きいことが示される．

　最後に，総預金（DT）と本源的預金の関係性，および中央銀行借入との関係性を導出しておこう．

(0.Ⅱ.13)　$DT = D^* + D$
$$DT = (1+\delta\kappa)D^* + \delta m A^S, \quad (dDT = (1+\delta\kappa)dD^* + \delta m dA^S)$$
$$1 + \delta\kappa > 1, \quad m > \delta m > 0$$

ここで，$D^* = 0$，つまり本源的預金が存在しない場合を考えておこう．その場合の現金供給／預金・比率を導出しておく．派生預金は δZ^b なので，等価性を考慮すれば δM^S となる．$M^S = CU^S + D$ から，$CU^S = (1-\delta)M^S$ である．したがって，次の関係が成立する．

(0.Ⅱ.14)　$CU^S/D = (1-\delta)/\delta$

　この経済的意味は，次のように説明できる．本源的証券が需要されると，$\delta(1 > \delta > 0)$ の割合で派生預金として保有される．ということは，$1-\delta$ の割合で，現金として保有されることを意味する．貨幣は派生預金と現金から構成されている．$1-\delta$ は，いわゆる民間銀行部門からの資金の漏れを表している．

　部分的な信用創造モデルのこの性質とマクロ貨幣・信用創造モデルの標準モデルはきわめて親和性があることが，第3章，第6章で分析される．この標準モデルも，本質的には，(0.Ⅱ.14) 式の仮定に到達する．そのためには，現金，預金のそれぞれの需給均衡の仮定が付け加えられる必要がある．

［2］　マクロ信用創造モデルに関する本書の視点と課題

　民間非金融部門の制約と経済全体の制約であるワルラス法則を導出しておこ

う．その場合，本源的預金は存在しないと仮定する．また，派生預金は民間銀行部門の供給変数であると仮定する．第3章，第7章では，本源的預金も派生預金も民間非金融部門の需要変数である筆者の代替モデルを定式化している．ここでは，分析視点と課題を明確にするために，さらに貨幣乗数を導出する標準的な方法との比較を容易にするために，上記のように仮定する．

まず，民間非金融部門の収支均等式は，次のように表すことができる．

(0.Ⅱ.15) $B^s + Y \equiv Y^d + CU^d + D^d + E^p + T$

ここで，B^s：本源的証券供給，Y：所得，Y^d：財の総需要，CU^d：現金需要，D^d：預金需要，E^p：本源的証券需要，T：租税（定額税），とする．

この民間非金融部門の制約は，本書のすべての章で形を変えて現れる．各，行動関数の相互関係がこの制約によって明らかとなる．左辺が借入も含む総収入を表し，右辺は金融資産への需要も含めて総支出を表している．

政府の収支均等式を表しておこう．

(0.Ⅱ.16) $T + B^g \equiv G$

ここで，B^g：政府の本源的証券（政府証券）の供給（本源的証券はすべて完全代替），G：政府支出，とする．

統合された銀行部門の制約は，本源的預金の供給が存在しないので，次のようになる．

(0.Ⅱ.17) $CU^s + D^s \equiv Z^b$

ここで，D^s：預金供給，とする．これらの各部門の制約を集計すれば，経済全体の制約としてワルラス法則が導出される．

(0.Ⅱ.18) $\{Y - (Y^d + G)\} + (CU^s - CU^d) + (D^s - D^d)$
$+ \{(B^s + B^g) - (Z^b + E^p)\} \equiv 0$

このマクロ的枠組みの下で，取り上げられる市場均衡は次のようになる．

(0.Ⅱ.19) $Y = Y^d + G$, $CU^s = CU^d$, $D^s = D^d$, $B^s + B^g = Z^b + E^p$

それぞれ順番に，財市場の均衡，現金市場の均衡，預金市場の均衡，本源的証券市場の均衡，である．ワルラス法則により，任意の1市場の均衡は独立ではない．銀行部門の行動方程式および政策変数は前述した通りである．

民間非金融部門の行動方程式を単純化して定式化しておこう．そのために，租税の分析は一切取り扱わないことにする．そのために，本源的証券を供給して政府支出を調達すると仮定する．また，単純化のために，預金利子率は固定

しており，預金保有の取引コストをカバーする以上のものではないと仮定する．

(0.Ⅱ.16)′ $B^g = G$

(0.Ⅱ.20) $Y^d = Y^d(Y, i),\ 1 > Y_Y^d > 0,\ Y_i^d < 0$

$CU^d = CU^d(Y, i),\ CU_Y^d > 0,\ CU_i^d < 0$

$D^d = D^d(Y, i),\ D_Y^d > 0,\ D_i^d < 0$

$B^S = B^S(Y, i),\ B_Y^S > 0,\ B_i^S < 0$

$E^P = E^P(Y, i),\ E_Y^P > 0,\ E_i^P > 0$

ここで，i：本源的証券の利子率，とする．

(0.Ⅱ.20) 式の定式化は，きわめて単純である．現金，本源的証券，預金は，それぞれ代替的な金融資産である．証券供給は所得の増加関数で利子率の減少関数と仮定されている．非金融部門は，証券も需要するので，部門外からの資金調達について，所得が増大すれば，銀行信用に依存する程度を引き上げるかどうかは，一般的には確定しない．

ところで，本源的証券が市場で取引され，その利子率が市場で決定されるので，民間銀行部門の（超過）準備預金重要は利子率の減少関数とする．それは，民間銀行部門の本源的証券需要が利子率の増加関数であることを意味する．その結果，信用乗数（貨幣乗数）は利子率の増加関数となる．

(0.Ⅱ.21) $\varepsilon = \varepsilon(i),\ \varepsilon' < 0$

$a = a(i),\ a' < 0$

$m = m(i),\ m' > 0$

市場均衡モデルの全体像を，集約的に示すと，次のようになる．

(0.Ⅱ.19)′ $Y = Y^d(Y, i) + G$

$(1-\delta)m(i)A^S = CU^d(Y, i)$

$\delta m(i)A^S = D^d(Y, i)$

$B^S(Y, i) + B^g = E^P(Y, i) + m(i)A^S$

(0.Ⅱ.19)′ 式で示されたモデルは，部分的な伝統的信用創造モデルを，マクロ的枠組みの下で，マクロ均衡同時決定モデルに結合したものである．このモデルの内生変数は，所得と利子率である．IS-LM 分析のように，ワルラス法則で証券市場を消去することができるので，3市場の均衡条件となる．内生変数が2つであるから，明らかに過剰決定である．

本書では，この問題の解決を目指しており，貨幣乗数を導出するときの標準的方法を修正して，標準的モデルを再構築している．さらに，これを解決するための筆者による代替的な方法とモデルも，第3章で明らかにしている．そして，第6章の標準的モデルは，第7章で，貸出と証券が不完全代替の場合に拡張され，開放マクロ経済モデルとして定式化されている．

部分的な信用創造の伝統的モデルをマクロ均衡同時決定モデルに整合的に接合する方法には，少なくとも，この2つが存在する．後述する現金と預金の完全代替の仮定も含めれば，3つ存在するということになる．預金保有リスクが存在するために，完全代替は無条件に成立するわけではない．完全代替は預金保有リスクを状態変数とした状態空間を意味すると考えている．この問題は後述する．いずれの方法を採用して接合するかによって，マクロ均衡同時決定モデルの不均衡調整モデルが相違するというのが本書の主張である．どのような相違かが重要である．それらを明らかにするには，不均衡調整過程の基本的特徴を把握しなければならない．第6章，第7章では，開放マクロ経済の枠組みでそのことが分析されている．

[3] 預金と現金の完全代替と貨幣市場の統合

本書の各章では触れられていない1つの本質的であり重要な単純化を補足しておこう．それは，預金通貨と現金が需要者にとって完全代替であると仮定することである．すると，現金市場と預金市場は2つの市場にセグメントする理論的根拠が消滅し，貨幣市場として統合される．

(0.Ⅱ.19)′式のモデルは，きわめて単純な，信用創造を分析できる「最小のモデル」となる．

(0.Ⅱ.22) $\quad Y = Y^d(Y, i) + G$
$\quad\quad\quad m(i)A^s = M^d(Y, i)$
$\quad\quad\quad B^s(Y, i) - E^p(Y, i) + B^g = m(i)A^s$

ここで，M^d：経済全体の貨幣需要，であって，$M^d \equiv CU^d + D^d$ である．

ワルラス法則によって，貨幣市場の均衡条件と本源的証券市場の均衡条件のいずれか1つを消去する．2つの市場均衡条件があり，内生変数は所得と利子率であるから，モデルとして完結している．貨幣供給が内生化されている以外は，IS-LMモデルと形式的には変わらないのであるから，政策効果分析につ

いて同じ結果を得る．いうまでもなく，任意のいずれの市場を消去しても均衡解は同値である．

(0.Ⅱ.23)　$\dfrac{\partial Y}{\partial G}>0,\ \dfrac{\partial i}{\partial G}>0,\ \dfrac{\partial Y}{\partial A^s}>0,\ \dfrac{\partial i}{\partial A^s}<0$

IS-LMモデルは，金融資産が現金と債券によって構成されているモデルであって，民間銀行部門は経済主体として含まれていないし，金融仲介も存在しない．では，信用創造が結合されたこのモデルで何が分析できるのか，それが問題である．本書では，このモデルによって，抽象化された範囲内ではあるが，間接金融と直接金融の分析が可能であることを明らかにしている．間接金融の資金フローは，「等価原理」により，貨幣供給そのものである．中央銀行のベース・マネーを増加させる金融政策が間接金融資金フローを増大させることと貨幣供給を増大させることとは等価なのである．

$$\text{(0.Ⅱ.24)}\quad \dfrac{dZ^b}{dA^s}=\dfrac{dM^s}{dA^s}=m'A^s\left(\dfrac{\partial i}{\partial A^s}\right)+m$$

$$=\dfrac{m\{(1-Y^d_Y)M^d_i+M^d_Y M^d_i\}}{(1-Y^d_Y)(M^d_i-m'A^s)+M^d_Y Y^d_i}>0$$

証券市場の均衡は，民間非金融部門の外部資金調達が増大していることを意味する．財政拡張政策は，所得増加と利子率上昇をもたらすので，間接金融資金フローも直接金融資金フローもどちらも増加させる．

第3章，第6章，第7章のモデルは，このような分析ができるモデルである．

[4]　不均衡調整モデルとその特徴

本書では，マクロ均衡同時決定モデルの不均衡調整モデルと，その特徴が詳細に分析されている．それは，モデルに信用創造および貨幣創造が含まれているかどうかにかかわらず存在する問題である．本書では，部分的な信用創造モデルをマクロ均衡同時決定モデルに接合する方法によって，不均衡調整モデルが異なるということを主張している．つまり，もともとある不均衡調整モデルの基本的問題に，信用創造という要素が新たな特徴をもたらすのである．第3章，第6章，第7章で，この問題を詳細に分析している．

IS-LMモデルでも本質的には，まったく同じ問題であるが，ここで展開したモデルでも，次のような基本的問題が存在する．利子率を貨幣市場の調整変

数とみるか，証券市場の調整変数とみるかによって不均衡調整モデルが相異するということである．

(0.Ⅱ.25) $\dot{Y}=\alpha[Y^d(Y, i)+G-Y], \alpha>0$
$\dot{i}=\beta[M^d(Y, i)-m(i)A^S], \beta>0$

(0.Ⅱ.26) $\dot{Y}=\alpha[Y^d(Y, i)+G-Y], \alpha>0$
$\dot{i}=\beta[B^S(Y, i)-E^P(Y, i)+B^g-m(i)A^S], \beta>0$

この2つの不均衡調整モデルがまったく異なるということを明らかにするためには，行動方程式間の制約条件が必要である．それは，民間非金融部門の収支均等式（(0.Ⅱ.15) 式）が与えている．

(0.Ⅱ.27) $B_Y^S+(1-Y_Y^d)\equiv CU_Y^d+E_Y^P+D_Y^d$
$B_i^S-E_i^P\equiv Y_i^d+CU_i^d++D_i^d$

(0.Ⅱ.27) 式を考慮すれば，2つの不均衡調整モデルが異なることを示すことは簡単にできる．

(0.Ⅱ.25) 式を1次近似し，その係数行列を J_m とすれば，次の性質が成立する．

(0.Ⅱ.28) $\text{tr}(J_m)=\alpha(Y_Y^d-1)+\beta(M_i^d-m'A^S)<0$
$\det(J_m)=\alpha\beta\{(Y_Y^d-1)(M_i^d-m'A^S)-Y_i^d M_Y^d\}>0$

同様のことを，(0.Ⅱ.26) 式のモデルで導出する．その際，比較可能なように (0.Ⅱ.27) 式を考慮する．1次近似し，その係数行列を J_S とすると，次の性質が成立する．

(0.Ⅱ.29) $\text{tr}(J_S)=\alpha(Y_Y^d-1)+\beta(Y_i^d+M_i^d-m'A^S)<0$
$\det(J_S)=\det(J_m)>0$

したがって，次の関係が成立するので，上記の2つのモデルは，所得と利子率について異なった解を与える異なったモデルである．局所的な範囲では，いずれの調整過程も均衡に到達する．つまり安定である．

(0.Ⅱ.30) $\text{tr}(J_S)=\text{tr}(J_m)+\beta Y_i^d<0$

同じ問題ではあるが，以下のような不均衡調整モデルを調べることが重要である．貨幣市場が瞬時に均衡することを仮定するか，証券市場の瞬時的均衡を仮定するかである．この仮定の意味は，あくまでモデルの外側の議論であって，根拠があっても内生的に検討できる問題ではない．

これらの2つのモデルは異なったモデルであり，その調整経路もまったく異

なる．

$(0.\text{II}.25)'$ $\quad \dot{Y}=\alpha[Y^d(Y,\ i)+G-Y]$
$\qquad\qquad\quad M^d(Y,\ i)=m(i)A^S$
$\qquad\qquad\quad [B^S(Y,\ i)+B^g \gtreqless m(i)A^S+E^P(Y,\ i)]$

$(0.\text{II}.26)'$ $\quad \dot{Y}=\alpha[Y^d(Y,\ i)+G-Y]$
$\qquad\qquad\quad B^S(Y,\ i)+B^g=m(i)A^S+E^P(Y,\ i)$
$\qquad\qquad\quad [m(i)A^S \gtreqless M^d(Y,\ i)]$

　本書では，前者のモデルを「貨幣市場均衡型の不均衡調整過程」，後者のモデルを「証券市場均衡型の不均衡調整過程」と規定している．外的ショック（たとえば，政策的ショック）が作用すると，前者は，定常均衡に向けて金融変数はオーバーシューティングする可能性がある．後者のモデルでは，金融変数はアンダーシューティングする可能性がある．第5章では，開放マクロ経済モデルを使って，このことを詳細に分析している．

　これらのモデルには，さらに重要な問題がある．これらの調整過程では，財市場の不均衡の調整変数は所得であると仮定している．いわゆる数量調整である．不均衡となる市場はもう1つ存在して，それは財市場の不均衡の「鏡像」となる．したがって，正確に言えば，貨幣市場の瞬時的均衡を仮定したモデルである $(0.\text{II}.25)'$ 式では，証券市場の不均衡を調整する変数が所得であると考えてもまったく同値である．同様に，$(0.\text{II}.26)'$ 式のモデルで，貨幣市場の不均衡の調整変数が所得であると考えても同値である．筆者は，これを因果律の消滅と規定した．つまり，市場の不均衡とその調整変数の因果関係の消滅である．つまり，因果関係は，3次元以上の市場の不均衡が存在しなければならないことを意味している．2次元不均衡モデルへの単純化は，因果関係を消滅させ，それが復活するためには，3次元以上の不均衡モデルでなければならないという論点は，我々の経済社会の causality の根本問題である．非常に興味深い論点であると考える．2次元モデルの因果律消滅の問題は，第3章，第6章，第7章で分析している．

$(0.\text{II}.25)''$ $\quad \dot{Y}=\alpha[Y^d(Y,\ i)+G-Y]$
$\qquad\qquad\quad (=\alpha[B^S(Y,\ i)-E^P(Y,\ i)+B^g-m(i)A^S])$
$\qquad\qquad\quad i=l(Y\,;A^S),\ \ l_Y>0,\ \ l_{A^S}<0$

$(0.\text{II}.26)''$ $\quad \dot{Y}=\alpha[Y^d(Y,\ i)+G-Y]$

$$(=\alpha[m(i)A^S - M^d(Y, i)])$$
$$i = h(Y; A^S), \quad h_Y > 0, \quad h_{A^S} < 0$$

2つのモデルが異なるのは，次の性質が成立することによってわかる．詳細な議論は，第5章で展開されている

(0.Ⅱ.31) $\quad h_Y \neq l_Y$

本書では，もう1つ重要な分析視点がある．マクロ信用創造モデルでは，貨幣市場や証券市場の瞬時的均衡の仮定は，信用創造および貨幣創造と市場均衡の関係に由来する．その意味で，モデル内部から要請される仮定である．つまり，信用創造を特定の市場均衡と結合させている．貨幣乗数を導出する部分モデルをマクロ均衡同時決定モデルに結合するときに，現金／預金・保有比率が需要変数で定義されるのか供給変数で定義されるのかを明確にしなければならない．いずれも，一致しなければならないので，現金と預金の需給均衡が仮定されることになる．筆者の代替モデルでは，銀行信用が確定し派生預金需要関数が確定しなければならない．そのためには，証券市場の瞬時的均衡の仮定が必要である．これらの問題は第3章，第6章，第7章で詳細に分析されている．

［5］ 銀行貸出と有価証券の不完全代替

バーナンキ＝ブラインダーは，1988年の *AER* の論文（第3章脚注10））で，IS-LM モデルが，銀行貸出と証券（債券）の完全代替を仮定していることによって，信用チャネルを通じたマネタリー・トランスミッションが分析できないと批判し，逆に現金が存在しないモデルで，この2つの金融資産（借り手からみれば）2つの金融負債の不完全代替性を仮定し，比較静学分析を行った．本書では，同じモデルを現金も預金も存在するモデルとして再構築し，しかも，開放経済の枠組みの下でそれを定式化している．不完全代替を仮定することにより，均衡の性質は一義的には確定しない．つまり，この中に均衡が不安定な場合が含まれているのである．この仮定の下では，不均衡調整モデルとそこからの情報は必須の要件である．

集約的には，これまでの現金と預金の完全代替のモデルに，貸出市場の均衡条件が付け加えられる．これまでと同様に，本源的預金は存在せず，預金と現金は需要者にとって完全代替である．有価証券は債券を想定する．

(0.Ⅱ.32) $\quad Z^b \equiv L^S + E^b, \quad [Z^b = m(i)A^S \equiv M^S]$

$$L^S = \lambda Z^b, \quad E^b = bZ^b, \quad 1 \equiv \lambda + b, \quad 1 > \lambda, \quad 1 > b > 0$$

(0.Ⅱ.33) $\quad B^S + L^d + Y \equiv Y^d + M^d + E^P$

$\quad (Y - (Y^d + G)) + (L^d - L^S) + (M^S - M^d)$

$\quad + \{(B^S + B^g) - (E^b + E^P)\} \equiv 0$

(0.Ⅱ.34) $\quad Y = Y^d(Y, i, \rho) + G$

$\quad \lambda(\rho, i)m(i)A^S = L^d(\rho, i, Y)$

$\quad m(i)A^S = M^d(Y, i)$

$\quad [B^S(i, \rho, Y) + B^g = b(i, \rho)m(i)A^S + E^P(i, Y)]$

ここで，L^S：民間銀行部門の貸出供給，L^d：民間非金融部門の貸出需要，ρ：貸出利子率，E^b：民間銀行部門の証券需要，E^P：非金融部門の証券需要，とする．

(0.Ⅱ.32)式は，本源的証券需要が貸出供給（借入証書（貸付金）の需要）と証券の需要に分割され，それぞれが貸出利子率と証券利子率に依存すると仮定される．粗代替性が仮定されている．超過準備需要はこれまでどおりで，貸出利子率には依存しないと単純化する．

(0.Ⅱ.33)式の最初は民間非金融部門の収支均等式で，貸出需要（貸付金の供給）が収入として付け加えられる．次のワルラス法則には貸出市場が付け加えられている．モデルの仮定で，あらたに付け加えられるのは，次のような性質である．

(0.Ⅱ.35) $\quad \lambda_\rho > 0, \; \lambda_i < 0, \; b_\rho < 0, \; b_i > 0, \; L^d_\rho < 0, \; L^d_i > 0, \; L^d_Y > 0$

貸出市場の瞬時的均衡を仮定して，このマクロ均衡同時決定モデルの不均衡調整モデルを定式化する．

(0.Ⅱ.36) $\quad \rho = \phi(i, Y; A^S), \; \phi_i \gtreqless 0, \; \phi_Y > 0, \; \phi_{A^S} < 0$

(0.Ⅱ.36)式は，貸出市場の均衡で決定される貸出利子率であるが，証券利子率に関する効果が確定しない．これが最大の論点である．その理由はつぎのとおりである．証券利子率が上昇した場合，代替効果から貸出供給は減少するが，全体の資金量（Z^b）は増大する．それは，貨幣乗数（信用乗数）が上昇するからである．これが，不完全代替を仮定したことによって生じる最大の論点である．

不均衡調整モデルは，貨幣市場の瞬時的均衡を仮定した場合と証券市場の瞬時的均衡を仮定した場合とにモデルは分かれる．鏡像となる対応する不均衡市

場は，ワルラス法則によって消去される．調整変数がいずれの不均衡市場と因果関係を持っても同値であることは，銀行貸出と証券が完全代替の場合と同じである．

(0.II.37) $\dot{Y} = \alpha[Y^d(Y, i, \rho) + G - Y]$
$\rho = \phi(i, Y; A^S)$
$m(i)A^S = M^d(i, Y) \quad \Rightarrow \quad i = l(Y; A^S), \ l_Y > 0, \ l_{A^S} < 0$
$[B^S + B^g \gtreqless E^b + E^P]$

(0.II.38) $\dot{Y} = \alpha[Y^d(Y, i, \rho) + G - Y]$
$\rho = \phi(i, Y; A^S)$
$B^S(i, \rho, Y) + B^g = b(i, \rho)m(i)A^S + E^P(i, Y)$
$\Rightarrow \quad i = h(Y; A^S), \ (l_Y \neq h_Y, \ h_{A^S} < 0)$
$[M^S \gtreqless M^d]$

いずれの不均衡調整モデルを使っても，市場均衡の局所的安定性の必要十分条件として，次の条件が導出される．ただし，同一の均衡に到達するがその軌道は異なるモデルであることは，これまでの単純なモデルとまったく同じである．

(0.II.39) $Q = \{(1 - Y_Y^d) - Y_\rho^d \phi_Y\}(M_i^d - m'A^S) + M_Y^d(Y_i^d + Y_\rho^d \phi_i) < 0$

安定性の1つの十分条件は，次のように示される．

(0.II.40) $Y_i^d + Y_\rho^d \phi_i \leq 0$

民間銀行部門の資金運用の代替効果が小さく，間接金融資金フローの変化の効果が大きく，証券利子率が上昇した場合に貸出利子率を十分に大きく低下させるので，(0.II.40) 式の条件が満たされないと，証券利子率上昇の効果を抑えて貸出利子率チャネルで総需要を大きく増加させ，調整過程を不安定にする．

この安定性のための情報が，均衡の性質を決定づけている．そのことを見るために，均衡の性質を明らかにする．金融財政政策の効果は，次のように導出される．

(0.II.41) $\dfrac{\partial Y}{\partial A} = \dfrac{Y_\rho^d \phi_{A^S}(M_i^d - m'A^S) + m(Y_i^d + Y_\rho^d \phi_i)}{Q} > 0$

$\dfrac{\partial i}{\partial A} = \dfrac{m\{(1 - Y_Y^d) - Y_\rho^d \phi_Y\} - M_Y^d Y_\rho^d \phi_{A^S}}{Q} \gtreqless 0$

$$\frac{\partial Y}{\partial G} = \frac{M_i^d - m'A^S}{Q} > 0, \quad \frac{\partial i}{\partial G} = \frac{-M_Y^d}{Q} > 0$$

$$\frac{dM^S}{dA^S} = \frac{mM_i^d\{(1-Y_Y^d)-Y_\rho^d\phi_Y\} + M_Y^d\{m(Y_i^d+Y_\rho^d\phi_i)\} - m'A^S Y_\rho^d\phi_{A^S}\}}{Q} > 0$$

(0.Ⅱ.42)

$$\frac{d\dot{Y}}{dY} = \alpha\left(-\frac{Q}{M_i^d - m'A^S}\right) < 0 : (0.\text{Ⅱ}.37) \text{ 式のモデル}$$

$$\frac{d\dot{Y}}{dY} = \alpha\left(-\frac{Q}{(Y_i^d+Y_\rho^d\phi_i)+(M_i^d-m'A^S)}\right) < 0 : (0.\text{Ⅱ}.38) \text{ 式のモデル}$$

(0.Ⅱ.41) 式の性質は，(0.Ⅱ.40) 式の安定性の十分条件に依存していることが確認できる．民間銀行部門の資金運用と民間非金融部門の金融負債の需要に関して，不完全代替を仮定して代替効果を導入したバーナンキ＝ブラインダーの貢献は，この論点にある．筆者のモデルでは，間接金融の資金フローの膨張は，信用乗数（すなわち貨幣乗数）が決めている．これが不安定な効果をもたらすことも同時に明らかにされている．

[6] 預金保有リスク

需要者にとって預金と現金が不完全代替であることを仮定すると，モデルの過剰決定問題が現れる．本書の1つの課題は，その解決方法を模索することである．標準的な貨幣乗数の方法に預金と現金のそれぞれの需給均衡が仮定され，そして全体としての貨幣市場が瞬時に均衡することが付け加えられれば，標準的なモデルは整合的なモデルとなる．そしてそのことが不均衡調整モデルとその調整過程を特定化し決定づけることになる．標準的なモデルの不均衡調整過程は，金融価格変数のオーバーシューティングによって特徴づけられる．前述したように，この場合もまた代替的方法が存在する．代替的方法では，信用創造の定式化のために証券市場の瞬時的均衡が要請される．このことが，このモデルの不均衡調整過程を，金融価格変数のアンダーシューティング可能性の存在によって特徴づけることになる．開放経済モデルで金利平価条件を仮定すれば，そのことから，自国証券市場の均衡が要請されるので，標準モデルは貨幣市場だけでなく，自国証券市場の均衡によっても特徴づけられることになる．詳細は，第6章，第7章で議論されている．

最後に，前述した預金と現金の代替性の程度を決定する観測可能な変数について言及し，完全代替の経済的意味について，敷衍しておこう．その変数の1つとして預金保有リスクが考えられる．これは，数量化可能であると仮定される．預金保有リスクを準備と，なかでも超過準備と関係づけるのは，1つの適切な仮説であると考えられる．完全代替を保証するような預金保有リスクの臨界水準が考えられるであろう．それは，ゼロであるかもしくは，正の相対的に小さい値であると考えられる．現実の超過準備がこの完全代替を保証する超過準備を下回れば，預金保有リスクもその臨界水準を上回る．したがってこの場合は，完全代替は保証されない．現実の超過準備が増加すれば預金保有リスクは減少し，それが臨界水準である超過準備に等しくなるか上回れば，完全代替が実現する．

問題は，現実の超過準備がこの最適な超過準備と一致する内生的なメカニズムが存在するのかどうか，ということである．さらに，それは，適切な政策が実施されれば保証されるのかどうかという点も，重要な論点である．内生的なメカニズムはない，と考えるのが妥当であろう．近年の例では，日本の1998年〜2003年ころまでの金融システム不安やペイオフ問題が発生したときの異常な現金需要の増大をみれば，明白であると思われる．超過準備は（0.Ⅱ.34）式のモデルでは利子率の減少関数である．したがって，財政拡張政策は利子率を上昇させ，超過準備を減少させるので，預金保有リスクを増加させ，この内生的メカニズムに寄与する政策ではないことは明白である．本書では，このような問題を全面的に取り上げることはできない．そのための第一歩であると考える．

Ⅲ．金融政策の波及経路の問題と，不均衡調整過程の特徴

[1] トランスミッション・チャネルと金融政策のトランスミッション・メカニズム

一般に金融政策の波及経路の問題は，チャネル（channel）の問題と理解されている．ケインジアンの伝統的なトランスミッション・メカニズム（transmission mechanism）のチャネルは，利子率（チャネル）である．F.S.ミシュキンは，1996年の論文で，金融政策のトランスミッション・チャネルの問題に

ついて体系的に論点整理をした．この論文は，まず，ケインジアンのIS-LMモデルにおける伝統的なトランスミッション・メカニズムをスキームとして，〈貨幣供給の増加⇒実質利子率の下落⇒投資の増加⇒総需要と産出高の増加〉，と説明することから始まっている．予想インフレ率がゼロかこの調整過程で不変であれば，名目利子率の下落と実質利子率の下落は同一視してよい．[3]

　厳格にいえば，このスキームは，均衡同時決定モデルとしてのIS-LMモデルではなく，(0.Ⅱ.25)′式のような不均衡調整モデルが対応していると考えられる．外的ショックがあれば，貨幣市場が瞬時に均衡し利子率を決定するが，所得（産出高）は瞬時には動かない．財市場が不均衡になり，時間が経過するにつれて所得が変動しこの市場を調整する．そして，同時均衡に至る．自明なことではあるが，たとえば，金融緩和政策の例で説明しておこう．金融緩和政策で貨幣供給が増加したとする．瞬時に貨幣市場は均衡するので利子率は瞬時にジャンプして下落する．それにより，投資が増加して，次第に所得が財市場の超過需要に反応して増加する．それに伴い利子率は上昇するが，同時均衡では，利子率は，元の水準よりも下落している．その程度は，瞬時的な効果よりは小さい．すなわち，利子率は，定常均衡に対して，オーバーシューティングしている．この現象は，LM曲線が右上がりであることによって保証されている．

　ところが，不均衡調整モデルには，貨幣市場の瞬時的均衡の場合だけではなく，証券市場の瞬時的均衡を仮定した不均衡調整モデルも存在する．そしてこの2つの不均衡調整モデルは，同じ定常均衡を持つが異なったモデルである．定常均衡への利子率の軌道（経路）が異なるのである．すでに，存在する問題を指摘しておいたが，このモデルでは，利子率チャネルは，定常均衡に対してアンダーシューティングの特徴を持つ場合がある．本書では，これを「証券市場均衡型の不均衡調整過程」と規定した．この調整過程は，証券市場の均衡曲

---

[3] 経済学を学んだ人で，この伝統的トランスミッション・メカニズムを知らない人はいないであろう．ミシュキンが，次のように表現していることからも，それは「世界的に」という意味であろう．

"a standard feature in the literature for over fifty years and the key monetary transmission mechanism in the basic Keynesian IS-LM textbook model which has been a mainstay of teaching in macroeconomics"

Mishkin, Frederic S., "The Channels of Monetary Transmission: Lessons for Monetary Policy," Working Paper 5464, NBER Working Paper Series, Feb. 1996, p. 2.

線が右下がりであることによって保証されている．この不均衡調整モデルは，これまで大方の研究者の注目を集めなかった．それほど，上記の「貨幣市場均衡型の不均衡調整過程」にドグマが存在したといえる．このように，金融政策の波及経路の問題には，伝統的なトランスミッション・メカニズムで言えば，利子率チャネルの問題と，定常均衡に至る利子率の軌道の問題との両方がある．後者の問題は，金融政策の効果が波及するすべての金融変数チャネルにおいて存在しうる問題である．

　R.ドーンブッシュは為替相場チャネルにこの後者の問題を応用して，為替相場のオーバーシューティングを説明するマクロ不均衡調整モデルを定式化した．彼は，不均衡調整過程で所得は不変で物価が変動し，財市場の不均衡を調整すると仮定した．問題を物価と為替相場の関係に置き換えた．瞬時には，金利平価条件と貨幣市場の均衡が成立する．為替相場予想は回帰的予想が仮定される．詳細は，第4章と第5章で説明される．貨幣市場の均衡と金利平価条件で自国通貨建て為替相場と利子率が瞬時に決定される．金融緩和政策が採用されて貨幣供給が増加すると，瞬時には物価は動かないから利子率が瞬時に下落し，金利平価条件と為替相場の回帰的予想により，瞬時に為替相場は外国証券の予想収益率が下落するように上昇しなければならない．つまり，自国通貨は減価しなければならない．利子率の瞬時的下落と為替相場の瞬時的減価は，（投資と貿易収支に作用して）総需要を増大させ，財市場は不均衡となる．物価は上昇を開始し，実質貨幣供給は減少し，次第に利子率は上昇し為替相場は下落し自国通貨は増価していく．定常均衡では，為替相場は元の水準よりは，上昇している．瞬時的効果よりは小さい．つまり，このドーンブッシュ・モデルでは為替相場はオーバーシューティングという軌道上の特徴を持つことになる．それは，「貨幣市場均衡型の不均衡調整過程」の本質を持つのである．

[2]　マクロ的枠組みとワルラス法則

　本書は，オーバーシューティングの現象の存在ではなく，ドーンブッシュの理論的なモデルの枠組みに異議を唱えている．その論証については，第5章，第6章で詳しく展開されている．ドーンブッシュが，この為替相場のオーバーシューティング・モデルを創ったのは，1976年であった（オリジナルなペーパーについては，第5章の脚注9）を参照）．当時，購買力平価条件の短期的成

立を仮定した為替相場のマネタリー・モデルが新しい理論として登場していた.金利平価条件については,マネタリー・アプローチを支持する論者も認めていた.問題は,物価が変動する相対的に長期ではなく瞬時には為替相場はどこで決定されるのかということであった.マネタリー・モデルは伸縮的な物価の変動を仮定していた.ドーンブッシュは,為替相場は金融資産市場で決定されると考えた.1970年代の為替相場決定理論で資産モデルは有力な仮説であった.だから,瞬時には,この資産市場で為替相場は決定されると彼は考えたのであろう.短期的には物価は硬直的であるが長期的には変動する.財市場の不均衡の調整変数として物価を考えた(しかしながら,ケインジアン的伝統は数量調整で,調整変数は所得である).部分均衡モデルである資産モデルに財市場の不均衡を接合した.前者で為替相場を決定し,物価が時間とともに財市場の不均衡に反応して変動する.購買力平価が成立するとすれば,それは,財市場の不均衡が調整される長期均衡であるとした.

しかしながら,このような枠組みは,財市場を接合する限り,制約はワルラス法則となり論理的に成立しない.金利平価条件は,自国証券市場と国際収支の均衡の成立を保証しているので,貨幣市場が瞬時に均衡すると仮定すると,ワルラス法則により,財市場も均衡していることになり,財市場の不均衡に反応して物価が変動するということは論理的にありえない.資産の総額が一定であり,そのシャッフル,リシャッフルだけが問題となる部分均衡モデルである資産モデルに財市場を接ぎ木のように接合して,資産の制約はそのままにして,財市場と資産市場の相互関係を制約する問題を考えなかったのであれば,理論的には整合性は,はじめからなかったと著者は考えている.本書では,ワルラス法則の制約により,財市場が不均衡の場合,金利平価条件の瞬時的成立を仮定する開放マクロ経済の枠組みでは,それに対応して,貨幣市場は不均衡でなければならない.瞬時的な資産市場の均衡は,自国証券市場と国際収支の均衡(外国為替市場の均衡)によって構成される.

本書では,ケインジアン的伝統に従って財市場の数量調整を仮定している.為替相場や利子率のオーバーシューティング・モデルは,この仮定を採用して十分に構築することができる.長期均衡として購買力平価を選択し,財市場の価格調整を仮定することとは一義的な関係は存在しない.この財市場の数量調整を仮定したケインジアン・モデルは,第5章で展開され,この開放マクロ経

済モデルの不均衡調整モデルは「証券市場均衡型」のモデルとなることが主張される．つまり，為替相場のアンダーシューティング・モデルである．

標準的なマクロ信用創造モデルは，信用創造・貨幣創造と，預金市場と現金市場の均衡，したがって，貨幣市場の均衡とが結合されているので，これを開放マクロ経済モデルに拡張した場合，不均衡調整モデルは，「貨幣市場均衡型」の調整モデルとなると考えられる．ところが，このモデルに金利平価条件を結合した場合には，同時に自国証券市場の瞬時的均衡も成立する．国際収支も常に均衡しているので，この場合，貸出市場をのぞいて，存在する全ての金融市場の均衡を仮定した「貨幣市場均衡・証券市場均衡の複合型モデル」となる．貸出市場がモデルに付加されるので，自国証券市場と貨幣市場の両方の瞬時的均衡の成立が可能となったのである．前述したように，分析対象としての市場の数が増えるということは，単純な演習問題を意味しない．Causalityと密接に関連した問題である．図らずも，信用創造を付け加えることによってR.ドーンブッシュの構図は部分的に復活したのである．第6章でこのモデルが定式化され，為替相場のオーバーシューティングの可能性があることが論証される．筆者の代替モデルでは，部分的信用創造モデルとマクロ均衡同時決定モデルを接合するために，証券市場の瞬時的均衡が仮定される．つまり，代替モデルの不均衡調整モデルは，「証券市場均衡型」の調整モデルとなる．

[3] 金融緩和政策と為替相場および利子率のオーバーシューティング，アンダーシューティング

2013年から2014年にかけて，日本銀行は，黒田東彦新総裁の下で，「異次元緩和」といわれる量的質的金融緩和政策を実施継続している．よくいわれるように，2年間で2％のインフレ目標の達成を目指し，2年間でベースマネーを倍にするとされる．そのプロセスまで，大まかにフォワード・ガイダンスとして明らかにされている．

利子率と円の対ドル為替相場のこの1年間の動きをみておこう．

本書は，為替相場や利子率の現実の変動について，フォワード・ルッキングに分析していこうとしているわけでもないし，ましてや，将来予測に基づいたそのフォワード・ガイダンスを検討するものでもない．本書では，金融政策が発動された場合，その調整経路は基本的には2類型しかないと考えている．金

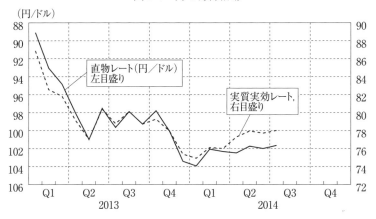

図 0-1 円の為替相場

(出所) 日銀 HP, 実質実効レートは指数で, 2010年＝100, とされている.

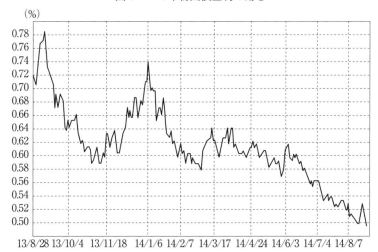

図 0-2 10年物国債金利の動き

(出所) 三井住友銀行マーケット情報 HP.

融緩和政策の波及経路は，どのあたりが定常均衡であるのかという問題，つまり定常均衡の存在と安定性の問題が確立されれば，その定常均衡に向けて，アンダーシュートしながらチャネル変数は到達していくのか，オーバーシュートしながら到達していくかの，2 類型しかない．そういう理論的視点から現実を眺めることもアイデアを練る上で重要な考察であろう．もちろん，金融政策は

継続的に実施されるものであるが，本書では1回限りの金融政策の変更を理論的に扱ったに過ぎない．分析上の限界が大きすぎるといわなければならないであろう．

「異次元緩和」の開始以降の為替相場の動きは，理論的にはドーンブッシュのオーバーシューティングの典型ではないかという指摘が当然あるものと，筆者は推測している．金融緩和政策は瞬時に為替相場を減価させるが，生産（所得）も物価も上昇していく可能性がある．インフレ目標が有効であり，物価が貨幣供給の増加を部分的に相殺して実質貨幣供給を次第に減少させれば，為替相場は増価していく．しかしながら，オーバーシューティング現象自体は，前述したように財市場不均衡の数量調整でも生じる．理論的には，物価の上昇は生じなくてよい．

2013年から2014年の現在（8月）にかけての為替相場の動き，利子率の動きをみて，オーバーシューティングのような現象が1年程度でみて生じているとは考えにくい．むしろ，アンダーシューティングの可能性もあるように見える．歴史上，アンダーシューティングの典型的な例は，1985年のプラザ合意から1987年の円・ドル為替相場のドル・レートであったと考えられる．アンダーシューティングは理論的に可能であるというだけでなく，現実にも起こりうる現象である．これらの分岐を決定するキー変数は何か，ということが理論的に詰められなければならないであろう．

Ⅳ．利子率のテーラー・ルールと LM 曲線

IS-LM モデルにマクロ供給関数を結合した総需要＝総供給・モデルに，テーラー・ルールによる名目利子率（したがって実質利子率）の決定条件を付加したマクロモデルが，IS-LM モデルに代わるニュー・マクロモデル（IS-MP モデル）として登場してから久しい．新たにテーラー・ルールを付け加えるので，それまでのモデルで名目利子率決定の条件であった LM 関数（曲線）は，マクロモデルから追放の憂き目にあった．このモデルでは，総需要＝総供給・モデルで決定される実質所得（経済活動水準）が（予想）実質利子率に感応的であることを追認する．テーラー・ルールでは，（予想）実質利子率は，（予想）インフレ率の増加関数となるので，インフレ率が目標インフレ率を上回り

実質所得水準が実質所得の推定潜在能力水準を上回るほど経済が過熱すると，（予想）実質利子率が上昇して実質所得が減少するので，マクロ市場均衡は安定である．

　1990年代のアメリカのニュー・エコノミーによるアメリカ経済の再生の過程で，マクロ経済の変動をコントロールしていく金融政策の技術も格段に進歩したといわれる．この現象をニュー・ケインジアンは次のように見ていた．情報技術革新が進行し，中央銀行のコントロール技術が増大したことにより現金の使用と銀行準備の減少が生じた．つまりベース・マネーの保有の減少である．このことは貨幣が重要なのではなく，信用が相対的に重要になったことを意味する．もし，中央銀行が利子率操作に関して，フォワード・ガイダンスを発表し，それをかなりな程度の正確さで実現していくとすれば，金融政策の有効性に対する市場参加者の信頼度は高まり，中央銀行の利子率のフォワード・ガイダンスは自己実現的に近似的に実現していく．市場利子率が決定される証券市場は，本来，非効率的な市場で市場参加者の誤った予想が根強く持続する傾向にあるといわれる（ケインズの美人投票が，金融市場の非効率性を語っているのであれば，ケインズが証券利子率を証券市場の調整変数とみなさなかったのも当然と言える．1980年代前半のドル高などは非効率市場の典型かもしれない）．これを中央銀行の金融政策運営によって市場参加者のフォワード・ルッキングにフォワード・ガイダンスを組み込むことができるとすれば，中央銀行が考える効率的な市場の実現も不可能ではないということであろう．それが上記のニュー・モデルに反映しているのである．

　ニュー・ケインジアンは公定歩合やインターバンク・レートのコントロールを通じて短期金利をコントロールし，そのことによって長期利子率をコントロールすることが可能であり，その金融政策によって，金利感応的な総需要をコントロールすることが可能であると考えた．そして，この金融政策は長期にわたって成功を収めた．しかしながら，利子率のテーラー・ルールの政策反応パラメータの多くの実証にもかかわらず，政策的にコントロール可能な短期金利の操作によって長期利子率をコントロールするということも遂に失敗した．これは「グリーンスパンの謎」としてよく知られている．2005年頃から7年まで，アメリカ経済に主導された世界経済は過熱していた．特に，アメリカ経済では住宅投資がそれまでのITブームに代わって好況をリードし，それをファイナ

ンスし流動化するために証券化金融商品に対する投資が活況を呈していた．FRBはこの過熱に対して，公定歩合をはじめとした短期金利を政策的に誘導して引き上げ，長期利子率を高めに誘導しようとしたが，逆に下落するという逆転現象を生み出した．短期金利と長期金利の差がリスクプレミアムであるとすれば，リスクプレミアムの突然の縮小に見舞われたということになる．しかし，リスクプレミアムの突然の縮小はブラックボックスとならざるをえない．少なくとも現在の理論的水準では，そうである．そうして，過熱のコントロールに失敗し，リーマン・ショックと世界不況に突入した．リーマン・ショック後の世界不況は，あらためて，ベース・マネーの重要性を我々に教えてくれた．金融政策当局はなおさらであろう．日本の金融政策の教訓が重宝がられるのも故あってのことである．

この現実は，いかに金融政策の利子率操作のコントロール能力が高まっても，短期金利の政策的誘導と市場長期利子率の関係は，安定的である場合もそうでない場合もあることを示している．したがって理論的には，LM曲線は必要である．その復活がいわれるのも当然である．LM曲線のないマクロ・モデルは，マクロ信用創造モデルの標準モデルと著しく衝突する．貨幣市場の瞬時的均衡を仮定する標準モデルでLM曲線や証券市場の均衡曲線は必須の分析道具である．筆者の代替モデルにおいても，同様である．ただ，政策指標としてのテーラー・ルールは利子率政策の分析道具として非常に重要なものである．

第1章，第2章で，利子率政策を組み込んだマクロモデルでも，市場利子率と政策誘導目標が常に一致しないかぎり，市場利子率を因果的に決定する市場均衡条件が必要であることを分析している．その際，重要な概念として，経済主体の貨幣錯覚という視点を本書では取り上げている．

V．本書の各章の相互連関

最後に，各章の理論的相互連関を集約的に述べて，序論を閉じることにしたい．第3章，第6章，第7章が信用創造，貨幣創造をマクロ的な枠組みの中で論じた章で，本書のメインである．そこでは，部分的な信用創造モデルをマクロ均衡同時決定モデルに接合する方法が論じられる．理論モデルと理論モデルのいわばインターフェイスを，いずれの市場均衡が担うのかという問題である．

したがって，証券市場の均衡条件や貨幣市場の均衡条件は必須の条件であり，それらの市場は信用創造および貨幣創造の「場」なのである．とりわけ，金利平価条件を仮定した開放経済の標準的モデルで，この課題を解決しているのが，本書の重要な特徴である．この問題は，見かけ以上に非常に手強い問題ではあるが，一応の解決を本書で成し遂げたことになる．

第1章，第2章は，LM曲線が理論的に必須の条件であることを論じている．いわば，マクロ信用創造モデルの前提である．LM曲線が要らないというモデルを支持するならば，それ抜きに貨幣乗数を定式化し貨幣創造をマクロ均衡同時決定モデルに接合してみせなければならない．また，ドーンブッシュの為替相場のオーバーシューティング・モデルやマンデル＝フレミング・モデルでは，LM曲線は必須の分析道具であることはいうまでもない．このモデルとも理論的に衝突する．

市場均衡同時決定モデルには，その不均衡調整モデルが必要であるが，そもそも開放マクロ経済モデルの不均衡調整モデルは不完全である．この解決を金利平価条件が瞬時的に成立するという条件の下で，定式化した．これは，第4章の為替相場決定理論の統一的解釈を前提に，第5章で論じられている．

序論への補論

序論では，預金と現金は完全代替，第3章では，現金と預金のそれぞれの需給均衡を仮定し，さらに第6章では，銀行貸出と有価証券の不完全代替と，内外資産に関する完全代替・完全資本移動を仮定した開放マクロ経済の枠組みで，標準的なマクロ信用創造モデルを構築した．そこでの金融政策に関する結論は，ベース・マネー（マネタリー・ベース）を増大させる量的金融緩和政策は，所得増大に関して有効性を持つが，貨幣乗数は下落する可能性があり，貨幣供給は必ず増大するといえるのかということが理論的には焦点であった．貨幣乗数が下落する場合でも，市場均衡が安定であれば貨幣供給は必ず増大する，というのが筆者の結論である．代替モデルでも同様である．標準モデルでは，均衡の安定性は利子率の感応性や銀行貸出と証券の代替性の程度が十分に大きければ充たされる．

実際に，貨幣乗数とM2の逆相関現象は2013年から2014年にかけての日本の

金融緩和政策により実際に起きていることが確認できる．平成26（2014）年度の『経済財政白書』の下記の図を参照されたい．従来，金融緩和政策が実施されても，貨幣乗数の停滞が1つの原因となって，マネーサプライが伸びないといわれてきたが，2013年からの質的・量的緩和では，ベースマネーの増大と貨幣供給（M2）の増大の相関はきわめて高く，その間，貨幣乗数は大幅に低下している．このことの理論的意義は大きいといわなければならない．一度，実

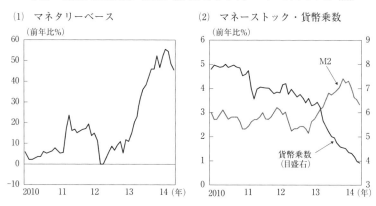

図 0-3　マネー指標の動向

家計・企業が資金調達・運用に前向きとなる中，マネーストックが増加

(1) マネタリーベース　　　　(2) マネーストック・貨幣乗数

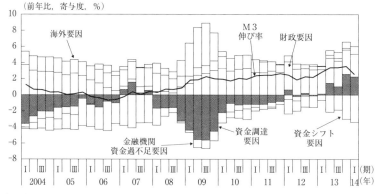

(3) マネーストックの変動要因の分解

(備考)　1．日本銀行「マネタリーベース」，「マネーストック」，「資金循環統計」により作成．
　　　　2．(2)の貨幣乗数＝M2／マネタリーベース．
　　　　3．(3)のM3は，「資金循環統計」における通貨保有主体（家計，対家計民間非営利団体，非金融法人企業，地方公共団体など）の現預金（資産）．
(出所)『平成26年度　経済財政白書』より．

証研究では，総需要の利子率感応性の値の変化を推定してみる必要がある．この間，フィリップス曲線の傾きも大きくなったことが報告されている（供給サイドの構造的変化）．M2と貨幣乗数の関係のこの劇的変化は（需要サイドの）構造的変化を予見している，とみなければならない．

第1章
ケインジアン・モデルおよび「マネタリスト・モデル」と利子率政策

　第1章を通じて，全体として，「マネタリスト・モデル」とケインジアン・モデルの本質的相違は何かということについて詳細に説明する．そして，この相違が，ワルラス法則や数量方程式が示す貨幣的マクロ経済モデルの本質と結びついていることは明らかである．その意味で，この問題の解明を，経済全体の制約の下でマクロ均衡モデルとその不均衡調整モデルを整合的に定式化することを目的とする本書の議論と分析の出発点にすることは，非常に適切であると考える．

　ところで，「マネタリスト・モデル」やそれに基づく主張は，貨幣供給増加率を政策的にコントロールする貨幣（供給）政策を前提としており，利子率を政策的にコントロールする利子率政策とは相容れないのではないかという疑問が常に存在する．そこで，この章では，利子率政策を組み込んだ「マネタリスト・モデル」が存在する本質的な条件を明らかにする．さらに，それを，利子率政策を前提としたケインジアン・モデルと比較可能なマクロ・モデルとして定式化し，マネタリストの主張を展開することは可能であることを明らかにする．この章の究極的な目的は，貨幣政策を前提とした「マネタリスト・モデル」の分析は，利子率政策の場合もほぼそのまま妥当することを示すことにある．[1]

---

1) マネタリスト・モデルという専門用語に「　」を付している意味は，筆者の考えるマネタリスト・モデルという意味である．
　　拙稿「貨幣錯覚，所得流通速度とケインジアン・モデル及びマネタリスト・モデル」『同志社商学』第59巻第1・2号，2007年，では，貨幣供給政策を前提に，本書と同様の論点が分析されている．
　　拙稿「利子率政策と『ケインジアン・モデル』および『マネタリスト・モデル』」『研究年報経済学』（東北大学経済学会）第70巻第1号，2009年．
　　拙著『マクロ貨幣経済の基礎理論』東洋経済新報社，2008年，参照．

第1節　マクロ供給関数と所得流通速度

1．ワルラス法則と貨幣需要

　市場経済は貨幣経済であるが故に，ワルラス法則が成立している．ワルラス法則はマクロ経済全体の制約であり，それは各経済主体（家計，企業，中央銀行，政府）の収支均等式から導出される．そこでの貨幣需要には，所得流通速度（貨幣の平均回転率）という概念は含まれていない．そこでは金融資産ストック（貨幣と証券）の需要の増加も「支出」という概念で把握され，その需要の減少は「収入」という概念で把握されるにすぎない．

　ワルラス法則が，均衡において意味することは，貨幣の需給均衡（貨幣市場の均衡）も含めれば，任意の1市場を除いて残りのすべての市場が均衡するということはありえない．言い換えれば，他の市場すべてが均衡しているならば，当該市場も均衡しているということである．経済主体の収支均等式およびそれらを集計したワルラス法則と所得流通速度の定義を含む数量方程式とは別個の概念であり，いずれもマクロ市場経済において成立しうる恒等式である．

2．マクロ供給関数と所得流通速度

　ケインジアン・モデルでは，短期均衡においては物価や貨幣賃金率は硬直的という想定の下に固定価格を仮定する場合が多く見られるが（IS-LMモデル），AD-ASモデルのように，長期均衡への移行過程においてはこれらは可変的であり，その変化を決定するためにマクロ供給関数が定式化されている．いずれの時間においても物価や貨幣賃金率は固定しているか，もしくは市場均衡条件とマクロ供給関数によって実質所得と同時に決定される．ケインジアン・モデルにおいても数量方程式は常に成立しているので，このことは同時に数量方程式で所得流通速度が決定されることを意味する．この点がケインジアン・モデルの本質である．

　では，マクロ経済を分析するための「マネタリスト・モデル」の本質，とりわけケインジアン・モデルと区別する本質はどのように考えるべきであるか．これが問題である．「ケインジアンvsマネタリスト」の論争の歴史は長いが，共通の理論的枠組みで論争されたのは，1970年代初頭のミルトン・フリードマ

第1章　ケインジアン・モデルおよび「マネタリスト・モデル」と利子率政策　35

ンとケインジアンの所得-支出・モデルをめぐる論争である.[2] この論争の中で,所得-支出・モデルと数量方程式を結合することは未解決の問題として残されたが,「マネタリスト・モデル」の本質は物価が数量方程式で決定されるということである.このことは,所得流通速度を外生変数と仮定しない限り,マクロ経済固有の内生変数として経済主体の行動方程式とは独立に定式化されることを要求する.

　修正フィリップス曲線の形式でマクロ供給関数を体系の中に持つマクロ・モデルは,上記に述べられた意味ではケインジアン・モデルである.このモデルにおいては,短期均衡では否定されるが,長期均衡では貨幣数量説と完全雇用が成立する.また,実質変数と名目変数の決定に関する二分法が成立する.これは,所得流通速度が長期均衡では定常値に収束しサプライサイドを規定する変数以外の変数には依存しないことを意味する.このモデルは,所得流通速度が,短期均衡,移行過程,長期均衡のいずれにおいても外生変数と他の内生変数によって受動的に決定されるという意味で,つまり数量方程式で決定されるという意味で,ケインジアン・モデルである.マクロ供給関数の修正フィリップス曲線という特定化によって,長期均衡では古典派の世界が出現するが,供給関数の代替的な特定化を仮定すれば,長期均衡においてもケインズ的な世界が出現する.

第2節　利子率政策

1．テーラー・ルール

　名目利子率の決定についてテーラー・ルールを適用してマクロ経済モデルを構築することがしばしばなされている.利子率のテーラー・ルールとは,閉鎖経済の場合,次のような定式化を意味する.[3]

---

2)　この論争については,下記の文献を参照.
　　Gordon, R. J., ed., *Milton Friedman's Monetary Framework*, University of Chicago Press, 1974.
3)　テーラー・ルールに関しては,下記の文献を参照.
　　Solow, R. M. and J. B. Taylor, *Inflation, Unemployment, and Monetary Policy*, MIT Press, 1998.

(1.2.1) $\quad i = \tilde{\rho} + \hat{P} + \alpha(\hat{P} - \hat{P}_f) + \beta(Y - Y_f), \quad \alpha > 0, \ \beta > 0$

ここで，i：名目利子率，ρ：実質利子率，P：物価，$\hat{P}$：インフレ率，$\hat{P}_f$：目標インフレ率，Y：実質所得（産出量），Y_f：潜在実質所得，とする．＾は変化率を表す．～は長期均衡値を表す．

(1.2.1) 式は，利子率の変動に関する経験則である．潜在実質所得（Y_f）とそれに対応する潜在実質利子率（$\tilde{\rho}$）は推定値である．また，公表されていない場合は，目標インフレ率も推定値である．利子率は，短期利子率である．(1.2.1) 式は，次のことを意味する．インフレ率が目標インフレ率を上回れば実質利子率は潜在値を上回り，実質所得が潜在値を上回れば同様のことが生ずる．つまり，実質利子率は，インフレ率と目標インフレ率の乖離および実質所得と潜在実質所得の乖離に正の相関関係があるということを意味する．係数，α, β も推定値である．

(1.2.1) 式を中央銀行の利子率政策としてマクロ経済モデルに接合する場合には，次のような問題が存在する．単純なマクロ経済モデルでは，利子率は代表的長期利子率である．だが，長期利子率と短期利子率の差はリスク・プレミアムであり，これを外生変数と仮定するならば，あるいは安定的な変数であると仮定するならば，さしあたり利子率に関して長期と短期の区別は無視することができる．政策金利で短期利子率をコントロールすることは，十分に可能であり，リスク・プレミアムをこのように仮定すれば，それは長期利子率もコントロール可能であることを意味する．以下では，これらの点を仮定する．

潜在値は予見可能であり，長期均衡値を意味するものと仮定する．また，α, β は中央銀行の政策態度を表す政策反応係数を反映しており，目標インフレ率は公表されているものと仮定する．このように仮定し上記の仮定と合せれば，(1.2.1) 式を中央銀行の利子率政策の定式化としてマクロ経済モデルに組み込むことが可能である．その際，重要な論点は，(1.2.1) 式の名目利子率が政策誘導目標であるのか市場利子率であるのかという論点である．この両者が常に一致すると仮定することは過度の単純化であり，一般的には一致しない．市場利子率は他の内生変数とともに市場で決定されると考えなければならない．以下では，(1.2.1) 式で決定されるのは名目利子率の政策誘導目標であると仮定する．[4]

2. 利子率政策

単純化のために，(1.2.1) 式を参考にして，利子率政策を以下のように定式化する．名目利子率の政策誘導目標は，インフレ率と目標インフレ率の乖離に反応して変更される．実質所得ギャップは無視することにする（$\beta=0$）．中央銀行も民間部門と同様に現実のインフレ率を確実に知ることはできないので，予想インフレ率に基づいて政策誘導目標を設定する．

(1.2.2)　$i^T = \tilde{\rho} + \pi + \alpha(\pi - \widehat{P}_f)$

ここで，i^T：名目利子率の政策誘導目標，π：予想インフレ率，とする．

(1.2.2) 式で定式化された利子率政策は，次のようなことを意味する．予想インフレ率が目標インフレ率を上回れば，長期的に妥当な実質利子率（これを長期均衡実質利子率と仮定する）を上回る予想実質利子率を実現するために名目利子率の誘導目標を引き上げる．下回る場合は，その逆である．一致する場合は，長期的に妥当と思われる実質利子率の水準に予想実質利子率の誘導目標を維持する．

第3節　利子率政策とケインジアン・モデル

1．ケインジアン・モデル

マクロ供給関数としての修正フィリップス曲線を持つ単純なケインジアン・モデルに (1.2.2) 式の利子率政策を結合する．以下では，均衡財政を仮定する．

(1.3.1)　$Y = C(Y-\delta) + I(i-\pi) + \delta$
　　　　$\mu = L(Y-\delta, i, \pi),\ \mu = \dfrac{M}{P}$
　　　　$1 > C' > 0,\ I' < 0,\ 1 > L_y > 0,\ L_i < 0,\ L_\pi < 0$

(1.3.2)　$i^T = \tilde{\rho} + \pi + \alpha(\pi - \widehat{P}_f),\ \alpha > 0$
　　　　$\widehat{M} = \Omega(i - i^T),\ \Omega' > 0,\ \Omega(0) = \pi$
　　　　$\widehat{P} = \pi + f(Y),\ f' > 0,\ f(Y_f) = 0$

4）拙稿「インフレ目標と貨幣政策および利子率政策」『社会科学』（同志社大学人文科学研究所）第74号，2005年，参照．

$$\dot{\pi} = \lambda(\widehat{P}-\pi), \quad \lambda>0$$

ここで，C：実質消費，I：実質投資，M：名目貨幣供給，L：実質貨幣需要，μ：実質貨幣供給，δ：実質政府支出，y：実質可処分所得（$=Y-\delta$），とする．

(1.3.1) 式は，財市場と貨幣市場の均衡条件で構成される短期均衡である．短期均衡においては，予想インフレ率と実質貨幣供給は与えられている．実質貨幣需要関数は，実質可処分所得の増加関数であり，名目利子率と予想インフレ率の減少関数である．ワルラス法則によって証券市場の均衡条件は消去されている．民間部門の収支均等式およびワルラス法則の制約と整合的になるように，実質貨幣需要関数が実質所得ではなく実質可処分所得の関数となっている．また，実質貨幣需要は貨幣と証券の資産選択の要因によってのみ規定されているのではなく実質投資とも（収支均等式で）関連しているので，予想インフレ率の関数となっている．短期均衡では，実質所得と（市場）名目利子率が同時に決定される．

(1.3.2) 式は，利子率政策を中心とした金融政策とモデルの動学方程式によって構成されている．名目利子率の政策誘導目標と市場名目利子率は一般的には一致しない．現実値が誘導目標を上回っていれば，貨幣供給増加率を引き上げる．逆は逆である．一致した場合には，貨幣供給増加率を予想インフレ率に等しく設定する．中央銀行と民間部門のインフレ予想は常に一致すると仮定する．マクロ供給関数としては，修正フィリップス曲線を仮定し，インフレ予想に関しては，適応的予想仮説を仮定する．

(1.3.1)，(1.3.2) 式で構成されるモデルは完結している．このモデルの内生変数は，Y, i, P, i^T, M, π, μ の7つであり，方程式も7つであり，モデルは完結している．政府は貨幣錯覚を持たないので，目標インフレ率は中央銀行が設定している．

上記のモデルの短期市場均衡（(1.3.1) 式）は，実質所得と名目利子率の短期均衡値を決定しており，その性質は形式的には，政府も中央銀行も貨幣錯覚を持たない場合と同様である．周知の性質であるので，その経済的意味は省略する．[5]

第1章　ケインジアン・モデルおよび「マネタリスト・モデル」と利子率政策　39

(1.3.3)　$Y=Q(\pi, \mu; \delta),\ i=H(\pi, \mu; \delta)$

　　　　　$Q_\pi>0,\ Q_\mu>0,\ H_\pi<1,\ H_\mu<0,\ Q_\delta=1,\ H_\delta=0$

　短期均衡の性質で，重要な論点は所得流通速度についてである．ケインジアン・モデルでは，前述したように，所得流通速度は数量方程式で決定される．

(1.3.4)　$V=Q(\pi, \mu; \delta)/\mu$

ここで，V：所得流通速度，とする．

　(1.3.3)，(1.3.4) 式からわかるように，予想インフレ率の上昇や実質政府支出の増加は実質所得を増加させるので所得流通速度を上昇させるが，実質貨幣供給の増加の効果は確定しない．

　このモデルは，次の連立微分方程式に集約される．

(1.3.5)　$\dot{\pi}=\lambda f(Q(\pi, \mu))$

　　　　　$\dot{\mu}=\mu\{\Omega(H(\pi, \mu)-\tilde{\rho}-(\alpha+1)\pi+\alpha\widehat{P}_f)-\pi-f(Q(\pi, \mu))\}$

所得流通速度の運動は，(1.3.4) 式からわかるように，予想インフレ率と実質貨幣供給の運動に従属している．

2．長期均衡の性質

　このモデルの長期均衡は，$\dot{\pi}=\dot{\mu}=0$，で与えられる．長期均衡では，以下のような性質が成立している．

(1.3.6)　$\widetilde{P}=\tilde{\pi}=\widetilde{M},\ f(Y_f)=0$

インフレ率についての予想誤差は消滅し，インフレ率と貨幣供給増加率は一致する．また，完全雇用実質所得が成立している．したがって，名目利子率についての誘導目標と実現値は一致し，4個の実質利子率はすべて一致し，長期均衡実質利子率に等しい．

(1.3.7)　$\tilde{i}=\tilde{i}^T$

　　　　　$\tilde{i}-\widetilde{P}=\tilde{i}-\tilde{\pi}=\tilde{i}^T-\widetilde{P}=\tilde{i}^T-\tilde{\pi}=\tilde{\rho}$

インフレ率は目標インフレ率に等しく決定される．したがって，貨幣供給増加率も目標インフレ率によって決定される．

5）実質貨幣需要が実質可処分所得の関数であるので，その点が，通常のマクロ・モデルと異なる．したがって，均衡財政乗数は1である．

　　$\Delta=(1-C')L_i+I'L_y<0$

　　$Q_\pi=-I'(L_i+L_\pi)/\Delta>0,\ Q_\mu=I'/\Delta>0,\ H_\pi=(I'L_y-(1-C')L_\pi)/\Delta<1$

(1.3.8) $\widehat{P}_f = \widehat{P} = \widehat{M}$

長期均衡においても市場均衡は成立しているので，長期均衡実質利子率は財市場の均衡条件によって決定される．実質貨幣供給は，財市場の均衡によって決定された長期均衡実質利子率を考慮すれば，貨幣市場の均衡によって決定される．

(1.3.9) $Y_f = C(Y_f - \delta) + I(\bar{\rho}) + \delta$
$\bar{\mu} = L(Y_f - \delta, \bar{\rho} + \widehat{P}_f, \widehat{P}_f)$

長期均衡実質利子率は，完全雇用実質所得を決定しているサプライサイドの条件（f関数）を除けば，実質政府支出によって決定される．それは，実質政府支出の増加関数である．実質政府支出の増加は完全に実質投資をクラウド・アウトする．長期均衡実質利子率は目標インフレ率には依存していない．したがって，目標インフレ率を引き上げるとそれだけ長期均衡名目利子率を上昇させる．

実質政府支出が増加すれば，それだけ完全雇用実質可処分所得が減少し長期均衡実質利子率が上昇するので，実質貨幣需要が減少する．したがって，長期均衡実質貨幣供給はそれだけ減少するので，実質政府支出の減少関数である．また，目標インフレ率の引き上げは実質貨幣需要を減少させるので，長期均衡実質貨幣供給は目標インフレ率の減少関数となる．

長期均衡における所得流通速度も短期均衡の場合と同様に，数量方程式によって決定される．

(1.3.4)′ $\widetilde{V} = Y_f / \bar{\mu}$

サプライサイドの条件を除けば，長期均衡実質貨幣供給を決定しているのは，実質政府支出と目標インフレ率である．それは，これらの減少関数である．したがって，実質政府支出の増加や目標インフレ率の引き上げは長期均衡実質貨幣供給を減少させ所得流通速度を上昇させる．

3．長期均衡の安定性

長期均衡の近傍で，(1.3.5)式の連立微分方程式は，次のような性質をもっている．

(1.3.10) $\dfrac{\partial \dot{\pi}}{\partial \pi} = \lambda f' Q_\pi > 0$

第1章　ケインジアン・モデルおよび「マネタリスト・モデル」と利子率政策　41

$$\frac{\partial \dot{\pi}}{\partial \mu} = \lambda f' Q_\mu > 0$$

$$\frac{\partial \dot{\mu}}{\partial \pi} = \mu[\Omega'\{H_\pi - (\alpha+1)\} - 1 - f'Q_\pi] < 0$$

$$\frac{\partial \dot{\mu}}{\partial \mu} = \mu(\Omega' H_\mu - f' Q_\mu) < 0$$

また，次の条件が成立している．

(1.3.11)　$H_\mu Q_\pi + Q_\mu(1 - H_\pi) = 0$

下記の条件が成立すれば，長期均衡近傍での安定性は保証される．

(1.3.12)　$\left(\dfrac{\partial \dot{\pi}}{\partial \pi}\right) + \left(\dfrac{\partial \dot{\mu}}{\partial \mu}\right) = f'(\lambda Q_\pi - \mu Q_\mu) + \mu \Omega' H_\mu < 0$

$$\left(\frac{\partial \dot{\pi}}{\partial \pi}\right)\left(\frac{\partial \dot{\mu}}{\partial \mu}\right) - \left(\frac{\partial \dot{\pi}}{\partial \mu}\right)\left(\frac{\partial \dot{\mu}}{\partial \pi}\right) = \lambda \mu f'[\Omega'\{H_\mu Q_\pi + Q_\mu(1-H_\pi) + \alpha Q_\mu\} + Q_\mu]$$

$$= \lambda \mu f'\{(1 + \alpha \Omega')Q_\mu\} > 0$$

(1.3.12) 式の最後の条件は，モデルの仮定により充たされている．最初の条件を変形すると，次のようになる．

(1.3.13)　$\dfrac{1}{\lambda} + \dfrac{L_i}{L} + \dfrac{L_\pi}{L} + \dfrac{\Omega'(C'-1)}{\lambda f' I'} > 0$

(1.3.13) 式は，長期均衡の局所的安定性の必要十分条件である．その経済的意味は次のようになる．他の条件が与えられれば，インフレ予想の調整スピード（λ）が小さければ小さいほどこの条件は充たされやすい．貨幣市場と財市場の両方の性質が安定性にかかわっている．他の条件が与えられれば，実質貨幣需要の名目利子率や予想インフレ率に対する感応性が小さければ小さいほど，限界消費性向や実質投資の予想実質利子率に対する感応性が小さければ小さいほどこの条件は充たされやすい．さらに，名目利子率に関する誘導目標と市場実現値の乖離に中央銀行が大きく反応して貨幣供給をコントロールすれば，安定性は強化される．

4．貨幣（供給）政策の場合

　金融政策の定式化を除いてモデルの他の構成がまったく同一であり，金融政策が次のような貨幣（供給）政策と同一である場合の長期均衡の安定条件は，よく知られている．[6]

$$(1.3.14) \quad \widehat{M} = \widehat{P}_f \ (= \text{const.})$$

利子率の誘導を含まず，目標インフレ率に等しく貨幣供給増加率を固定する（1.3.14）式のような貨幣政策の場合は，短期均衡や移行過程において貨幣供給増加率は変化しないことはいうまでもないが，形式的には長期均衡の性質は変わらない．利子率政策の場合，目標インフレ率と貨幣供給増加率は内生的なメカニズムを通じて一致するが，（1.3.14）式の場合は初めから固定されている点が異なるだけである．

（1.3.14）式の場合の長期均衡の安定条件は，次のようになる（必要十分条件）．

$$(1.3.15) \quad \frac{1}{\lambda} + \frac{L_i}{L} + \frac{L_\pi}{L} > 0$$

（1.3.15）式の条件が（1.3.13）式の条件の成立のための十分条件となっていることがわかる．つまり，利子率政策を含む金融政策の場合は，長期均衡の不安定性が緩和されている．この点について，詳細に検討しておく．

修正フィリップス曲線をマクロ供給関数としてもつマクロ経済モデルの不安定要因はきわめて単純である．短期均衡や移行過程においては，予想インフレ率が上昇すれば予想実質利子率が下落し実質投資が増加し実質所得が増加するので，予想インフレ率はさらに上昇する．（1.3.14）式のような貨幣政策であれば，加速的インフレ過程でこの実質利子率の下落の程度を決定している構造的条件が実質貨幣需要関数の形状である．実質貨幣需要の名目利子率や予想インフレ率に対する感応性が小さければ小さいほど実質利子率の下落の程度は小さい．利子率政策を含む金融政策の場合は，加速的インフレ過程で予想実質利子率は下落するが，名目利子率の誘導目標に市場名目利子率を近づけ予想実質利子率の下落をくいとめるように金融政策を運営することが組み込まれているので不安定性が緩和されている．金融政策の有効性は，利子率の政策的誘導によって，一段と高まる．ここに，政策的なテーラー・ルールの意義があるといわなければならない．

---

6) 拙著『マクロ金融政策の理論』晃洋書房，1995年，参照．
　 拙稿（脚注1），4)），参照．

5. 利子率政策の極端な特定化
［1］ ケインジアン・モデル

(1.3.1), (1.3.2)式で構成されるモデルで他の構成要素は同一で，金融政策を次のような定式化に変更してみよう．

(1.3.16) $i = \tilde{\rho} + \pi + \alpha(\pi - \widehat{P}_f)$, $\alpha > 0$

(1.3.1) $Y = C(Y - \delta) + I(i - \pi) + \delta$
$\mu = L(Y - \delta,\ i,\ \pi)$, $\mu = \dfrac{M}{P}$

(1.3.2)′ $\widehat{P} = \pi + f(Y)$, $\dot{\pi} = \lambda(\widehat{P} - \pi)$

(1.3.16)式の利子率政策は，名目利子率は中央銀行の政策によって決定され，それが市場名目利子率でもあることを意味している．したがって，当然のことながら貨幣市場の均衡条件で決定される内生変数は実質貨幣供給であり，中央銀行は実質貨幣需要に等しい実質貨幣供給が実現するように名目貨幣供給をコントロールしなければならない．このような意味で中央銀行は貨幣錯覚を持たない（このモデルは，$\Omega' = +\infty$ が仮定されていると考えてもよい）．

［2］ 長期均衡の性質

これまでと同様に，インフレ率と予想インフレ率が一致したときに，完全雇用実質所得が実現し，長期均衡実質利子率が実現しているので，利子率政策により，インフレ率は目標インフレ率に等しい．実質貨幣供給も定常値に収束しているので，貨幣供給増加率も目標インフレ率によって決定される．

長期均衡実質利子率は，財市場の均衡条件で決定される．実質貨幣供給はこれを考慮すれば貨幣市場の均衡条件で決定される．長期均衡の性質は，(1.3.1), (1.3.2)式で構成されるモデルとまったく同一である．(1.3.9)式の市場均衡条件によって，それらは決定される．長期均衡における所得流通速度の決定も (1.3.4)′式でなされ，その性質にはまったく変わりがない．

後述する短期均衡の分析のために，長期均衡実質利子率を次のように表しておこう．

(1.3.17) $\tilde{\rho} = \tilde{\rho}(\delta)$, $\tilde{\rho}' > 0$

[3] 短期均衡の性質

　長期均衡の性質とは異なり，短期均衡の性質はこれまでのモデルと本質的に異なる．利子率政策によって名目利子率が決定され先決変数となるので，貨幣市場の均衡条件は実質所得の決定に影響を及ぼさない．実質所得は，利子率政策によって名目利子率が決定されるので，それを考慮して財市場の均衡条件で決定されることは明らかである．

(1.3.18)　$Y = C(Y-\delta) + I(\tilde{\rho} + \alpha(\pi - \widehat{P}_f)) + \delta$

　実質所得の決定において，長期均衡実質利子率が影響を及ぼす．(1.3.17)式を考慮して，短期均衡の性質を求めると次のようになる．

(1.3.19)　$Y = Q(\pi\,;\delta), \quad Q_\pi = \dfrac{\alpha I'}{1-C'} < 0, \quad Q_\delta = 1 + \dfrac{I'\tilde{\rho}'}{1-C'} \gtreqless 0$

　(1.3.19)式の短期均衡の性質で，動学分析にとって重要な論点は，予想インフレ率の効果である．利子率政策により，予想インフレ率の上昇は予想実質利子率を必ず上昇させる．したがって，実質投資が減少するので，実質所得も減少する．

　実質政府支出の実質所得への効果は一義的には確定しない．それは，実質政府支出の変化は長期均衡実質利子率を変化させ，それが予想実質利子率を変化させるからである．短期均衡ポジションに長期均衡値が影響を及ぼすことになっている．

　他方，実質貨幣供給は，予想インフレ率が名目利子率を上昇させるので，その直接的効果と併せて実質貨幣需要を減少させ，実質所得の減少により実質貨幣需要は減少するので，予想インフレ率の減少関数である．実質政府支出の実質貨幣供給への効果は確定しない．

　このモデルも，利子率政策の定式化は異なるが，ケインジアン・モデルである．それは，数量方程式によって所得流通速度が決定されるからである．

(1.3.4)″　$V = Q(\pi\,;\delta)/\mu$

　予想インフレ率の上昇は実質所得も実質貨幣供給も減少させるので，所得流通速度を上昇させるのか下落させるのか一義的には確定しない．実質政府支出の効果も一義的に確定しないことは明らかである．

［4］ 長期均衡の安定性

このモデルの動学過程は，次の単一の微分方程式によって表される．

(1.3.20) $\dot{\pi}=\lambda f(Q(\pi\,;\delta))$

長期均衡が安定であることはほぼ自明のことである．

(1.3.21) $\dfrac{\partial \dot{\pi}}{\partial \pi}=\lambda f' Q_\pi < 0$

(1.3.21) 式の理由は明らかである．前述したように，修正フィリップス曲線をマクロ供給関数として持つケインジアン・モデルの不安定性は，予想インフレ率の上昇が予想実質利子率を下落させ実質投資を増加させ実質所得を増加させることから生じる．このモデルでは，予想インフレ率の上昇は予想実質利子率を上昇させ実質投資と実質所得を減少させることになっている．このような効果を持つように利子率政策で名目利子率をコントロールすることができると仮定されている．初めから不安定要因が利子率政策によって消滅しているのであるから，長期均衡は無条件に安定である．

このような利子率政策の極端な特定化は，利子率政策による名目利子率のコントロールに対する過信を背景としている．テーラー・ルールでも，加速的インフレの過程で実質利子率が上昇することが定式化されている．この定式化にさらに修正フィリップス曲線を仮定すれば，予想実質利子率についても同様である．それとともに，実質投資の実質利子率感応性が大きい経済が想定されている．加速的なインフレ過程で実質利子率の下落による不安定性を利子率政策でコントロールすることの有効性を問うならば，ケインジアン・モデルは，(1.3.1)，(1.3.2) 式によって構成されるべきである．つまり，利子率に関する政策誘導目標と市場実現値は一般的には一致せず，それを一致させるように金融政策が運営されるということを組み込まなければならない．[7]

---

[7] 筆者は，IS-LM モデルの代替モデルとしてのローマー・モデルは，利子率政策を中心とする金融政策に対する過度の過信を反映していると考えている．その過信は，2008年からのリーマン・ショックとその不況により，脆くも崩れ去ったとみるべきである．「グリーンスパンの謎」もその現れである．
　Romer, D., "Keynesian Macroeconomics without the LM Curve," *Journal of Economic Perspectives*, Vol.14, No.2, 2000, 参照．

第4節　利子率政策と「マネタリスト・モデル」

1．利子率政策を組み込んだ「マネタリスト・モデル」

　(1.3.1), (1.3.2)式のケインジアン・モデルでは，中央銀行は貨幣錯覚を持つので，マクロ供給関数（修正フィリップス曲線）を放棄し数量方程式を結合すれば，数量方程式で物価が決定される「マネタリスト・モデル」が構築できる．これが利子率政策の場合の「マネタリスト・モデル」である．(1.3.16)式のような利子率政策であれば，中央銀行は貨幣錯覚を持たず実質貨幣需要に等しい実質貨幣供給を決定することができるので，数量方程式で物価を決定する代替的な「マネタリスト・モデル」は存在しないし，ケインジアン対マネタリストの論争も存在し得ない．このことから，マネタリスト・モデルが貨幣供給増加率をコントロールする貨幣政策と深く結びついていて利子率政策の場合は「マネタリスト・モデル」は存在しえないという見方が生まれる．これまで明らかにしてきたように (1.3.16) 式の利子率政策の定式化は極端な特定化であり，一般的には政策誘導目標としての名目利子率と市場名目利子率は区別することが重要であり，それを一致させる利子率政策は背後にそれと整合的な貨幣供給政策を補完的に持っていると考えるべきである（2000年前後以降の先進国経済にみられるゼロ金利政策と量的金融緩和政策の併存は，この論点に対応する良い実例であると考えられる）．

　(1.3.1), (1.3.2) 式で構成されるケインジアン・モデルの代替モデルとしての「マネタリスト・モデル」は，次のようなモデルである．所得流通速度 ($1/k=V$) 以外は，ケインジアン・モデルと同じ性質が仮定されている．

(1.4.1)　　$Y = C(Y-\delta) + I(i-\pi) + \delta$

$$\frac{M}{P} = L(Y-\delta,\ i,\ \pi),\ \ P = \frac{M}{k(i)Y},\ \ k' < 0$$

(1.4.2)　　$i^T = \tilde{\rho} + \pi + \alpha(\pi - \widehat{P}_f)$

　　　　　$\widehat{M} = \Omega(i - i^T),\ \ \dot{\pi} = \lambda(\widehat{P} - \pi)$

　(1.4.1) 式では，所得流通速度の逆数 (k) が他の行動方程式と同様に定式化されている．所得流通速度が名目利子率の増加関数であるという経験的証拠はこれまで数多く提出されている．インフレ率や実質所得とも関係があると思

われるが,名目利子率との関係ほど明確ではない.所得流通速度はマクロ固有の変数であり,家計の流通速度や企業の流通速度のような変数はありえない.したがって,その経済的意味はきわめて明瞭ではない.通常,次のように説明される.名目貨幣供給が一定である場合,名目利子率の上昇は金融的流通(ここでは,証券の売買)に投下される貨幣量が増大し,財の売買(ここでは実質所得)を媒介する産業的流通の貨幣量が減少するので,所得流通速度は上昇する.ここでは,この点について深く論じることはしない.マネタリストも所得流通速度が名目利子率の増加関数であり,その逆数は減少関数であることを認めている.古典的な貨幣数量説では外生変数とされるが,ここではこの仮定を採用しない.外生変数としても以下の議論にさしたる影響はない.

数量方程式を所得-支出・モデルに結合しているので,数量方程式で物価が決定されるというのは,名目利子率や実質所得が与えられれば,それで物価が決定されるという意味である.マネタリストが,物価もマクロ固有の変数であり,個別財の価格ではないので,財の供給関数のような個別財の価格の決定に妥当するような定式化をマクロ・モデルに結合するのではなく,経済全体の財の取引の媒介をする名目貨幣量と関係づけて説明するべきであるとするのは,まさに数量方程式で物価を決定するという考え方と同一である.

(1.4.1) 式の短期均衡モデルでは,実質所得,名目利子率,物価は,財と貨幣の市場均衡条件と数量方程式で同時に決定される.ところが,このモデルでは,市場均衡が安定であるかどうかは確定しない.市場均衡が安定であるかどうかを検討しようとすれば,証券市場の均衡条件と市場の調整メカニズムを定式化しなければならない(伝統的には,貨幣市場の定式化で十分であるとされている).[8]

(1.4.3) $\quad B(I(i-\pi))=\varphi(Y-\delta,\ i,\ \pi)+\dfrac{M}{P}$

$\qquad 0<B'<1,\ 0<\varphi_y<1,\ \varphi_i>0,\ \varphi_\pi<0$

ここで,B:企業部門の実質証券供給(ストック),φ:民間部門の実質証券

---

[8] 市場が不均衡である場合の利子率の決定と運動については,下記の文献を参照.
二階堂副包編集『経済の数理』筑摩書房,1977年,第2章(執筆者:斎藤謹造),20-29ページ.
二木雄策『マクロ経済学と証券市場』同文舘出版,1992年.

需要，とする．

(1.4.3) 式の証券市場の均衡条件の経済的意味を説明しておこう．証券は広義の意味で民間部門の債務証書を表し，企業部門の投資の資金調達のために供給される．また，中央銀行の貨幣供給は証券の需要を通じてなされるが，均衡財政を仮定しているので政府は証券を発行しない．民間部門の実質証券需要は，実質貨幣需要と同様に実質可処分所得の増加関数であり，予想インフレ率の減少関数となっている．それは，資産選択という観点から名目利子率の増加関数となっている．

(1.4.1) 式のマネタリストの短期均衡モデルに，(1.4.3) 式の証券市場の均衡条件を付け加えるが，ワルラス法則により財市場，貨幣市場，証券市場の均衡条件の中で任意の1つの均衡条件は独立ではない．以下の短期均衡分析では，貨幣市場を取り上げて，証券市場の均衡条件を消去する．

$$(1.4.4) \quad \{Y-(C+I+\delta)\}+\left(\frac{M}{P}-L\right)+\left\{B-\left(\varphi+\frac{M}{P}\right)\right\}=0$$

(1.4.4) 式は，経済全体の制約であるワルラス法則である．この制約の下に各市場は連結しているので，行動方程式の偏微分係数には次の制約が成立する．

(1.4.5) $(B'-1)I'=\varphi_i+L_i>0$

$(1-B')I'=\varphi_\pi+L_\pi<0, \quad 0<1-C'=\varphi_y+L_y<1$

貨幣需要関数の定式化は同時に，証券需要関数に下記のような特定化をもたらしていることに注意しなければならない．

(1.4.6) $\varphi_i+\varphi_\pi=-(L_i+L_\pi)>0$

2．市場均衡の安定性と短期均衡の性質

[1] 市場均衡の安定性

市場均衡の安定性を分析する場合には，証券市場を取り上げなければならない．不均衡の場合は，各市場の不均衡に対応してどの調整変数が変化するのかという因果関係の問題が存在するからである．利子率の変化は証券市場の不均衡に直接的に影響されると仮定する．短期均衡の分析に入る前に，市場均衡の安定性を検討しておこう．数量方程式により，物価を消去して考える．財市場の超過需要に反応して所得が増加し，証券市場の超過供給に反応して利子率が上昇すると仮定すれば，実質所得と利子率の変動は，下記の連立微分方程式に

第1章 ケインジアン・モデルおよび「マネタリスト・モデル」と利子率政策

よって表される．予想インフレ率は，調整の期間においては，与えられていると仮定する．

(1.4.7) $\dot{Y} = \alpha\{C(Y-\delta) + I(i) + \delta - Y\},\quad \alpha > 0$
$\dot{i} = \beta\{B(I(i)) - \varphi(Y-\delta,\ i) - k(i)Y\},\quad \beta > 0$

短期市場均衡の近傍での安定性は，(1.4.5) 式の制約を考慮すれば，下記の条件が充たされる場合には保証されることがわかる．

(1.4.8) $\alpha(C'-1) + \beta(I' + L_i - k'Y) < 0$
$\Delta = (C'-1)(L_i - k'Y) + I'(k - L_y) > 0$

(1.4.8) 式は，市場均衡の均衡近傍における安定性のための必要十分条件である．この条件は，他の条件が同じであれば，流通速度関数の形状に着目して，次のようなことが言える．均衡近傍で流通速度の値が相対的に大きいほど，また利子率に対する感応性が大きければ大きいほど，つまり k の値が相対的に小さく，利子率に対する k の感応性が相対的に小さければ，この条件は充たされやすい．

そこで，(1.4.8) 式が充たされる意味のある十分条件を検討しておこう．

(1.4.9) $I' + L_i - k'Y = 0$

(1.4.9) 式の場合，(1.4.8) 式の後者の条件が充たされず，市場均衡は不安定である．

(1.4.10) $(C'-1)(L_i - k'Y) + I'(k - L_y) = I'\{k + (1-C') - L_y\} < 0$

また，次の場合も，必ず不安定である．

(1.4.11) $I' + L_i - k'Y > 0$

(1.4.12) $(C'-1)(L_i - k'Y) + I'(k - L_y)$
$= (C'-1)(I' + L_i - k'Y) + I'\{k + (1-C') - L_y\} < 0$

したがって，市場均衡が安定であるための必要十分条件が充たされるためには，下記の条件を必要とする．

(1.4.13) $I' + L_i - k'Y < 0$

(1.4.12) 式からわかるように，(1.4.13) 式の条件が充たされれば，(1.4.8) 式の最後の条件は，k の値についての制約とみなすことができる．k が相対的に小さければ，この条件は充たされる可能性がある．ところが，k については，正値条件が存在する．他の構造的条件いかんでは，k は負となる可能性を排除できない．k の正値条件が充たされ，かつ (1.4.13) 式の条件が充

たされる十分条件は，下記の条件である．

(1.4.14)　$0 < k \leq L_y,\ L_i - k'Y < 0$

$k(i) = 1/V(i)$ と $V' > 0$，を考慮すれば，(1.4.14)式は，短期均衡近傍で，所得流通速度が相対的に大きく所得流通速度の利子率感応性が相対的に小さいことを意味する．以下の短期均衡分析では，(1.4.14)式の十分条件を前提とする．

[2]　短期均衡の性質

短期均衡においては，財市場と貨幣市場の均衡条件で実質所得と名目利子率が同時に決定される．証券市場の均衡も同時に成立している．短期均衡解は次のように導出される．

(1.4.15)　$Y = Q(\pi\,;\delta),\ i = H(\pi\,;\delta)$

$$Q_\delta = 1 - \frac{kI'}{\Delta} > 1,\qquad Q_\pi = \frac{I'(L_i - k'Y) + L_\pi}{\Delta} > 0$$

$$H_\pi = 1 + \frac{(1-C')\{L_\pi + (L_i - k'Y)\}}{\Delta} < 1,\qquad H_\delta = \frac{k(C'-1)}{\Delta} < 0$$

短期均衡の性質で特徴的な点は，次の点にある．実質政府支出の増加は名目利子率を下落させるので実質政府支出乗数は1より大きくなる．流通速度が予想インフレ率に依存しないので，予想インフレ率の効果は，ケインジアン・モデルと同一である．

短期均衡では名目貨幣供給も与えられているので，短期均衡物価水準は実質所得，名目利子率と同時に決定される．

(1.4.16)　$P = \dfrac{M}{k\{H(\pi\,;\delta)\}Q(\pi\,;\delta)}$

(1.4.16)式は，次のことを意味する．予想インフレ率が与えられれば，所得流通速度（$1/k$）と実質所得は決定されるので，物価水準は名目貨幣供給の大きさに比例的である．つまり，貨幣数量説が成立している．

3．長期均衡の性質と動学分析

短期均衡解と（1.4.2），（1.4.16）式を考慮すれば，予想インフレ率が変動する移行過程は，次の動学方程式によって表される．

第1章　ケインジアン・モデルおよび「マネタリスト・モデル」と利子率政策

$$(1.4.17)\quad \widehat{P}=\widehat{M}-\left(\frac{k'H}{k(H(\pi))}+\frac{Q_\pi}{Q(\pi)}\right)\dot{\pi}$$

$$\dot{\pi}=\lambda(\widehat{P}-\pi),\quad \widehat{M}=\Omega\{H(\pi)-\bar{\rho}-\pi-\alpha(\pi-\widehat{P}_f)\}$$

長期均衡は，$\dot{\pi}=0$ が成立した場合である．長期均衡では，次の条件が成立している．

$$(1.4.18)\quad \widetilde{P}=\tilde{\pi}=\widetilde{M}=\widehat{P}_f,\quad \tilde{i}=\tilde{i}^T$$

したがって，長期均衡では，すべての実質利子率は一致し，単一の実質利子率となる．完全雇用実質所得は一般的には成立しない．長期均衡実質所得，長期均衡名目利子率は目標インフレ率によって決定される．

$$(1.4.19)\quad \widetilde{Y}=Q(\widehat{P}_f;\delta),\quad \tilde{i}=H(\widehat{P}_f;\delta)$$

(1.4.16)，(1.4.18) 式より，長期均衡では，水準についても変化率についても厳格な貨幣数量説が成立している．名目所得の伸び率は貨幣供給増加率に等しくそれは目標インフレ率によって決定される．

(1.4.17) 式の動学方程式は，次の単一の微分方程式に集約される．

$$(1.4.20)\quad \left\{1+\lambda\left(\frac{k'H_\pi}{k(H(\pi))}+\frac{Q_\pi}{Q(\pi)}\right)\right\}\dot{\pi}=\lambda[\Omega\{H(\pi)-\bar{\rho}-\pi-\alpha(\pi-\widehat{P}_f)\}-\pi]$$

このモデルの移行過程では，$H_\pi<1$ であるので，名目利子率は誘導目標に近づく傾向がある．

$$(1.4.21)\quad \frac{\partial(i-i^T)}{\partial \pi}=H_\pi-(\alpha+1)<0$$

しかしながら，インフレ過程で予想インフレ率が上昇した場合，実質所得に与えるその効果は小さく名目利子率が上昇する場合，k が相対的に大きく下落し（すなわち所得流通速度が大きく上昇し）インフレ率を名目貨幣供給増加率よりも大きく上昇させるので不安定になる可能性が存在する．長期均衡近傍での安定性のための十分条件は，$H_\pi<0,$ であることは明白である．これを変形すれば，所得流通速度の逆数に関して，次のような条件が必要であることがわかる．

$$(1.4.22)\quad (L_y\geq)\ k>L_y+\frac{(C'-1)L_\pi}{I'}\quad (ただし，k>0)$$

「マネタリスト・モデル」は，所得–支出・モデルに物価を決定するための数量方程式を結合し，所得流通速度関数をモデルのその他の行動方程式とは独立

に定式化するために，その形状が短期均衡および長期均衡の安定性に深く関わってくることになる．

(1.4.2) 式の定式化のように利子率政策を定式化すれば，所得-支出・モデルはケインジアン・モデルだけではなくその代替モデルとしての「マネタリスト・モデル」が存在することがわかる．この安定条件は，以下で示すように，$\widehat{M}=\widehat{P}_f=$const.，の貨幣政策の場合とまったく同一である（ケインジアン・モデルの場合は，利子率政策の方が有効性が高まる）．したがって，マネタリストの主張が貨幣政策と結合しているという見方は誤りである．利子率政策の場合も同様に「マネタリスト・モデル」は構築することができるし，貨幣数量説は短期においても長期においてもいずれも成立する．ただしそのためには，流通速度について上記のような厳しい制約が存在する．

4．貨幣政策の場合の「マネタリスト・モデル」との比較
[1] 貨幣政策の場合のモデル

貨幣供給増加率を目標インフレ率に等しく設定し一定とする貨幣政策を仮定する．その場合，「マネタリスト・モデル」は，次のように定式化することができる．[9]

(1.4.23) $Y=C(Y-\delta)+I(i-\pi)+\delta$

$$\frac{M}{P}=L(Y-\delta,\ i,\ \pi),\ P=\frac{M}{k(i)Y},$$

$$\widehat{M}=m=\widehat{P}_f=\text{const.},\quad \dot{\pi}=\lambda(\widehat{P}-\pi)$$

短期均衡の性質と市場均衡の安定性については，利子率政策の場合とまったく同一である．異なるのは金融政策のみである．したがって，以下では，長期均衡の安定性に絞って分析する．

短期均衡解を考慮すれば，このモデルの動学方程式は，次のようになる．

(1.4.24) $P=\dfrac{M}{k\{H(\pi;\delta)\}Q(\pi;\delta)},\ \widehat{M}=m=\widehat{P}_f=\text{const.},\ \dot{\pi}=\lambda(\widehat{P}-\pi)$

(1.4.24) 式を単一の微分方程式に変形する．

---

[9] 拙稿（第1章脚注1）），参照．

第1章 ケインジアン・モデルおよび「マネタリスト・モデル」と利子率政策　53

$(1.4.24)'\quad \dot{\pi}=q(m-\pi),\quad q=\lambda\left(1+\lambda\dfrac{k'H_\pi}{k(H(\pi\,;\delta))}+\dfrac{Q_\pi}{Q(\pi\,;\delta)}\right)^{-1}$

長期均衡では，次の条件が成立している．

$(1.4.25)\quad m=\widehat{P}_f=\tilde{\pi}=\widetilde{\widehat{P}},\quad \widetilde{Y}=Q(\widehat{P}_f\,;\delta),$
$\qquad\tilde{i}=H(\widehat{P}_f\,;\delta),\quad Q_m>0,\quad H_m<1$

長期均衡では，インフレ率と予想インフレ率は一致し，いずれも固定された貨幣供給増加率に等しい．したがって，実質所得と名目利子率は定常値に収束する．実質所得は貨幣供給増加率の増加関数である．名目所得は，貨幣供給増加率で成長する．実質利子率は貨幣供給増加率の減少関数で，次のようになる．

$(1.4.26)\quad \widehat{Y}n=m,\quad \tilde{\rho}=\tilde{i}-\tilde{\pi}=\tilde{i}-\widetilde{\widehat{P}}=\tilde{i}-m,\quad \dfrac{\partial\tilde{\rho}}{\partial m}=\dfrac{\partial\tilde{i}}{\partial m}-1<0$

ただし，Yn：名目所得，とする．

長期均衡がその近傍で安定となる条件は，

$(1.4.27)\quad q>0$

である．(1.4.27)式が成立する1つの意味のある十分条件は，次の条件である．

$(1.4.28)\quad H_\pi(=H_m)<0$

(1.4.28)式は，市場均衡の性質として，予想インフレ率の上昇が名目利子率を下落させるということを意味し，長期均衡近傍ではこの性質が保証されるということを意味する．

$(1.4.28)'\quad H_m<0,\quad \dfrac{\partial\tilde{\rho}}{\partial m}=H_m-1<-1$

$(1.4.28)''\quad k>L_y+\dfrac{(C'-1)L_\pi}{I'}$

市場均衡の安定条件を考慮すれば，次の条件が導出される．

$(1.4.29)\quad L_y\geq k>L_y+\dfrac{(C'-1)L_\pi}{I'}\quad (ただし，k>0)$

以上の検討からわかるように，「マネタリスト・モデル」の安定条件（十分条件）は，貨幣政策の場合も利子率政策とまったく同一である．

[2]　「マネタリスト・モデル」と所得流通速度関数の形状

市場均衡の安定性の十分条件は，(1.4.14)式で示されているので，利子率

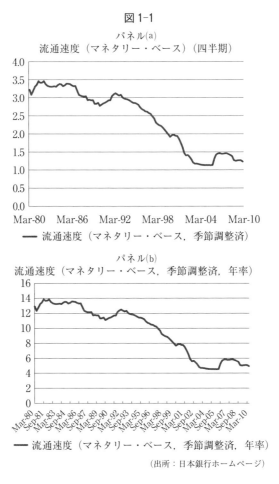

図 1-1

パネル(a) 流通速度(マネタリー・ベース)(四半期)

― 流通速度(マネタリー・ベース,季節調整済)

パネル(b) 流通速度(マネタリー・ベース,季節調整済,年率)

― 流通速度(マネタリー・ベース,季節調整済,年率)

(出所:日本銀行ホームページ)

政策の場合も貨幣政策の場合も,所得流通速度の(逆数の)名目利子率感応性について,安定性が保証されるためには制約が存在する.その名目利子率弾力性や実質貨幣需要の名目利子率弾力性が構造的条件として与えられていると仮定しよう.その場合には,両方のモデルで,下記のような条件が必要であることがわかる((1.4.14)式の最後の条件を,数量方程式および貨幣市場の均衡条件を使って変形している).

(1.4.30) $\quad -\eta_L + \xi_k < 0, \quad \eta_L = -\frac{i}{L}L_i > 0, \quad \xi_k = -\frac{i}{k}k' > 0$

(1.4.30)式の条件は,次のことを意味する.所得流通速度の逆数の名目利

子率弾力性は，実質貨幣需要の弾力性よりも小さい．つまり，実質貨幣需要の名目利子率弾力性を与えれば，それより所得流通速度の逆数の名目利子率弾力性は小さくなければならない．

第5節　結　論

　所得-支出・モデルに物価を決定する数量方程式を結合することは可能であり，このモデルこそ「マネタリスト・モデル」と言わなければならない．ケインジアン・モデルの場合は，物価を決定するためにマクロ供給関数を定式化し，数量方程式で所得流通速度を決定する．「マネタリスト・モデル」では，マクロ供給関数の代わりに所得流通速度関数が独立に定式化され数量方程式で物価が決定される．修正フィリップス曲線をマクロ供給関数として持つケインジアン・モデルでは，長期均衡では変化率に関して貨幣数量説が成立し完全雇用が成立する．「マネタリスト・モデル」では短期だけではなく長期においても厳格な貨幣数量説が成立するが，長期的に完全雇用を成立させるメカニズムは必須の条件ではない．したがって，ケインジアン・モデルが修正フィリップス曲線をマクロ供給関数として持つ限り長期均衡においては古典派の二分法が成立するが，逆にこれを放棄した「マネタリスト・モデル」では，長期均衡において皮肉にも古典派の二分法は成立しなくてもよい．このモデルで，完全雇用が成立するためには，新たな条件が必要である．それは，労働市場の調整であるだろう．

　「マネタリスト・モデル」を整合的に構成するならば，その短期均衡と長期均衡の安定性のためには，所得流通速度に関してきわめて厳しい条件が必要となる．現実の所得流通速度の大幅な変化は，おおまかに見てこのような制約を保証していないように見える．

　図1-1は，1980～2010年の日本経済の所得流通速度の動きを示したものである．この図からも明らかなように，所得流通速度は，傾向的に大幅に下落しており，長期的に決して安定的ではないように見える．それでは，この章で構築した「マネタリスト・モデル」の現実的意義はどこにあるであろうか．それは，長期的には現実経済は決して貨幣数量説の世界ではないことを意味している．流通速度が短期的に安定している場合は，一定の条件付きで（短期的にこそ）

貨幣数量説の世界が出現する場合があることを示していると言えるのではないだろうか．これは，修正フィリップス曲線をマクロ供給関数として持つケインジアン・モデルの短期と長期の想定とまったく逆であることがわかる．

　金融政策について得られた結論について述べておこう．「マネタリスト・モデル」は貨幣供給政策とも利子率政策とも整合的である．いずれの政策を採用した場合でも長期均衡の安定性に変わりはなく，有効性に変わりはない．ケインジアン・モデルの場合，固定ルールの貨幣供給政策よりも利子率政策の方が有効性は確実に高まると言える．

第2章
貨幣錯覚，名目政府支出と利子率政策

　短期・中期のインフレ過程で実質利子率が上昇するのか下落するのか不変であるのかは，経済活動水準が実質利子率に感応的なマクロ経済の安定性や政策効果にとって長い間中心的論点であった．周知のように，フィッシャー命題が成立するならば実質利子率や予想実質利子率は不変である．伝統的な AD-AS モデルでは，短期均衡では予想インフレ率の上昇は予想実質利子率を下落させる．フィッシャー命題が成立するのは長期均衡においてである．この実質利子率の短期的属性があるので，これらのモデルに修正フィリップス曲線タイプのマクロ供給関数を結合してインフレ予想形成を適切に仮定すれば，一定の条件のもとで，インフレ率が一定値（ノミナル・アンカー）に収束する長期均衡は不安定である．[1]

　ところが，近年，アメリカの FRB の利子率操作を中心とした金融政策の経済安定化機能に対する過信を反映して，[2] 利子率政策により名目利子率や実質利子率がテーラー・ルールにそって変動するならば，インフレ過程で実質利子率や予想実質利子率は上昇し，インフレ率が一定値（ノミナル・アンカー）に収束する長期均衡は無条件に安定であるというモデルが出現している．この章では，これらのモデルにおいても伝統的モデルと同様に経済主体が貨幣錯覚を持つのかどうかが重要な概念であり，そのことがこれらのモデルの本質を規定

---

1) これらのモデルにおける安定条件との経済的意味については，下記の文献を参照．
　　拙著『マクロ金融政策の理論』晃洋書房，1995年．
　　拙著『マクロ貨幣経済の基礎理論』東洋経済新報社，2008年．
2) 2008年のリーマン・ショック後に，アメリカ FRB の議長であった A. グリーンスパンは，リーマン・ショック前のアメリカ中央銀行の金融政策が，1990年代のニュー・エコノミーの時期のようにうまくいかなくなっていたことを認めている．それは，「グリーンスパンの謎」と呼ばれている．つまり，短期政策金利を引き上げて長期金利の上昇を誘導し，経済の過熱を抑制するという政策効果が実現できなかったことを意味する．

していることを議論し,モデルの整合性を検討する.[3] そのために,この新しい利子率決定ルールを含んだ単純なマクロ経済モデルの問題点をまず整理することから議論を始めよう.

第1節 貨幣錯覚と利子率のテーラー・ルール

1. 利子率のテーラー・ルールを含む単純なマクロ経済モデル

「経済活動水準が実質利子率に感応的な経済は,金融政策(利子率政策)で名目利子率の操作を通じて実質利子率を適切にコントロールできるならば,無条件に安定である」ことを証明する典型的なモデルは,次のようなモデルである.単純化のために,均衡財政を仮定する.

(2.1.1) $Y = C(Y-\delta) + I(i-\pi) + \delta$

(2.1.2) $i = \tilde{\rho} + \hat{P} + \alpha(\hat{P} - \hat{P}_f) + \beta(Y - Y_f)$

(2.1.3) $\hat{P} = \pi + f(Y)$

(2.1.4) $\dot{\pi} = \lambda(\hat{P} - \pi)$

ここで,Y:実質所得,C:実質消費,I:実質投資,i:名目利子率,π:予想インフレ率,P:物価,δ:実質政府支出,ρ:実質利子率(名目利子率 − インフレ率),Y_f:完全雇用実質所得,$\hat{P}_f$:中央銀行の設定する目標インフレ率,とする.$\hat{\ }$は変化率を,$\tilde{\ }$は長期均衡値を,それぞれ意味する.

このモデルでは,次の性質が仮定される.これらの性質は,本章のすべてのモデルに共通したものである.

(2.1.5) $1 > C' > 0$, $I' < 0$, $\alpha > 0$, $\beta \geq 0$, $\lambda > 0$, $f' > 0$, $f(Y_f) = 0$ [4]

(2.1.1)式は,財市場の均衡条件であり,経済活動水準を意味する実質所得が(予想)実質利子率 $(i-\pi)$ に感応的であることを意味している.(2.1.2)式は利子率のテーラー・ルールである.完全雇用実質所得は長期均衡で成立し,それに対応して,$\tilde{\rho}$ は長期均衡実質利子率である.(2.1.3)式は,マクロ供給関数であり(これを図示した場合,修正フィリップス曲線と呼ぶ),(2.1.4)

---

[3] 経済主体の経済行動が名目量を基準にして行われる場合,その経済主体は貨幣錯覚を持つと定義する.この定義については,二木雄策『マクロ経済学と証券市場』同文舘出版,1992年,第1章,26-27ページ参照.

第2章　貨幣錯覚，名目政府支出と利子率政策　59

式は適応的なインフレ予想形成を意味する．

(2.1.2)式の利子率決定では，(2.1.3)式を考慮すれば，次の関係が成立していることは明らかである．

(2.1.6) $\quad \dfrac{\partial(i-\widehat{P})}{\partial \widehat{P}} = \dfrac{\partial(i-\pi)}{\partial \pi} = \alpha > 0$

(2.1.6)式から明らかなように，利子率政策の結果，名目利子率および実質利子率が(2.1.2)式のようなルールで動くかぎり，（予想）実質利子率は（予想）インフレ率の増加関数である．この条件が，この単純なモデルの長期均衡を無条件に安定している．

短期均衡実質所得は，マクロ供給関数と利子率政策を考慮した財市場の均衡条件で決定され，この決定に貨幣市場の均衡条件（同時に，ワルラス法則により消去された証券市場（債券市場）の均衡条件）は関与しない．

(2.1.7)　$Y = C(Y-\delta) + I[\bar{\rho} + \alpha\pi + (\alpha+1)f(Y) + \beta Y - \alpha \widehat{P}_f - \beta Y_f] + \delta$

(2.1.7)式のみで，短期均衡実質所得は一義的に決定される．[5]

(2.1.8)　$Y = Q(\pi\,;\,\delta,\,\widehat{P}_f)$

$$Q_\pi = \dfrac{\alpha I'}{(1-C') - (I'(\alpha+1)f' + \beta)} < 0$$

$$Q_{P_f} = \dfrac{-\alpha I'}{(1-C') - (I'(\alpha+1)f' + \beta)} > 0$$

---

4) $\alpha>0$, $\beta \geq 0$について．政策態度を反映するこれらのパラメータについて，$\beta=0$であってもモデルの本質的性格についてまったく変わらないが，$\alpha=0$では，後述する分析で明らかにするが，モデルの本質的性格がまったく変わってしまうことに注意しなければならない．利子率のテーラー・ルールは短期利子率の変動の経験則であるが，短期利子率の政策指標とする政策テーラー・ルールも存在する．単純なマクロ・モデルでは，利子率の決定条件として理解する考え方も存在する．テーラー・ルールに関しては，次の文献を参照．

　Solow, R. M. and J. B. Taylor, *Inflation, Unemployment, and Monetary Policy*, MIT Press, 1998.

　なお，テーラー・ルールのマクロ経済モデルへの応用に関しては，次の文献を参照．

　Krugman, P., "Currency Regimes, Capital Flows, and Crisis," *IMF Economic Review*, 26, August 2014.

5) 短期市場均衡は瞬時的に安定であり，短期市場均衡は意味のあるものであることは明白である．

$$Q_\delta = \frac{(1-C')+\varphi' I'}{(1-C')-(I'(\alpha+1)f'+\beta)} \gtreqless 0$$

長期均衡は，$\dot{\pi}=0$で与えられる．したがって，長期均衡における実質所得，名目利子率，実質利子率，インフレ率は，次の条件で決定される．

(2.1.9) $\quad f(Y_f)=0, \quad Y_f=C(Y_f-\delta)+I(\bar{\rho})+\delta$
$\qquad \widetilde{P}=\tilde{\pi}=\widehat{P}_f, \quad \tilde{i}=\bar{\rho}+\widehat{P}_f$

インフレ率の予想値と実現値は等しく，それらは目標インフレ率に一致する．完全雇用実質所得が成立していて，それに対応するように財市場の均衡条件で実質利子率が決定される．実質利子率は実質政府支出の増加関数である．

(2.1.10) $\quad \bar{\rho}=\varphi(\delta), \quad \varphi'=\dfrac{1-C'}{(-I')}>0$

長期均衡実質利子率が実質政府支出の増加関数であり，利子率政策が長期均衡実質利子率の影響を受けると仮定されているので，(2.1.7)式で決定される短期均衡実質所得も長期均衡実質利子率の影響を受ける．したがって，短期均衡実質所得への実質政府支出の効果は，このことを考慮して導出しなければならない．短期均衡では財政政策の効果は一義的には確定しない．

このモデルの動学方程式は，次のようになる．

(2.1.11) $\quad \dot{\pi}=\lambda f(Q(\pi;\delta, \widehat{P}_f))$

(2.1.9)式の長期均衡は，無条件に安定である．

(2.1.12) $\quad \dfrac{\partial \dot{\pi}}{\partial \pi}=\lambda f' Q_\pi <0$

この理由は，きわめて明白である．(2.1.6)式より，加速的インフレの過程で利子率政策により必ず（予想）実質利子率は上昇する．（予想）実質利子率の上昇は実質所得を下落させ，インフレ率と予想インフレ率を下落させ，その差を縮小させる．

2．モデルの本質的特徴

利子率政策の結果，名目利子率および実質利子率が(2.1.2)式のテーラー・ルールに沿って変動するならば，政策当局は完全雇用実質所得と長期均衡実質利子率について正確に知っておかなければならない．そのようなことはあ

りえないが,この仮定をはずしてもモデルの分析結果に大きな影響は及ぼさないので,この点はさしあたり無視することにする.

このモデルの本質的特徴は,貨幣市場の均衡条件が,短期均衡においても長期均衡においても,その均衡の性質にはいかなる関与もしていないということである.分析的には,この条件は不要である.いわゆる「LM曲線のないマクロ・モデル」となっている.[6] 分析的に不要であるということと,この背後で貨幣市場の均衡条件が成立しているということとは別である.このモデルで貨幣市場の均衡条件が成立していると考えることは何を意味するのかを考えてみよう.

$$(2.1.13) \quad \mu = L(Y-\delta, i), \quad L_y > 0, \quad L_i < 0, \quad Y - \delta = y, \quad \mu = \frac{M}{P}$$

ここで,μ:実質貨幣供給,M:名目貨幣供給,L:実質貨幣需要,y:実質可処分所得,とする.

短期均衡実質所得,名目利子率は,貨幣市場の均衡条件なしで決定されるのであるから,そうして決定された短期均衡ポジションが実質貨幣需要を決定し,それに等しく実質貨幣供給が決定される.[7]

ここで,当該経済主体が実質値を基準にして行動する場合をその経済主体は貨幣錯覚を持たない場合と定義しよう.つまり,名目値を基準にして意志決定を行う場合は,当該経済主体は貨幣錯覚を持つ場合である.このように貨幣錯覚を定義するならば,貨幣市場の均衡条件がこのモデルで成立する限り,中央銀行は,政府と同様に,貨幣錯覚を持たず,実質貨幣供給を政策変数としている.言い換えれば,短期均衡ポジションによって受動的に決定される実質貨幣需要に等しい実質貨幣供給を実現するように背後で名目貨幣供給を操作するということを意味する.そのことによって,利子率政策と整合的な貨幣供給政策になっている.長期均衡では実質貨幣供給も定常値に収束し,名目貨幣供給増

---

6) 次の文献を参照.
   Romer, D., "Keynesian Macroeconomics without the LM Curve," *Journal of Economic Perspectives*, Vol.14, No.2, 2000.
7) 均衡財政政策を仮定し,消費関数を実質可処分所得の関数と考えているので,実質貨幣需要関数を実質可処分所得の関数として定式化するのが適切であると考えられるが,ここでの議論にまったく影響はない.

加率は，目標インフレ率によって決定される．

他方，このモデルでは，LM 曲線を持つ伝統的モデルと同様に政府も貨幣錯覚を持たない．政府は実質政府支出を政策変数としている．このモデルの本質的特徴は，民間の経済主体ばかりでなく，政府・中央銀行も貨幣錯覚を持たないということである．[8] この点は，伝統的なモデルが中央銀行のみが貨幣錯覚をもち名目貨幣供給を基準にして金融政策を行うという非対称性を仮定していることと比較してもそれなりに整合性が存在する．しかしながら，名目貨幣供給の重要性を強調するマネタリストの言葉を借りるまでもなく，すべての経済主体が貨幣錯覚を持たないインフレ経済はノミナル・アンカーがなければ不安定であることもよく知られている．[9] このモデルでは，名目貨幣供給の増加率がノミナル・アンカーではなく，目標インフレ率がノミナル・アンカーであり，それを基準にして利子率政策が行われると仮定していることが，長期均衡の安定性を本質的に保証している．このことは，利子率政策から，目標インフレ率をなくしてしまえば，不安定になることによって簡単に証明することができる．[10]

(2.1.2)′ $i = \bar{\rho} + \hat{P} + \beta(Y - Y_f)$, $\alpha = 0$

短期均衡実質所得は，予想インフレ率に依存しない．

(2.1.7)′ $Y = C(Y - \delta) + I[\bar{\rho} + f(Y) + \beta(Y - Y_f)] + \delta$

したがって，加速的インフレ過程で，実質所得は不変であるので，いったん，インフレの予想値と現実値が乖離すれば，その差は縮小しない．

(2.1.11)′ $\dot{\pi} = \lambda f(Q(\delta))$

---

[8] ただし，この分析はすべての市場が均衡することを前提としている．このモデルでの制約がワルラス法則であるとして，貨幣市場が不均衡であれば，証券市場がそれに対応する不均衡であればよい．利子率のテーラー・ルールが決定条件として成立するかぎり，均衡の決定に貨幣市場や証券市場が関与することはない．貨幣市場が不均衡で，中央銀行の態度が何であるのかわからない場合は，貨幣市場と証券市場はブラックボックスである．

[9] 拙著『マクロ貨幣経済の基礎理論』東洋経済新報社，2008年，第1章，38-40ページ，参照．

[10] すべての経済主体が貨幣錯覚を持たないモデルでも，開放経済にモデルを拡張し外国のインフレ率が固定している場合を考えれば，これがノミナル・アンカーとなり長期均衡は安定となる．前掲拙著（本章脚注9）），参照．

$(2.1.12)'\quad \dfrac{\partial \dot{\pi}}{\partial \pi}=0$

　予想インフレ率とインフレ率が一致する長期均衡では，ノミナル・アンカーが存在しないのでそれらのレベルは非決定である．実質利子率は財市場の均衡条件で決定される．

　以上の検討により，政府・中央銀行が貨幣錯覚を持つか持たないかという論点は，ノミナル・アンカーを何にするのかという問題と結合して，インフレ経済（したがって，デフレ経済）においてはきわめて重要な論点であることがわかる．そこで，この章では，さしあたり，上記のモデルで利子率のテーラー・ルールと貨幣市場の均衡条件に置かれた仮定はそのままにして，政府が貨幣錯覚を持つと仮定した場合，すなわち政府が名目政府支出（の増加率）を政策変数とする場合，モデルは整合的になるのかどうかを検討する．このことは，十分に興味ある論点である．それは次の理由による．政府が財政政策を決定する場合，歳出額の伸び率をどの程度にするかを決定するのが通常の意志決定であると考えられるからである．現実のインフレ率に即座に調整して実質政府支出が一定になるように名目政府支出の増加率を調整するほどの機動性は財政当局にはないと考えるのが，きわめて常識的であるからである．

第2節　政府が貨幣錯覚を持ち，名目政府支出の増加率が政策変数である場合

1．名目政府支出の増加率が政策変数である単純なマクロ・モデル

$(2.2.1)\quad Y=C(Y-\delta)+I(i-\pi)+\delta,\quad \delta=\dfrac{G}{P}$

$\hat{G}=g=\hat{P}_f \quad \left(\mu=L(Y-\delta,\ i),\ \mu=\dfrac{M}{P}\right)$

$i=\bar{\rho}+\hat{P}+\alpha(\hat{P}-\hat{P}_f)+\beta(Y-Y_f)$

$\hat{P}=\pi+f(Y)$

$\dot{\pi}=\lambda(\hat{P}-\pi),\quad \dot{\delta}=\delta(g-\hat{P})$

ここで，G：名目政府支出，とする．

　このモデルでも，いうまでもなく均衡財政が仮定されている．内生変数は，$Y,\ i,\ P,\ G,\ \pi,\ \delta$で，（貨幣市場の均衡条件をのぞいて）方程式は6個であ

り,モデルは完結している.名目政府支出の増加率が政策変数であり,目標インフレ率に等しく設定すると仮定する.当該経済で目標インフレ率は1つであり,その意味で中央銀行と政府の政策目標は一致していると仮定する.

2. 長期均衡とその過少決定問題

このモデルの長期均衡は,$\dot{\delta}=\dot{\pi}=0$,で与えられる.長期均衡は,次の条件によって決定される.

(2.2.2) $\quad f(Y_f)=0$
$Y_f=C(Y_f-\tilde{\delta})+I(\tilde{\rho})+\tilde{\delta}$
$\widetilde{\widehat{P}}=\tilde{\pi}=\widehat{P}_f(=g)$
$\tilde{i}-\widetilde{\widehat{P}}=\tilde{i}-\tilde{\pi}=\tilde{i}-\widehat{P}_f=\tilde{\rho}$

(2.2.2)式で示された長期均衡は過少決定である.財市場の均衡条件からは,実質利子率と実質政府支出の両方の長期均衡値は決定できない.このモデルの「欠けた方程式」は何かという問題が生じる.ここで,政策目標の数と政策手段の数が一致しなければならないという「ティンバーゲン定理」を思い起こさなければならない.[11] このモデルでは,名目利子率と名目政府支出の2つが政策手段であるが,政策目標は目標インフレ率のみである.[12] 貨幣市場の均衡条件を持ち出しても,この結論はなんら変わらない.

(2.2.3) $\quad \tilde{\mu}=L(Y_f-\delta,\ \tilde{\rho}+\widehat{P}_f),\ \widetilde{M}(=\widetilde{m})=\widehat{P}_f$

長期均衡実質利子率が決定されない限り,長期均衡実質貨幣供給も決定できない.新たな政策目標を設定しない限り,政府が貨幣錯覚を持つという場合,モデルは整合的にはならないことがこれでわかった.そこで,目標インフレ率は政府の政策目標と考え,中央銀行は目標実質利子率という新たな政策目標を

---

11) 短期均衡では,実質政府支出が状態変数として与えられているが,長期均衡では,これが決定されなければならない.

「ティンバーゲン定理」については,下記の文献を参照.

Tinbergen, J., *On the Theory of Economic Policy*, in J. Johnston, J. Sandee, R.H. Strotz, J. Tinbergen, and P. J. Verdoorn, eds., *Contributions to Economic Analysis*, North-Holland, 1970.

12) 政策目標は,体系外によって与えられた外生変数でなければならない.完全雇用実質所得は,この意味で政策目標ではない.それは,サプライサイド,つまりマクロ供給関数の構造的条件によって決定される.

設定し利子率政策を実施すると仮定しよう．その場合，利子率決定ルールは次のように修正される．[13]

(2.2.4)　　$i = \rho_f + \hat{P} + \alpha(\hat{P} - \hat{P}_f) + \beta(Y - Y_f)$,　$\alpha > 0$,　$\beta \geq 0$

ここで，ρ_f：目標実質利子率，とする．

(2.2.4) 式の利子率決定ルールの経済的意味は次の通りである．インフレ率が目標インフレ率を上回り実質所得が完全雇用水準を上回って，当該経済が過熱している場合，実質利子率が目標実質利子率を上回るように名目利子率を引き上げる．実質所得が完全雇用水準を下回るが，インフレ率は目標インフレ率を上回っている場合，インフレ抑制重視の政策態度であれば（α が β に比較して相対的に大きい），実質利子率が目標実質利子率を上回るように名目利子率を引き上げる．インフレ抑制を相対的に軽視する政策態度であれば，その逆である．インフレ率が目標インフレ率を下回り，実質所得が完全雇用水準を下回って，当該経済が不況である場合，実質利子率が目標実質利子率を下回るように名目利子率を引き下げる．(2.2.4) 式において，マクロ供給関数が仮定されれば，(2.1.6) 式の性質が成立し，この場合もこの条件がこの利子率決定ルールの本質的特徴であることに変わりはない．つまり，加速的インフレの過程で，予想インフレ率やインフレ率が上昇すれば（予想）実質利子率は上昇する．

3．名目政府支出増加率が政策変数である場合の整合的なモデル

(2.2.4) 式を組み込んだモデルは，下記の通りである．

---

13) この章の元となった筆者の論考は，下記のものである．
　　拙稿「貨幣錯覚，名目政府支出と利子率政策」『同志社商学』第61巻第1・2号，2009年．
　　この拙稿が執筆された2009年当時，近い将来，デフレ克服のために日本銀行と政府がアコードをもってインフレ目標政策を導入することを決めるとは誰も予想しなかったと思う．この章の議論の意義は，次の点にある．政府・中央銀行が協調してインフレ目標を設定すれば，それを実現するための利子率政策を実施していく上で，実質利子率をどの水準に設定するかの判断を，求められることになる．この論点を明らかにしているのが，この章である．最近（2013年1～4月）の日銀の金融緩和政策（異次元緩和）は，インフレ目標を2％に設定するとともに，それを実現していく過程で実質金利をマイナスにすることを同時に許容していると，日本経済新聞2013年1月27日付「検証」は指摘している．この論点は，この章で問題にした論点と理論的には同じであると考えられる．

(2.2.5) $Y = C(Y-\delta) + I(i-\pi) + \delta, \quad \delta = \dfrac{G}{P}$

$\hat{G} = g = \hat{P}_f \quad \left(\mu = L(Y-\delta, \ i), \ \mu = \dfrac{M}{P}\right)$

$i = \rho_f + \hat{P} + \alpha(\hat{P} - \hat{P}_f) + \beta(Y - Y_f)$

$\hat{P} = \pi + f(Y)$

$\dot{\pi} = \lambda(\hat{P} - \pi), \quad \dot{\delta} = \delta(g - \hat{P})$

$\dot{\delta} = \dot{\pi} = 0$ が成立する長期均衡では，内生変数は以下のように決定される．

(2.2.6) $f(Y_f) = 0$

$\widetilde{\hat{P}} = \tilde{\pi} = \hat{P}_f (= g)$

$\tilde{i} - \widetilde{\hat{P}} = \tilde{i} - \tilde{\pi} = \tilde{i} - \hat{P}_f = \rho_f$

$Y_f = C(Y_f - \tilde{\delta}) + I(\rho_f) + \tilde{\delta}$

長期均衡ではインフレ率の予想値と実現値は等しいので，完全雇用実質所得が実現している．実質政府支出が定常値に収束するので，インフレ率は名目政府支出増加率に一致し目標インフレ率が実現している．目標インフレ率と完全雇用実質所得の実現は，利子決定ルールにより実質利子率は目標実質利子率に等しいことを意味している．したがって，名目利子率は目標実質利子率＋目標インフレ率に等しく決定されている．長期均衡の内生変数の決定に関する過少決定問題は，利子率決定ルールを（2.2.4）式のように修正することによって解決したと言える．

長期均衡実質政府支出は目標実質利子率の増加関数である．

(2.2.7) $\dfrac{\partial \tilde{\delta}}{\partial \rho_f} = -\dfrac{I'}{1-C'} > 0$

(2.2.8) $\tilde{\mu} = L(Y_f - \tilde{\delta}, \ \rho_f + \hat{P}_f), \quad \hat{M}(=\tilde{m}) = \hat{P}_f (= g)$

長期均衡では，実質貨幣需要は一定となるので，実質貨幣供給もそれに等しく決定されている．名目貨幣供給増加率は目標インフレ率によって，すなわち名目政府支出増加率によって決定されている．

（2.2.5）式のモデルの短期均衡実質所得はマクロ供給関数と利子率政策を考慮した財市場の均衡条件によって決定される．短期均衡では，実質政府支出と予想インフレ率は与えられている．もはや実質政府支出と実質所得の関係に長期均衡実質利子率が影響を及ぼすことはない．

第2章　貨幣錯覚,名目政府支出と利子率政策　67

(2.2.9)　$Y=C(Y-\delta)+I[\rho_f+\alpha\pi+(\alpha+1)f(Y)+\beta Y-\alpha\widehat{P}_f-\beta Y_f]+\delta$

これにより,短期均衡実質所得は,次のように導出される.

(2.2.10)　$Y=Q(\pi,\ \delta\ ;\ g,\ \rho_f)$

$$Q_\pi = \frac{\alpha I'}{(1-C')-I'((\alpha+1)f'+\beta)} < 0$$

$$1 > Q_\delta = \frac{1-C'}{(1-C')-I'((\alpha+1)f'+\beta)} > 0$$

$$Q_{\rho_f} = \frac{I'}{(1-C')-I'((\alpha+1)f'+\beta)} < 0$$

$$Q_g = Q_{\widehat{P}_f} = -Q_\pi > 0$$

このモデルの動学方程式を短期均衡実質所得を考慮して示すと,次の連立微分方程式となる.

(2.2.11)　$\dot{\pi}=\lambda f(Q(\pi,\ \delta)),\ \dot{\delta}=\delta[g-\pi-f(Q(\pi,\ \delta))]$

(2.2.11)式で,(2.2.6)式の長期均衡近傍を考慮すれば,次の性質が成立している.ただし,偏微分係数は長期均衡近傍で評価されている.

(2.2.12)　$\dfrac{\partial\dot{\pi}}{\partial\pi}=\lambda f'Q_\pi<0,\quad \dfrac{\partial\dot{\pi}}{\partial\delta}=\lambda f'Q_\delta>0,$

$\dfrac{\partial\dot{\delta}}{\partial\pi}=-\delta(1+f'Q_\pi)\gtreqless 0,\quad \dfrac{\partial\dot{\delta}}{\partial\delta}=-\delta f'Q_\delta<0,$

したがって,長期均衡近傍で次の性質が成立する.

(2.2.13)　$\left(\dfrac{\partial\dot{\pi}}{\partial\pi}\right)+\left(\dfrac{\partial\dot{\delta}}{\partial\delta}\right)=f'(\lambda Q_\pi-\delta Q_\delta)<0$

$\left(\dfrac{\partial\dot{\pi}}{\partial\pi}\right)\left(\dfrac{\partial\dot{\delta}}{\partial\delta}\right)-\left(\dfrac{\partial\dot{\pi}}{\partial\delta}\right)\left(\dfrac{\partial\dot{\delta}}{\partial\pi}\right)=\lambda f'\delta Q_\delta>0$

(2.2.13)式により,(2.2.6)式の長期均衡は局所的に安定であることがわかる.このことによって,目標インフレ率と目標実質利子率が実現し,利子率政策と財政政策は有効であることが示されている.

4. ポリシー・ミックスの問題

政府が貨幣錯覚を持ち名目政府支出を政策変数とし,中央銀行が名目利子率をコントロールするモデルを整合的に構成してきたが,そのためには政策目標

が2つなければならないことを明らかにしてきた．これまで，政府の政策目標を目標インフレ率におき名目政府支出増加率をそれに等しく設定すると仮定し，中央銀行は目標実質利子率を政策目標として利子率政策を実行すると仮定してきた．(2.2.4) 式の利子率決定ルールは，たとえばインフレ率が目標インフレ率を上回り実質所得が完全雇用水準を上回った過熱した経済状態が強まれば，さらに（予想）実質利子率が目標実質利子率を上回るように名目利子率の水準を引き上げることを意味している．このような政策態度でなければ経済は無条件に長期均衡に収束しないし，究極的に目標実質利子率は実現しない．

逆に，政府が目標実質利子率を政策目標とし，中央銀行が目標インフレ率を政策目標とする逆のポリシー・ミックスの場合，長期均衡が安定であるためには，政府の名目政府支出に関する政策態度はいかなるものでなければならないかを明らかにすることができる．政府が目標実質利子率を政策目標とするということは，実質投資が実質利子率に感応的な経済を想定するかぎり，実質投資の推定目標水準を考慮していることになる．

(2.2.14) $g = g(\rho^e - \rho_f)$, $g(0) = \pi$, $g' \gtreqless 0$

$$\rho^e = i - \pi, \quad i = \rho_f + \widehat{P} + \alpha(\widehat{P} - \widehat{P}_f) + \beta(Y - Y_f)$$

この場合も，短期均衡実質所得は，マクロ供給関数と利子率決定ルールを考慮した財市場の均衡条件よって決定される．したがって，(2.2.10) 式で短期均衡実質所得は表される．長期均衡では，予想インフレ率とインフレ率は等しく，それらは中央銀行の設定する目標インフレ率に等しい．名目政府支出増加率は中央銀行の設定する目標インフレ率に一致する．実質利子率は目標実質利子率に一致する．実質政府支出は財市場の均衡条件によって決定される．貨幣市場の均衡条件で決定されるのは実質貨幣供給である．名目貨幣供給増加率は目標インフレ率に一致する．因果関係が異なるだけで，(2.2.6)，(2.2.7) 式で示されたものと同一である．

短期均衡解と政府の政策態度を考慮すれば，このモデルの動学方程式は，以下のような連立微分方程式となる．

(2.2.15) $\dot{\pi} = \lambda f(Q(\pi, \delta))$

$$\dot{\delta} = \delta[g\{\alpha\pi + (\alpha+1)f(Q(\pi, \delta)) + \beta Q(\pi, \delta) - \alpha\widehat{P}_f - \beta Y_f\} - \pi - f(Q(\pi, \delta))]$$

この連立微分方程式の性質を，長期均衡近傍を仮定して明らかにすれば，次

のようになる．

(2.2.16) $\quad \dfrac{\partial \dot{\pi}}{\partial \pi} = \lambda f' Q_\pi < 0, \quad \dfrac{\partial \dot{\pi}}{\partial \delta} = \lambda f' Q_\delta > 0,$

$$\dfrac{\partial \dot{\delta}}{\partial \pi} = \delta[g'\{\alpha + ((\alpha+1)f' + \beta)Q_\pi\} - 1 - f'Q_\pi] \gtreqless 0$$

$$\dfrac{\partial \dot{\delta}}{\partial \delta} = \delta[g'\{(\alpha+1)f' + \beta\}Q_\delta - f'Q_\delta] \gtreqless 0$$

局所的安定性の必要十分条件は，次のようになる．

(2.2.17) $\quad \left(\dfrac{\partial \dot{\pi}}{\partial \pi}\right) + \left(\dfrac{\partial \dot{\delta}}{\partial \delta}\right) = \lambda f' Q_\pi + \delta[g'\{(\alpha+1)f' + \beta\} - f']Q_\delta < 0$

$$\left(\dfrac{\partial \dot{\pi}}{\partial \pi}\right)\left(\dfrac{\partial \dot{\delta}}{\partial \delta}\right) - \left(\dfrac{\partial \dot{\pi}}{\partial \delta}\right)\left(\dfrac{\partial \dot{\delta}}{\partial \pi}\right) = \delta \lambda f'(1 - \alpha g')Q_\delta > 0$$

(2.2.17) 式の条件は，モデルの仮定からは無条件に成立しない．この条件を充たす政府の政策態度に着目した十分条件は，次のようなものである．

(2.2.18) $\quad g' < \dfrac{1}{(\alpha+1) + \beta/f'} \left(< \dfrac{1}{\alpha} \right)$

この条件の経済的意味を明らかにしておこう．このモデルの長期均衡が無条件に安定になるためには，予想インフレ率とインフレ率が上昇する過程でその差が縮小するのは実質所得が減少する場合のみである．利子率政策は，この過程で名目利子率を引き上げて実質利子率を上昇させるので安定的である．政府が，目標実質利子率を上回って実質利子率が上昇した場合，名目政府支出の増加率を十分に上昇させれば実質政府支出が増加し実質所得が増大し予想インフレ率とインフレ率の乖離を大きくする．したがって，これは不安定要因となる．つまり，政府が目標実質利子率のもとでの実質投資水準を実現するべく裁量政策を十分に強力に実施すれば不安定となることを意味する．政府が想定している実質投資水準より実質投資が小さかったとしても，実質政府支出が十分に大きく当該経済が過熱している場合，さらに実質投資を抑制するべく名目政府支出の増加率を下落させるならば $(g' < 0)$，無条件に安定である．

第3節　利子率政策の代替的な定式化と完結したモデル

1．利子率政策の定式化の修正

これまでの利子率決定ルールでは，名目利子率を目標インフレ率とインフレ率の乖離に反応して調整すると考えられている．政策当局は民間の経済主体と同様にインフレ率を正確には知りえない．同様に完全雇用実質所得がどのような水準にあるのかも政策当局は本来は知りえないはずである．これらの点を修正すれば，政府が貨幣錯覚を持ち名目政府支出を政策変数とする場合でも，さらにモデルは単純化され完結したモデルとなる．

(2.3.1)　$i = \rho_f + \pi + \alpha(\pi - \widehat{P}_f),\ \alpha \geq 0$
$Y = C(Y-\delta) + I(i-\pi) + \delta,\ \delta = \dfrac{G}{P},\ \widehat{G} = g = \widehat{P}_f$
$\widehat{P} = \pi + f(Y),\ \dot{\pi} = \lambda(\widehat{P} - \pi),\ \dot{\delta} = \delta(g - \widehat{P})$
$(\mu = L(Y-\delta,\ i),\ \mu = M/P)$

このモデルにおいてもこれまでと同様に，短期均衡実質所得を導出し，それを考慮した動学方程式を求めると，下記のようになる．

(2.3.2)　$\dot{\pi} = \lambda f(Q(\pi,\ \delta\ ;\ \rho_f,\ g))$
$\dot{\delta} = \delta[g - \pi - f(Q(\pi,\ \delta\ ;\ \rho_f,\ g))]$

(2.3.3)　$Q_\pi = \dfrac{\alpha I'}{1-C'} \leq 0,\ Q_\delta = 1,\ Q_{\rho_f} = \dfrac{I'}{1-C'} < 0,$

$Q_g (= Q_{\widehat{P}_f}) = -\dfrac{\alpha I'}{1-C'} \geq 0$

長期均衡は，(2.2.5) 式のモデルとまったく変わらず，(2.2.6)，(2.2.7)，(2.2.8) 式で示される．(2.3.2) 式を長期均衡近傍で一次近似し，これまでと同様に局所的安定性の必要十分条件を導出すると，それらはモデルの性質によって必ず充たされていることがわかる．このモデルの長期均衡はこれまでと同様に安定である．[14]

---

14)　$\alpha = 0$ の場合は，名目利子率の水準を目標実質利子率＋予想インフレ率に一致させるように決定する．この場合も，政府が貨幣錯覚を持ち名目政府支出増加率を目標インフレ率に固定する限り，長期均衡は無条件に安定である．

(2.3.4) $\left(\dfrac{\partial \dot{\pi}}{\partial \pi}\right)+\left(\dfrac{\partial \dot{\delta}}{\partial \delta}\right)=\lambda f' Q_\pi - \delta f' < 0$

$\left(\dfrac{\partial \dot{\pi}}{\partial \pi}\right)\left(\dfrac{\partial \dot{\delta}}{\partial \delta}\right)-\left(\dfrac{\partial \dot{\pi}}{\partial \delta}\right)\left(\dfrac{\partial \dot{\delta}}{\partial \pi}\right)=\lambda \delta f' > 0$

2．誘導目標としての名目利子率と市場名目利子率の決定
[1] 中央銀行の貨幣錯覚と貨幣供給政策

　本章のこれまでのモデルでは，貨幣市場の均衡条件から明らかなように，実質貨幣需要と実質貨幣供給が一致するように中央銀行は貨幣を供給する．中央銀行は貨幣錯覚を持たない．誘導目標としての名目利子率と市場名目利子率は常に一致することが暗黙のうちに想定されていた．しかしながら，これは一般性を損なう想定である．これまでの利子率政策の背後にあるような名目利子率や実質利子率が完全にコントロール可能であり市場の実現値に常に等しいという想定は，中央銀行が貨幣錯覚を持たないということばかりでなく，中央銀行が民間部門の実質貨幣需要を正確に知っておかなければならないことを意味する．このようなことは一般的には不可能である．中央銀行は貨幣錯覚を持ち，せいぜい市場名目利子率を（政策）誘導目標に誘導することができるだけである．ここでは，これまでの利子率決定ルールを，政策決定ルールと理解して，それは，インフレ目標と目標実質利子率を実現するために中央銀行が名目利子率の（政策）誘導目標を決定することを意味すると理解する．

(2.3.5) $i^T = \rho_f + \pi + \alpha(\pi - \widehat{P}_f), \quad \alpha \geq 0$

　ここで，i^T：名目利子率の（政策）誘導目標，とする．

　(2.3.5) 式は，インフレ率の予想値が（政府が設定する）目標インフレ率を上回っているならば，目標インフレ率を実現するために，中央銀行は名目利子率の誘導目標を引き上げて，予想実質利子率の誘導目標 ($i^T - \pi$) を目標実質利子率より高めに設定する．目標インフレ率が実現すると予想する場合は，目標実質利子率を維持すると予想される名目利子率を誘導目標とする．インフレ率の予想値が目標インフレ率を下回れば，予想実質利子率の誘導目標が目標実質利子率を下回るように名目利子率の誘導目標を引き下げる．

　中央銀行は貨幣錯覚を持ち，（名目）貨幣供給政策はこの誘導目標を実現するように実行する．そのもっとも単純な定式化は，次のようなものであろう．

(2.3.6) $\widehat{M}(=m)=\Omega(i-i^T),\ \Omega'>0,\ \Omega(0)=\pi$

(2.3.6) 式は次のことを意味する．市場で決定される名目利子率がその誘導目標より高ければ名目貨幣供給増加率を引き上げる．逆の場合は，引き下げる．両者が一致している場合のみ，名目貨幣供給増加率を予想インフレ率に等しく設定する．市場で決定される名目利子率がその誘導目標より低めであれば，貨幣供給増加率を引き下げ貨幣市場の量的引き締めの状態を強める．このような貨幣供給政策は利子率政策と整合的である．

単に整合的であるだけでなく，単純化されてはいるが，現実に行われている利子率政策と量的（緩和もしくは引締）政策の理論的意味のある模写となっている．このような理論的分析の意義は大きいと言える．

[２]　利子率政策の整合的なマクロ経済モデル

そこで，問題は市場名目利子率はどこで決定されるのかということである．これは伝統的なモデルが想定してきたように，実物変数が与えられれば，貨幣市場や証券（債券）市場の均衡条件で決定されると考えるのが適切である．ワルラス法則により，証券市場を消去して考えるとそれは貨幣市場の均衡条件で決定される．完結したモデルは次のようになる．

(2.3.7) $Y=C(Y-\delta)+I(i-\pi)+\delta$

$\mu=L(Y-\delta,\ i),\ (y=Y-\delta)$

$\delta=\dfrac{G}{P},\ \widehat{G}(=g)=\widehat{P}_f$

$\mu=\dfrac{M}{P},\ \widehat{M}(=m)=\Omega(i-i^T)$

$i^T=\rho_f+\pi+\alpha(\pi-\widehat{P}_f)$

$\widehat{P}=\pi+f(Y)$

$\dot{\pi}=\lambda(\widehat{P}-\pi)$

このモデルの内生変数は，$Y,\ i,\ \pi,\ \delta,\ \mu,\ G,\ P,\ M,\ i^T$，の9個であり，方程式も9個で，このモデルは完結している．

短期均衡では，予想インフレ率，実質政府支出，実質貨幣供給は与えられているが，時間の経過とともに変動する．これらの動学方程式は，マクロ供給関数を考慮すれば下記のようになる．

(2.3.8)　　$\dot{\pi}=\lambda f(Y)$
　　　　　　$\dot{\delta}=\delta(g-\pi-f(Y))$
　　　　　　$\dot{\mu}=\mu(m-\pi-f(Y))$

(2.3.7) 式のモデルの短期均衡解は，伝統的なものできわめて単純である．

(2.3.9)　　$Y=Q(\pi,\ \delta,\ \mu),\ i=H(\pi,\ \delta,\ \mu)$

(2.3.10)　$Q_\pi=\dfrac{-I'L_i}{(1-C')L_i+I'L_y}>0$

　　　　　$1>H_\pi=\dfrac{I'L_y}{(1-C')L_i+I'L_y}>0$

　　　　　$Q_\delta=1,\ H_\delta=0$

　　　　　$Q_\mu=\dfrac{I'}{(1-C')L_i+I'L_y}>0$

　　　　　$H_\mu=\dfrac{1-C'}{(1-C')L_i+I'L_y}<0$

[3] 動学と長期均衡の安定性

短期均衡解を考慮して，このモデルの動学方程式を求めれば，次の連立微分方程式となる．

(2.3.8)′　$\dot{\pi}=\lambda f(Q(\pi,\ \delta,\ \mu))$
　　　　　$\dot{\delta}=\delta[g-\pi-f(Q(\pi,\ \delta,\ \mu)]$
　　　　　$\dot{\mu}=\mu[\Omega\{H(\pi,\ \delta,\ \mu)-\rho_f-(\alpha+1)\pi+\alpha\hat{P}_f\}-\pi-f(Q(\pi,\ \delta,\ \mu))]$

この動学システムの長期均衡は，$\dot{\pi}=\dot{\delta}=\dot{\mu}=0$，で与えられる．長期均衡は，次のような条件によって決定される．

(2.3.11)　$\widetilde{\hat{P}}=\tilde{\pi},\ f(Y_f)=0$
　　　　　$g=\hat{P}_f=\widetilde{\hat{P}},\ \tilde{m}=\widetilde{\hat{P}}(=\tilde{\pi})$
　　　　　$\tilde{i}=\tilde{i}^T,\ \tilde{i}-\tilde{\pi}=\tilde{i}-\widetilde{\hat{P}}=\tilde{i}-\hat{P}_f=\tilde{\rho}=\rho_f$
　　　　　$Y_f=C(Y_f-\tilde{\delta})+I(\rho_f)+\tilde{\delta}$
　　　　　$\tilde{\mu}=L(Y_f-\delta,\ \rho_f+\hat{P}_f)$

(2.3.11) 式の長期均衡における内生変数の決定を説明しておこう．長期均衡では，インフレ率の予想値と実現値は一致するので，完全雇用実質所得が成立している．それは，マクロ供給関数によって決定される．名目政府支出増

率は目標インフレ率に設定されているので，実質政府支出が定常値に収束する長期均衡では，インフレ率は目標インフレ率によって決定される．名目貨幣供給増加率も，実質貨幣供給が定常値に収束する長期均衡では，インフレ率，予想インフレ率，目標インフレ率に等しい．このことは名目利子率の誘導目標と市場実現値が一致することを意味する．また，利子率政策により，実質利子率は中央銀行が設定する目標実質利子率に等しい．このことは，名目利子率は目標実質利子率と目標インフレ率によって決定されていることを意味する．実質政府支出は完全雇用実質所得の下での財市場の均衡条件によって決定される．実質貨幣供給は貨幣市場の均衡条件によって（内生的）に決定される．

(2.3.12) $\dfrac{\partial \tilde{\bar{\delta}}}{\partial \rho_f} = \dfrac{-I'}{1-C'} > 0$

$\dfrac{\partial \tilde{\mu}}{\partial \rho_f} = L_i + \dfrac{I' L_y}{1-C'} < 0$

$\dfrac{\partial \tilde{\mu}}{\partial \widehat{P}_f} = L_i < 0$

(2.3.11) 式の長期均衡の近傍で，(2.3.8)′ 式の連立微分方程式を1次近似し，その特性方程式を求めると，次のようになる．

(2.3.13) $\det \begin{bmatrix} a_{11}-x & a_{12} & a_{13} \\ a_{21} & a_{22}-x & a_{23} \\ a_{31} & a_{32} & a_{33}-x \end{bmatrix} = 0$

$a_{11} = \lambda f' Q_\pi > 0$, $a_{12} = \lambda f' > 0$, $a_{13} = \lambda f' Q_\mu > 0$

$a_{21} = -\delta(1 + f' Q_\pi) < 0$ $a_{22} = -\delta f' < 0$, $a_{23} = -\delta' f' Q_\mu < 0$

$a_{31} = \mu[\Omega'\{H_\pi - (\alpha+1)\} - (1 + f' Q_\pi)] < 0$

$a_{32} = -\mu f' < 0$, $a_{33} = \mu(\Omega' H_\mu - f' Q_\mu) < 0$

(2.3.13) 式の偏微分係数はすべて長期均衡近傍で評価されている．

長期均衡が安定であるためには，次の必要条件が成立しなければならない．

(2.3.14) $A_1 = -(a_{11} + a_{22} + a_{33}) > 0$

$A_2 = -(a_{23}a_{32} + a_{21}a_{12} + a_{31}a_{13} - a_{22}a_{33} - a_{11}(a_{22}+a_{33})) > 0$

$A_3 = -(a_{11}a_{22}a_{33} - a_{11}a_{23}a_{32} - a_{21}a_{12}a_{33} + a_{21}a_{13}a_{32}$
$\quad + a_{31}a_{12}a_{23} - a_{31}a_{13}a_{22}) > 0$

具体的に導出してみると，A_1 の条件はモデルの性質からは，一般的には保

証されない.

(2.3.15) $A_1 = -\lambda f' Q_\pi + \delta f' - \mu(\Omega' H_\mu - f' Q_\mu) > 0$

(2.3.16) $A_2 = -\mu \delta f' \Omega' H_\mu + \lambda f' \delta + \lambda f' \mu (\Omega' \alpha + 1) Q_\mu > 0$

$A_3 = -\mu \delta \lambda f' \Omega' H_\mu > 0$

(2.3.16) 式は,モデルの性質により必ず成立する.したがって,長期均衡の局所的安定性のための必要条件が充たされるためには,(2.3.15) 式が成立しなければならない.[15]

十分条件は,下記の条件が成立することである.

(2.3.17) $A_1 A_2 - A_3 > 0$

したがって,局所的安定性の必要十分条件は,下記のようになる.

(2.3.18) $A_1 > \dfrac{A_3}{A_2} (>0)$

この経済的意味を分析しておこう.その際,実質貨幣需要の名目利子率感応性と中央銀行の貨幣供給政策態度(Ω の関数形)およびインフレ予想の調整スピードに着目する.

(2.3.17)′ $A_1 = \delta f' - \mu \Omega' H_\mu + \mu f' Q_\mu \left(1 + \lambda \dfrac{L_i}{\bar{\mu}}\right)$

$> (-\mu \delta f' H_\mu) \left[\dfrac{-\mu \delta f' H_\mu}{\lambda} + \dfrac{\delta f'}{\Omega'} + \mu f' \alpha Q_\mu + \dfrac{\mu f' Q_\mu}{\Omega'}\right]^{-1} (>0)$

インフレ予想の調整スピードが十分に小さく,実質貨幣需要の名目利子率感応性が十分に小さければ A_1 は正となり,安定性の必要条件は充たされる.(2.3.17)′ 式の右辺,つまり (A_3/A_2) は,十分に小さな値となり,近似的に必要条件と十分条件の差異はほぼなくなる.この場合,近似的に下記の(2.3.19) 式が安定性のための十分条件となる.

これらの値が大きい経済を考えてみよう.その場合には,他の経済の構造的条件が与えられれば,中央銀行の貨幣供給政策態度が市場名目利子率とその誘導目標の乖離に大きく反応して貨幣供給増加率を変化させるというものでなければならないことがわかる.

---

15) (2.3.16) 式の導出過程で,(2.3.9) 式より,$H_\mu Q_\pi - (H_\pi - 1) Q_\mu = 0$,この条件が使われていることに注意.

図 2-1

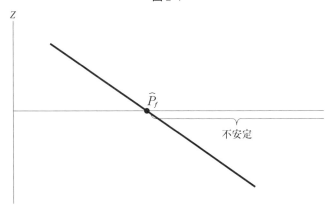

利子率政策を実施しないで，政府が貨幣錯覚を持たず実質政府支出が政策変数であり，また名目貨幣供給増加率を固定する伝統的な加速的インフレモデルでは，安定性の必要十分条件は，次の条件である．

$$(2.3.19) \quad 1+\lambda\left(\frac{L_i}{\bar{\mu}}\right)>0$$

本章のモデルでは，政府は貨幣錯覚を持ち名目政府支出増加率を目標インフレ率に固定する．これは，加速的インフレ過程で実質政府支出を減少させ実質所得を減少させる効果を持つのでインフレ率と予想インフレ率の乖離を縮小させる効果を持ち，安定要因である．また，加速的インフレ過程で実質利子率は下落するが，これを利子率政策と貨幣供給政策で構成される金融政策でもって阻止しようとするわけであるから，これも安定要因となる．したがって，このモデルでは，必ずしも (2.3.18) 式の条件が充たされなくても安定性は保証されることになる．しかしながら，市場名目利子率とその誘導目標を区別することにより市場名目利子率が貨幣市場の均衡条件で決定するというモデルでは，(2.3.18) 式の経済的意味がなくなるわけではない．(2.3.18) 式を成立させるほど，インフレ予想の調整スピードは十分に小さく実質貨幣需要名目利子率感応性が十分に小さいことは，近似的に (2.3.15), (2.3.17)′ 式を成立させる十分条件となる．

[4] 安定性と目標インフレ率

政府が設定する目標インフレ率は，安定性にどのようにかかわっているであろうか．この問題を長期均衡近傍を仮定して，検討しておこう．

$$(2.3.20) \quad A_1 = \delta f' - \mu \Omega' H_\mu + \mu f' Q_\mu \left(1 + \lambda \left(\frac{L_i}{\mu}\right)\right)$$

長期均衡において，(2.3.12)式の関係が成立しているので，他の構造的条件がすべて与えられたとすれば，次の関係が得られる．

$$(2.3.21) \quad \frac{\partial A_1}{\partial \widehat{P}_f} = -\Omega' H_\mu \left(\frac{\partial \tilde{\mu}}{\partial \widehat{P}_f}\right) + f' Q_\mu \left(\frac{\partial \tilde{\mu}}{\partial \widehat{P}_f}\right) < 0$$

A_1 は目標インフレ率の減少関数である．したがって，目標インフレ率を相対的に高く設定すると，不安定になる可能性が大きくなる．

第4節 結 論

本章で取り上げた利子率政策の典型的なモデルでは，政府は貨幣錯覚を持たず，実質政府支出が政策変数であると仮定されている．このモデルを政府が貨幣錯覚を持ち名目政府支出を政策変数とした場合も，整合的に構成することができることを示した．この場合も政府が名目政府支出を目標インフレ率に固定するかぎり，無条件に安定となる．政府が名目政府支出増加率を政策変数とする場合，利子率政策との間で，ポリシー・ミックスの問題が考えられる．その場合，政府の拡張政策は不安定要因であることが示された．

ただし，これらのモデルでは，中央銀行が貨幣錯覚を持たず，利子率政策と整合的になるように名目貨幣供給が操作されて実質貨幣供給がコントロールされる．この仮定が，利子率政策により名目利子率を決定することを可能にしている．利子率政策で決定される利子率はあくまで政策（誘導）目標であり，市場利子率とは異なる．このことを認めることは，中央銀行が貨幣錯覚を持つことを認めることに等しい．中央銀行が貨幣錯覚を持つ場合にモデルを拡張することは容易であるが，その場合，長期均衡は無条件には安定とはならない．筆者は政府が貨幣錯覚を持たない場合で，このことをすでに試みたが[16]，少し複雑だが，本章のように政府が貨幣錯覚を持つ場合についても同様にモデルを

構成することができることを示した．本章では，短期利子率と長期利子率の区別はなく利子率は1つであるが，利子率政策に関しては (2.3.7), (2.3.8) 式のモデルが少なくとも一般的であり，理論的重要性が高いと言える．

---

16) 前掲書（本章脚注4））を参照．

第3章
信用と貨幣の創造を含んだマクロ経済モデルの本質

　これまで，貨幣経済の制約であるワルラス法則を制約として，単純なマクロ経済モデルを定式化し，主に利子率政策の有効性について分析してきた．その際，貨幣経済の重要な概念である貨幣錯覚によって，短期および長期の均衡の性質の分析や均衡の安定性の分析において，マクロ・モデルの本質的性格が変わることを明らかにしてきた．

　現代の貨幣経済は同時に金融経済でもある．金融経済では資金流通において金融仲介が行われ銀行信用が創造され，預金通貨の創造を経由して貨幣が創造される．貨幣供給と銀行信用は等価であるという制約が，ワルラス法則とともに成立する．この章では，この2つの制約の下で，貨幣と信用の創造を含んだ最小のマクロ経済モデルを定式化し，金融資産が現金と証券から構成された前章までのモデルとは異なった視点から，金融経済の本質を分析する．

　これまで，マクロ的枠組みの下での信用創造と貨幣創造は単純な部分的モデルによって説明され，その中心概念は，信用乗数，および貨幣乗数[1]であった．この伝統的モデルは，あくまで部分的なモデルにとどまっていて，マクロ経済モデルで決定される所得や利子率とどのような関係にあるのかは明確ではない．これを明確にするためには，この伝統的な部分的モデルを，所得および利子率を決定するマクロ均衡同時決定モデルに，整合的に結合しなければならない．[2]

　この章では，本質的問題の議論であるので，以下のような単純化を行う．民間銀行部門にとって，銀行貸出と民間企業部門が供給する証券の需要は，運用

---

1) 小野善康『金融』（現代経済学入門），岩波書店，2009年，120-123ページ，参照．
2) 筆者は，この貨幣と信用の基本問題について，「マクロ的枠組みの下での貨幣と銀行信用の基本問題について」『金融経済研究』第32号，2011年4月（2010年度日本金融学会秋季大会での会長講演の要約），で詳細に分析した．

資産としては代替的である．また，資金を調達する民間非金融部門にとっても，銀行借入と証券供給は代替的な資金調達手段である．このような代替性の仮定は，均衡の性質やその不均衡調整モデルに明確で重要な影響を及ぼす．しかしながら，この部分的な信用と貨幣の創造の分析道具を最小のマクロ経済モデルに結合するという基本問題の分析にとっては，この仮定は必ずしも必須なものではない．

そこで，民間非金融部門のこの2つの資金調達手段は完全代替であり，民間銀行部門の運用資産としても完全代替であると仮定する．これらを，民間非金融部門が資金調達するための本源的証券として，単純化することにする．また，このような単純なモデルを構築することにより，不完全代替の場合の特徴が明白となり，分析的にも有益である．

信用と貨幣の創造に関する伝統的な部分的モデルを，所得と利子率のマクロ均衡同時決定モデルに結合する方法は，少なくとも2つあると考えられる．1つは，標準的な方法で，貨幣乗数を導出するときに仮定するフィッシャー＝フリードマンの方法である．もう1つは，筆者の独自の方法である．それは，預金供給に関して，民間銀行部門の預金需要への受動的行動態度を仮定する方法である．[3] これらの方法が，定式化されたマクロ均衡同時決定モデルの不均衡調整モデルを決定的に特徴づける．不均衡調整過程の相違は，金融政策の波及過程が相違するということでもある．単にこのことを明らかにするためには，上記の不完全代替の仮定は，少なくとも論理的には要らない．ただし，本書の第6章，第7章で分析するように，その経済的な重要性は明らかである．ここでは，完全代替を仮定して説明し，問題の本質を浮き彫りにする．

---

3) さらに，もう1つ方法が存在する．それは，預金と現金を，民間非金融部門の完全代替の資産と仮定する方法である．この点については，序論および下記の文献を参照．
　拙著『マクロ金融経済の基礎理論』晃洋書房，2013年，第6章，160-166ページ．
　フィッシャー＝フリードマンの方法については，下記の文献を参照．
　Friedman, M. A., *A Program for Monetary Stability*, Fordham University Press, 1959.
　Fisher, I., *The Purchasing Power of Money: Its Determination and Relation to Credit, Interest, and Crises*, Macmillan, 1911.

第1節　貨幣市場の分割と過剰決定問題

伝統的な信用創造の部分的モデルを明らかにしておこう．それは，まず民間銀行部門の次のような制約から始まる．

(3.1.1) $\quad D^S \equiv Z^b + R^d$

ここで，Z^b：民間銀行部門の本源的証券需要，D^S：預金供給，R^d：準備（預金）需要，とする．

次に，中央銀行の制約である．[4]

(3.1.2) $\quad CU^S + R^d \equiv E^c$

ここで，CU^S：現金通貨供給，E^c：中央銀行の本源的証券需要，とする．

(3.1.1)式の民間銀行部門の制約に表れる各変数は民間銀行部門が操作できる変数ばかりであることに注意しなければならない．また，(3.1.2)式では，中央銀行が民間銀行部門の準備需要を受動的に受け入れることを前提としている．

(3.1.1)，(3.1.2)式を合体すると，(中央銀行と民間銀行部門を統合した)銀行部門全体の制約が得られる．それは，貨幣供給の定義を考慮すれば，貨幣供給と銀行信用が等価であるということを意味する．

(3.1.3) $\quad M^S = CU^S + D^S$

(3.1.4) $\quad M^S(= CU^S + D^S) \equiv Z^b + E^c(= Z)$

ここで，M^S：貨幣供給，Z：銀行信用，とする．

(3.1.3)式が貨幣供給の定義であり，(3.1.4)式が銀行部門全体の制約である．ここで，民間銀行部門の行動方程式を，次のように定式化する．

(3.1.5) $\quad R^d = \tau D^S + \varepsilon(1-\tau)D^S, \ 1 > \tau > 0, \ 1 > \varepsilon > 0$

(3.1.6) $\quad D^S = \delta(Z^b + E^c), \ 1 > \delta > 0$

(3.1.5)式は，準備需要が法定準備と超過準備から構成されており，超過準備は，民間銀行部門の資金余剰の一定比率であると仮定されている．(3.1.6)

---

[4] 現金通貨供給と準備（預金）需要の合計が，ハイパワード・マネーで，中央銀行が本源的証券を需要することにより，供給するという仮定である．民間銀行部門への貸出を通じて供給するということでも，以下の分析にまったく影響がない（序論，参照）．

式は，預金供給が銀行信用から一定比率で生ずることを意味しており，これは，派生預金である．銀行信用から派生するのではない本源的預金も存在するが，ここではそれを単純化のために無視するが，後述するように，それは同時に現金供給と預金供給の比率が一定であることを意味することになる．

(3.1.5)，(3.1.6) 式の民間銀行部門の行動方程式を民間銀行部門の制約である (3.1.1) 式に代入して，本源的証券需要，Z^b で解けば，民間銀行部門の本源的証券需要（民間銀行信用）と中央銀行のベース・マネーの関係が明らかとなる．この関係性が信用乗数である．いうまでもなく，預金から銀行信用が生じ銀行信用から派生預金が生まれるので信用が創造されるのである．

$$(3.1.7) \quad Z^b = \kappa E^c, \quad \kappa = \frac{(1-\tau)(1-\varepsilon)\delta}{1-(1-\tau)(1-\varepsilon)\delta} > 0$$

この派生預金供給関数を仮定した信用創造モデルでは，貨幣乗数は簡単に銀行部門全体の制約から導出できる．それは，その制約が貨幣供給と銀行信用の等価性を示しているからである．(3.1.7) 式を (3.1.4) 式に代入して，貨幣供給とベース・マネーの関係として表せば，その関係性は貨幣乗数である．

$$(3.1.8) \quad M^S = mE^c, \quad m = 1 + \kappa = \frac{1}{1-(1-\tau)(1-\varepsilon)\delta} > 1$$

(3.1.8) 式のように，貨幣が創造されるのは，銀行信用が供与される中で預金が創造されるからである．銀行信用の一部が預金となって銀行部門に還流し他の部分が現金として供給されるわけだから，この派生預金供給関数の背後には，預金供給と現金供給に一定比率の関係があることは明らかである．その点を確認しておこう．

$$(3.1.9) \quad M^S = mE^c, \quad D^S = \delta M^S = \delta m E^c,$$
$$CU^S = M^S - D^S = (1-\delta) m E^c$$

(3.1.9) 式より，次の関係が導出される．

$$(3.1.10) \quad \frac{CU^S}{D^S} = \frac{1-\delta}{\delta}$$

この部分的信用創造モデルでは，現金供給に対する預金供給の比率が一定となるのである．このモデルが，後述するフィッシャー=フリードマンの仮定，つまり，現金需要と預金需要の比率が一定であるという仮定を導入する貨幣創造のモデルと親和性があることは明白である．現金と預金のそれぞれの需給が

均衡していれば，この2つのモデルは矛盾なく結合されるのである．

この伝統的な信用乗数および貨幣乗数を説明する部分的モデルを，所得と本源的証券の利子率を内生変数として決定するマクロ均衡同時決定モデルに結合する．まず，民間銀行部門の行動方程式と内生変数の関係を定式化しておこう．本源的証券需要も超過準備需要も本源的証券の利子率に依存することは，論理的には明白である．利子率が上昇すれば本源的証券需要が増加し超過準備需要は減少する．ここでは，民間銀行部門の運用資産としては，本源的証券と超過準備しかないので，制約により，どちらか一方を定式化すれば，他方は，制約によって決定されている．ここでは，超過準備需要関数を利子率の減少関数として定式化することにする．このことによって，本源的証券需要は利子率の増加関数であることは明らかである．ここでは，超過準備需要関数を定式化するということは，資金余剰に対する超過準備比率を内生化するということになる．

(3.1.11) $\varepsilon=\varepsilon(i)$, $\varepsilon'<0$ $(R^d-\tau D^S=\varepsilon(i)(1-\tau)D^S)$

ここで，i：本源的証券の利子率，とする．

(3.1.11) 式のように超過準備需要関数を定式化すれば，貨幣乗数および信用乗数も内生化され，利子率の増加関数となる．

(3.1.12) $m(i)=\dfrac{1}{1-(1-\tau)(1-\varepsilon(i))\delta}$

$$\kappa(i)+1=m(i), \quad m'=\kappa'=\dfrac{-(1-\tau)\delta\varepsilon'}{(1-(1-\tau)(1-\varepsilon)\delta)^2}>0$$

したがって，本源的証券需要関数や貨幣供給関数は，利子率の増加関数となる．

(3.1.13) $Z^b=\kappa(i)E^C$, $M^S=m(i)E^C$

$Z^b+E^C=(\kappa(i)+1)E^C=m(i)E^C$

(3.1.11) 式の定式化で，マクロ均衡同時決定モデルに結合することが可能となったので，次に，民間非金融部門の収支均等式とそのもとでの行動方程式を定式化しておこう．すでに，銀行部門の制約（(3.1.4) 式）は明らかであるので，これで経済全体の制約であるワルラス法則を導出することができる．

(3.1.14) $B^S+Y=Y^d+CU^d+D^d+E^P$

ここで，各変数を次のように定義する．B^S：本源的証券供給，Y：所得，

Y^d:財の総需要, CU^d:現金需要, D^d:預金需要, E^P:民間非金融部門の本源的証券需要, とする. (3.1.14)式は, 民間非金融部門の制約である収支均等式を表している. 本源的証券供給による資金調達と所得により, 財を需要し, 資産および支払決済手段としての現金, 預金, 資産としての本源的証券を, それぞれ需要する.

民間非金融部門の行動方程式を, 以下のように定式化する.

(3.1.15) $Y^d = Y^d(Y, i), 1 > Y_Y^d > 0, Y_i^d < 0$
$B^S = B^S(Y, i), B_Y^S > 0, B_i^S < 0$
$E^P = E^P(Y, i), E_Y^P > 0, E_i^P > 0$
$CU^d = CU^d(Y, i), 1 > CU_Y^d > 0, CU_i^d < 0$
$D^d = D^d(Y, i), 1 > D_Y^d > 0, D_i^d < 0$

財の需要関数は単純なものである. 本源的証券供給は所得の増加関数, 利子率の減少関数と定式化している. 所得が増加すれば, 外部資金の調達も増加すると考えている. 民間非金融部門内部で, 本源的証券の需要も存在するわけで, これは通常のように所得と利子率の増加関数として定式化されている. 本源的証券供給からこの本源的証券需要を差し引いたものが銀行部門からの資金調達ということになる. 現金, 預金は支払決済手段であると同様に金融資産としての性格を有しているので, 本源的証券と代替的であると仮定する. このように仮定することにより, 現金, 預金の需要は, 本源的証券の利子率の減少関数, 所得の増加関数として定式化される.

民間非金融部門の外部からのネットの資金調達を, 次のように定義し仮定しておこう.

(3.1.16) $\Omega = B^S(Y, i) - E^P(Y, i) = \Omega(Y, i)$
$\Omega_Y = B_Y^S - E_Y^P < 0, \Omega_i = B_i^S - E_i^P < 0$

ここで, 民間非金融部門の制約を, 行動方程式間の関係として導出しておこう.

(3.1.17) $\Omega_Y + (1 - Y_Y^d) \equiv CU_Y^d + D_Y^d, \Omega_i \equiv Y_i^d + CU_i^d + D_i^d$

(3.1.16)式を考慮して, 経済全体の制約であるワルラス法則を導出する. (3.1.4), (3.1.14)式を合体すれば, 次のようになる.

(3.1.18) $(Y - Y_d) + \{\Omega - (Z^b + E^c)\} + (CU^S - CU^d) + (D^S - D^d) \equiv 0$

マクロ均衡同時決定モデルは, 次のような均衡条件で構成される.

(3.1.19) $Y=Y^d$, $\Omega=Z^b+E^c$, $CU^S=CU^d$, $D^S=D^d$

(3.1.13)式を考慮すれば,本源的証券の需給均衡条件は,次のようになる.これは,銀行信用と貨幣供給が等価であるという制約から,当然のことである.

(3.1.20) $\Omega=mE^C$

(3.1.20)式を考慮して,マクロ均衡同時決定モデルの全体を集約的に明らかにすれば,以下のモデルとなる.

(3.1.21) $Y=Y^d(Y, i)$
$\Omega(Y, i)=m(i)E^C$
$\delta m(i)E^C=D^d(Y, i)$
$(1-\delta)m(i)E^C=CU^d(Y, i)$

(3.1.21)式で示された単純なマクロ均衡同時決定モデルは,所得と利子率が内生変数である.(3.1.18)式のワルラス法則により,任意の市場均衡条件の1つは独立ではない.しかしながら,3つの市場均衡条件は独立であるので,このモデルは過剰決定となる.[5]

この解決方法をめぐって,本書では,2つの方法を検討し,それらの方法でこの過剰決定問題を解決することが,このモデルの不均衡調整モデルに決定的に影響を与えることを分析する.

第2節 信用創造および貨幣創造の標準的モデル

貨幣乗数を導出する部分的モデルで仮定されるのが,フィッシャー=フリードマンの仮定である.この仮定を貨幣市場の均衡と結合させて,信用創造および貨幣創造を含んだマクロ均衡同時決定モデルを構成するのが標準的な方法であると考えられる.これにもとづいて,これまでと同様に貸出と証券が完全代

---

[5] 貨幣を預金と現金に分けたわけだから,預金利子率というものを考えるべきであるという意見は当然のことながらありうる.ここで取り上げられている預金は決済性の預金であり,預金通貨である.したがって,預金利子率は,預金の需給関係で動く変数としては考えられない.むしろ,預金保有のための取引コストとして固定された付利が考えられる.付利は手数料としてマイナスの場合もある.

このモデルは,偶然に均衡が成立した下では,現金需要・預金需要比率も,その供給比率と一致して一定である.

替の単純なモデルを定式化する．

1. 貨幣乗数を導出する部分的なモデル

銀行部門の制約と民間銀行部門の行動方程式および中央銀行の政策変数に関してはこれまでと同様である．

(3.2.1)　(民間銀行部門の制約)　　$D^S \equiv Z^b + R^d$
　　　　　(中央銀行の制約)　　　　$CU^S + R^d \equiv E^C$
　　　　　(銀行部門の制約)　　　　$M^S(=CU^S+D^S) \equiv Z^b + E^C$
　　　　　(準備需要関数)　　　　　$R^d = \tau D^S + \varepsilon(1-\tau)D^S$　((3.1.5) 式)

これまでの信用創造を定式化した部分的なモデルでは，派生預金供給が銀行信用と関係づけられ民間銀行部門の行動方程式として先決的に定式化されていた．ここでは，これを放棄するわけだから，民間銀行部門の準備需要が預金供給に依存し本源的証券需要も預金供給に依存し，したがって貨幣供給も預金供給に依存し，部分的モデルとしてもすべてが決定されないことは明らかである．

そこで，導入されるフィッシャー＝フリードマンの仮説とは次のようなものである．公衆の（ここでは民間非金融部門のことを指す）現金保有と預金保有の関係が安定的な関係にあることに着目し，預金保有に対する現金保有の比率を一定と仮定する．この仮定にもとづいて，中央銀行の制約から貨幣乗数を導出する．

しかしながら，この部分的モデルをマクロ均衡同時決定モデルに結合する場合には，市場均衡の定式化のために，当然のことながら，各変数が，供給変数なのか需要変数なのかを明確にしなければならない．上記の貨幣乗数の導出の背後には，預金と現金の需給について均衡ということが暗黙に仮定されているとみなさなければならない．この部分的モデルを均衡同時決定モデルに結合するという視点からは，この点が明確にされなければならない．[6]

(3.2.2)　$\dfrac{CU^d}{D^d} = cu = \text{const.}$

---

[6] ハイパワード・マネーの定義式から貨幣乗数を導出する方法の背後には，預金と現金に関する需給均衡が仮定されていることを，指摘した論文に下記のものがある．
　藤野正三郎「マクロ・モデルと貨幣量の決定」『経済研究』第17巻第4号，1966年．

(3.2.2) 式が，フィッシャー゠フリードマンの仮説の意味することであると考える．これだけでは，需要と供給の相違が明確に区別されるマクロ均衡同時決定モデルに結合できない．そこで，以下のように，それぞれの需給均衡を仮定する．それは同時に貨幣全体の需給の均衡をも意味する．

(3.2.3) $CU^s = CU^d,\ D^s = D^d\ \Rightarrow\ M^s = M^d$

ここで，M^d：貨幣（全体の）需要，とする．

(3.2.2) 式の仮定の下で，(3.2.3) 式を仮定することは，現金需要・預金需要比率は，正確に供給サイドにも写像されることを意味する．

(3.2.4) $\dfrac{CU^s}{D^s} = cu$

したがって，(3.2.2) 〜 (3.2.4) 式を，貨幣乗数を導出するこれまでの標準的な仮説であるとすると，(3.2.1) 式の部分的モデルの中央銀行の制約から，準備（預金）需要関数を考慮して，預金供給が決定される．

(3.2.5) $D^s = \left(\dfrac{1}{cu + \tau + \varepsilon(1-\tau)}\right) E^c$

これを，貨幣供給の定義式に代入し，(3.2.4) 式を考慮すれば，貨幣乗数が導出される．[7]

(3.2.6) $M^s = mE^c,\ m = \dfrac{1+cu}{cu + \tau + \varepsilon(1-\tau)} > 1$

このモデルでは，派生預金は明示的には定式化しないで放棄したわけであるが，結局のところ現金供給・預金供給比率を一定と仮定したことにより，銀行信用と預金供給の関係を意味する派生預金供給を，次のように想定していることになる．それは，(3.2.1) 式の銀行部門の制約式と (3.2.4) 式および貨幣供給の定義式から，次のように導出される．

(3.2.7) $D^s = \left(\dfrac{1}{1+cu}\right)(Z^b + E^c)$

この部分的なモデルでは，需要，供給を明確に識別しているので，容易に，マクロ均衡同時決定モデルに結合することができる．まず民間銀行部門の行動

---

7) 伝統的な信用創造モデルでは，$CU^s/D^s = \dfrac{1-\delta}{\delta}$ が仮定されているのであるから，これを cu の代わりに，(3.2.6) 式に考慮すれば (3.1.8) 式と同じであることがわかる．

方程式であるが，これまでと同様に，(3.1.11) 式の超過需要関数を明示的に定式化することにする．さらに，(3.1.14) 〜 (3.1.17) 式の民間非金融部門の制約と行動方程式は，これまでと同様である．ただ，現金需要・預金需要比率が導入されたので，行動方程式間の制約を次のように修正しておこう．

(3.1.17)′ $\Omega_Y + (1 - Y_Y^d) \equiv (1 + cu)D_Y^d,\ \Omega_i \equiv Y_i^d + (1 + cu)D_i^d$

2．標準的モデル

以上の検討から，フィッシャー゠フリードマン仮説による標準的モデルは以下のようになる．現金需給，預金需給が均衡し，したがって貨幣市場が均衡している．貨幣市場は統合することができる．

(3.2.8)　$Y = Y^d(Y, i)$
$\Omega(Y, i) = m(i)E^C,\ (Z^b + E^C = m(i)E^C)$
$m(i)E^C = (1 + cu)D^d(Y, i)\ \ (= M^d(Y, i))$

この場合，経済全体の制約であるワルラス法則は，次のように表される．

(3.1.18)′　$(Y - Y^d) + \{\Omega - (Z^b + E^C)\} + (M^S - M^d) \equiv 0$

このモデルの均衡の性質を整合性に着目して検討しておこう．ワルラス法則により，任意の1市場は独立ではない．貨幣市場の均衡を取り上げたモデルと，本源的証券市場の均衡を取り上げたモデルが同値であることを確認する．

まず，貨幣市場の均衡を取り上げたモデルで均衡の性質を導出すれば，次のようになる．

(3.2.9)　$\dfrac{\partial Y}{\partial E^C} = \dfrac{mY_i^d}{\Delta_1} > 0,\ \dfrac{\partial i}{\partial E^C} = \dfrac{(1 - Y_Y^d)m}{\Delta_1} < 0$

$\Delta_1 = (1 - Y_Y^d)((1 + cu)D_i^d - m'E^C) + Y_i^d(1 + cu)D_Y^d < 0$

次に，証券市場の均衡を取り上げたモデルで均衡の性質をもとめ，それが貨幣市場の場合と同値となることを確認する．

(3.2.10)　$\dfrac{\partial Y}{\partial E^C} = \dfrac{mY_i^d}{\Delta_2} > 0,\ \dfrac{\partial i}{\partial E^C} = \dfrac{(1 - Y_Y^d)m}{\Delta_2} < 0$

$\Delta_2 = (1 - Y_Y^d)(\Omega_i - m'E^C) + \Omega_Y Y_i^d = \Delta_1$

(3.2.10) 式の Δ_2 に，(3.1.17)′ 式の制約条件を使い，Ω 関数の偏微分係数を消去していく．

(3.2.11)

$$\Delta_2 = (1-Y_Y^d)(Y_i^d + (1+cu)D_i^d - m'E^c) + ((1+cu)D_Y^d - (1-Y_Y^d))Y_i^d = \Delta_1$$

(3.2.9) 式と (3.2.10) 式はまったく同値である．

これらの均衡の性質から，ベース・マネーを拡大する金融緩和政策は所得を増加させ，利子率を低下させることがわかる．これらの金融政策における分析結果は，IS-LM 分析と同様である．IS-LM 分析と同じ結果を得るのであれば，それでは，このモデルの存在意義はどこにあるのかが問われると思われるかもしれない．だがしかし，そうではなくて，IS-LM 分析のように，わざわざ貨幣を現金のみに限定する必要性は少なくとも論理的には存在しないということが問われなければならない．さらに，このことは同時に，銀行信用を含んだモデルで貨幣を預金通貨だけに限定する必要も論理的にはないということになる．[8] 本質的な問題は，いついかなる時も現金需要・預金需要比率が一般的に安定した比率であるかどうかである．[9]

最後に，ベース・マネーの拡大は，全体としての貨幣供給の増加となっているのかどうか確認しておく．この場合，あまりにも，明白である．なぜならば，所得が増加し利子率が下落しているのであるから，貨幣需要は一義的に増大している．したがって，均衡貨幣供給も増加していなければならない．

$$(3.2.12) \quad \frac{dM^s}{dE^c} = \frac{m\{(1-Y_Y^d)(1+cu)D_i^d + Y_i^d(1+cu)D_Y^d\}}{\Delta_1} > 0$$

3．不均衡調整モデル

標準的なモデルの不均衡調整モデルは一義的に決定される．その理由は，貨幣市場は常に均衡していることにある．財市場が不均衡であれば，それに正確に対応して証券市場が不均衡となる．

$$(3.2.13) \quad \dot{Y} = \alpha[Y^d(Y, i) - Y], \quad \alpha > 0$$
$$m(i)E^c = (1+cu)D^d(Y, i), \quad \Omega(Y, i) \gtreqless m(i)E^c$$

市場の不均衡の調整変数が何であるのかという問題は，不均衡調整モデルにとってきわめて重要な問題である．市場の不均衡と調整変数の関係は，1対1

---

8) 二木雄策「*LM* 関数について」『国民経済雑誌』第175巻第5号，1997年，参照．
9) 日本経済においても，1998年以降の金融システム破綻の問題が生じた時や2000年初頭のペイオフ問題が発生した時など，預金解約と現金保有の著しい増大が見られた．

の対応である．それが因果関係であり，これを市場不均衡における「因果律」と呼ぶことにする．

(3.2.13) 式のモデルでは，財市場の不均衡の調整変数が所得となっているが，証券市場の不均衡の調整変数が所得であると考えても，整合性に何ら問題はない．つまり，因果律は消滅しているのである．2次元の不均衡調整モデルでは，ワルラス法則がある限り，因果律は消滅する．

この標準的モデルの不均衡調整モデルでは，貨幣市場は常に均衡している．

(3.2.14) $i = l(Y : E^c)$

$$l_Y = \frac{\partial i}{\partial Y} = \frac{(1+cu)D_Y^d}{M_i^S - (1+cu)D_i^d} > 0$$

$$l_{E^c} = \frac{\partial i}{\partial E^c} = \frac{m}{-M_i^S + (1+cu)D_i^d} < 0$$

ただし，$M_i^S = m'E^c$，と定義する．$M_i^S > 0$

(3.2.14) 式を (3.2.13) 式に代入すれば，次の条件が成立する．

(3.2.15) $\dfrac{d\dot{Y}}{dY} = \alpha\{(Y_Y^d - 1) + Y_i^d l_Y\} < 0$

したがって，標準的モデルの均衡は安定である．

(3.2.16) $\dot{Y} = \alpha[\Omega(Y, i) - m(i)E^c]$, $\alpha > 0$

(3.2.16)，(3.2.14) 式で，不均衡調整モデルを構成しても，同一の条件が導出され，まったく同値であることが証明される．もちろん，その場合，(3.1.17)′ 式の制約が考慮される．

(3.2.17) $\dfrac{d\dot{Y}}{dY} = \alpha(\Omega_Y + \Omega_i l_Y - M_i^S l_Y)$ $(= \alpha\{(Y_Y^d - 1) + Y_i^d l_Y\})$

$$= \alpha\{(Y_Y^d - 1) + (1+cu)D_Y^d + Y_i^d l_Y + (1+cu)D_i^d l_Y - M_i^S l_Y\}$$

ただし，制約を考慮すると，次の条件が存在する．

(3.2.18) $(1+cu)D_Y^d + (1+cu)D_i^d l_Y - M_i^S l_Y = 0$

以上で，2次元の不均衡調整モデルで，因果律が消滅することを証明することができた．つまり，所得は財市場の不均衡の調整変数と考えてもよいし，証券市場の不均衡の調整変数と考えてもよい．調整変数と市場不均衡の1対1の対応関係が失われている．

この不均衡調整モデルでは，金融緩和政策によりベース・マネーが拡大した

図 3-1

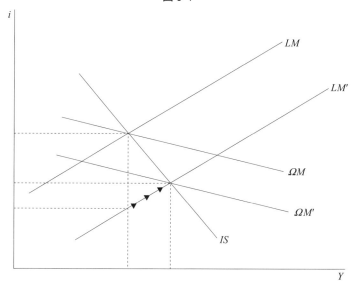

時に，瞬時的に利子率は下落し，最終市場均衡よりも瞬時的な下落幅の方が大きいことがわかる．標準モデルでは，利子率に関するオーバーシューティングが存在する可能性がある．これがこの不均衡調整モデルの政策的なインプリケーションである．IS-LM 分析と同じように，それを図示すると図 3-1 となる（$\Omega_Y<0$ を仮定しているので，証券市場の均衡曲線，ΩM は右下がりである）．

このことを計算上で確認しておこう．

$$(3.2.19) \quad |l_Y| - \left|\frac{\partial i}{\partial E^c}\right| = \frac{-mY_i^d(1+cu)D_Y^d}{(M_i^S-(1+cu)D_i^d)\Delta_1} > 0$$

ここで，$|\partial i/\partial E^c|$ は，市場均衡における金融政策の効果である．これがこの場合，金融政策の長期的効果となる．

第3節　代替的モデルの存在

筆者が考案する有力な代替的モデルは，民間銀行部門の預金需要への受動的行動態度を仮定するモデルである．この仮定の下では，預金需給は常に均衡しているが，現金需給はそうではないので，一般的には貨幣市場も不均衡になり

得る．このモデルの特徴は，伝統的な信用創造の部分的なモデルでは，明確に区別され存在していた本源的預金を定式化することができる点にある．つまり，預金需要を本源的預金需要と派生預金需要とに区別し，前者は銀行信用と関係を持たない独立的な預金需要である．「派生」に対して，「本源的」というのはそういう意味で使われている．

1．本源的預金を含む部分的信用創造モデル

代替モデルをマクロ均衡同時決定モデルとして定式化する前に，本源的預金を含む部分的な信用創造モデルを明確にし，それをマクロ均衡同時決定モデルに結合していく．形式的には，前述した派生預金のみの信用創造モデルと本源的預金の部分が異なるだけであるが，本質的にはまったく異なるといわなければならない．

まず，民間銀行部門の制約から提示しておこう．

(3.3.1)　　$D^* + D - R^d \equiv Z^b$

ここで，D^*：本源的預金，D：派生預金，とする．

次に，中央銀行の制約であるが，これはまったく同一である．中央銀行は，民間銀行部門の準備需要を受動的に受け入れる．

(3.3.2)　　$CU^S + R^d \equiv E^C$

したがって，この場合，貨幣供給の定義式及び統合された銀行部門全体の制約は，次のようになる．

(3.3.3)　　$M^S = D^* + D + CU^S$, $M^S \equiv Z^b + E^C$

この式をみればただちにわかるように，形式的な相違は預金のみである．準備需要関数を (3.1.5) 式と同じように定式化しておこう．当然のことながら，本源的預金が含まれることだけが相違点である．この段階では，利子率は与えられている．

(3.3.4)　　$R^d = \tau(D^* + D) + \varepsilon(i)(1-\tau)(D^* + D)$, $1 > \tau > 0$, $1 > \varepsilon > 0$

派生預金をこれまでと同様に定式化しておこう．

(3.3.5)　　$D = \delta(Z^b + E^C)$, $1 > \delta > 0$

本源的預金は，銀行信用に依存しない預金で，外生変数である．信用乗数および貨幣乗数を導出しておこう．当然であるが，信用乗数は2つある．本源的預金および中央銀行のベース・マネーとの関係性である．

(3.3.6) $\quad Z^b = \kappa_1 D^* + \kappa_2 E^C$

$$\kappa_1(i) = \frac{(1-\tau)(1-\varepsilon(i))}{1-(1-\tau)(1-\varepsilon(i))\delta} > 0, \quad \kappa_2(i) = \frac{(1-\tau)(1-\varepsilon(i))\delta}{1-(1-\tau)(1-\varepsilon(i))\delta} > 0,$$

$$\delta\kappa_1(i) = \kappa_2(i)$$

(3.3.3) 式のように,貨幣供給と銀行信用は等価であるので,この制約から,貨幣乗数を導出することができる.貨幣乗数も,本源的預金に関するものとベース・マネーに関するものと2つある.通常,貨幣乗数と定義されているものは,ベース・マネーに関するものである.それを,これまでどおり,m とする.

(3.3.7) $\quad M^S = \kappa_1 D^* + m E^C, \quad m = 1 + \kappa_2 > 1$

信用創造の結果,全体としての預金(DT)は次のようになる.

(3.3.8) $\quad DT = D^* + D = (1+\delta\kappa_1)D^* + \delta(1+\kappa_2)E^C$

$\qquad 1+\delta\kappa_1 = 1+\kappa_2 = m > 1$

この部分モデルで,$D^*=0$,とおき,派生預金のみにすると,現金・預金比率は,$CU^S/D = (1-\delta)/\delta$,となり,一定比率になることはいうまでもない.

この部分的な信用創造モデルでは,本源的預金,派生預金ともに,それらの需要とは独立に,民間銀行部門の供給変数であっても,民間銀行部門がこれらの預金需要に受動的に行動するということであっても,本来,成立する.したがって,マクロ均衡同時決定モデルに結合するためには,この点の特定化が必要である.前述した標準的モデルでは,本源的預金は存在せず派生預金のみで,しかもそれは民間銀行部門の供給変数であった.

2.代替的モデル

本章で取り上げる標準的モデルの代替モデルは,預金供給に関して,民間銀行部門の預金需要への受動的行動態度を仮定する.預金供給は民間非金融部門の預金需要によって決定される.代替モデルでは,これらの預金需要の定式化が重要となる(D^*,D がそれぞれ,以下で定義される D^{*d},D^d に変えられる).

本源的預金需要は銀行信用に応じて派生的に生じる預金需要ではなく,独立的に生じる.それは所得の増加関数であり,本源的証券と代替的な資産としての性格も持つので,利子率の減少関数とする.

(3.3.9) $D^{*d}=D^{*d}(Y, i)$, $1>D_Y^{*d}>0$, $D_i^{*d}<0$

ここで，D^{*d}：本源的預金需要，とする．

銀行信用に応じて派生的に生まれる派生預金であるが，これについても，民間非金融部門の（派生預金）需要（D^d）に応じて，民間銀行部門が供給すると仮定される．

(3.3.10) $D^d=\delta\Omega$, $1>\delta>0$

これまでと同様に，民間非金融部門のネットの外部資金調達額は Ω で表される．これは民間非金融部門の銀行信用に対する需要である．民間非金融部門はこの調達額の一定割合で派生預金を需要する．(3.3.10) 式の派生預金需要は，民間非金融部門の需要であるので，銀行信用との関係が確定しない場合は，信用創造は生まれない．常に本源的証券の需給が均衡して，ネットの外部からの資金調達額が銀行信用に一致するという関係が確定し，派生預金需要が銀行信用に依存しなければ，貨幣供給自体を決定できない．そこで，代替モデルでは，標準モデルが貨幣市場の均衡を常に仮定するのに対比して，常に，本源的証券市場の均衡を仮定し，民間非金融部門の派生預金需要が銀行信用に依存して決まる．つまり，本源的証券市場の均衡が信用を創造する「場」としての役割を担うのである．

民間非金融部門の収支均等式や行動方程式は，預金需要を除いて，標準的モデルとまったく同じである．本源的証券市場の均衡は，これまでと同様に，次のように表すことができる．

(3.3.11) $\Omega=Z^b+E^c$

(3.3.11) 式の仮定を考慮すれば，民間非金融部門の派生預金需要が確定し，民間銀行部門の預金供給が確定する．

(3.3.5)′ $D^d=\delta(Z^b+E^c)$

(3.3.12) $D^{*d}(Y, i)+\delta\Omega(Y, i)\equiv D^S$ $(=DT)$

(3.3.12) 式のように，預金需給は常に均衡している．

次に，現金の需給均衡条件を定式化しておこう．民間非金融部門の現金需要を，標準モデルと同じように次のように仮定する．

(3.3.13) $CU^d=CU^d(Y, i)$, $1>CU_Y^d>0$, $CU_i^d<0$

したがって，現金の需給均衡は次のようになる．現金の需給不均衡は，一般的にはあり得る．

(3.3.14) $CU^S = CU^d(Y, i)$

(3.3.12) 式を仮定するので，この代替モデルでは，(3.1.18) 式のワルラス法則は次のように修正される．

(3.3.15) $(Y - Y^d) + (CU^S - CU^d) + \{\Omega - (Z^b + E^C)\} \equiv 0$

証券市場の均衡が常に仮定されるので，財市場の不均衡は，正確に現金需給の不均衡に対応している．市場均衡条件は，次のようになる．

(3.3.16) $Y = Y^d$, $CU^S = CU^d$, $\Omega = Z^b + E^C$

(3.3.16) 式の均衡条件の中で，任意の1つの均衡条件は独立ではない．以下では，本源的証券市場の均衡を取り上げたモデルと現金需給の均衡を取り上げたモデルで均衡値は同値であることを証明する．

民間銀行部門の準備需要関数はこれまでと同様で，超過準備比率は，利子率の減少関数である．このことを考慮して，本源的証券需要と貨幣供給を導出すると，以下のようになる．これらは，正確に部分的信用創造モデルの (3.3.6)，(3.3.7) 式と一致する．

(3.3.17) $Z^b = \kappa_1(i) D^{*d}(Y, i) + \kappa_2(i) E^C$

$M^S = \kappa_1(i) D^{*d}(Y, i) + m(i) E^C$, $\kappa_1', \kappa_2' > 0$, $m' > 0$

簡略化するために，貨幣供給関数という形式で表す．

(3.3.18) $M^S = M^S(i, Y; E^C)$

$M_i^S = \kappa_1' D^{*d} + \kappa_1 D_i^{*d} + m' E^C \gtreqless 0$

$M_Y^S = \kappa_1 D_Y^{*d} > 0$, $M_{E^C}^S = m > 1$

民間非金融部門の制約は，行動方程式を代入して示すと次のようになる．

(3.3.19) $\Omega(Y, i) + Y = Y^d(Y, i) + CU^d(Y, i) + D^{*d}(Y, i) + \delta\Omega(Y, i)$

内生変数で偏微分し，行動方程式間の関係を制約条件として導出する．

(3.3.20) $(1-\delta)\Omega_Y = (Y_Y^d - 1) + CU_Y^d + D_Y^{*d} < 0$

$(1-\delta)\Omega_i = Y_i^d + CU_i^d + D_i^{*d} < 0$

証券市場の均衡条件を取り上げた均衡同時決定モデルは，次のように構成される．

(3.3.21) $Y = Y^d(Y, i)$

$\Omega(Y, i) = M^S(i, Y; E^C)$

均衡の性質を導出しておく．ただし，(3.3.20) 式の制約条件を考慮する．

(3.3.22) $\Delta^S = (1 - Y_Y^d)(CU_i^d + D_i^{*d} - (1-\delta)M_i^S)$

$$+ Y_i^d(CU_Y^d + D_Y^{*d} - (1-\delta)M_Y^S) < 0$$

$$\frac{\partial Y}{\partial E^C} = \frac{Y_i^d(1-\delta)m}{\Delta^S} > 0, \quad \frac{\partial i}{\partial E^C} = \frac{(1-Y_Y^d)(1-\delta)m}{\Delta^S} < 0$$

モデルを現金需給の均衡条件で構成した場合，次のようになる．

(3.3.23) $Y = Y^d(Y, i)$

$CU^d(Y, i) = (1-\delta)M^S - D^{*d}(Y, i)$

現金供給も次の各式を考慮して，変形されている．

(3.3.24) $CU^S = M^S - D^S$

$D^S \equiv D^{*d}(Y, i) + \delta(Z^b + E^C), \quad M^S \equiv Z^b + B^C$

均衡の性質を導出すると，次のようになる．

(3.3.25) $\Delta^H = (1-Y_Y^d)(CU_i^d + D_i^{*d} - (1-\delta)M_i^S)$
$+ Y_i^d(CU_Y^d + D_Y^{*d} - (1-\delta)M_Y^S) = \Delta^S < 0$

$$\frac{\partial Y}{\partial E^C} = \frac{Y_i^d(1-\delta)m}{\Delta^H} > 0, \quad \frac{\partial i}{\partial E^C} = \frac{(1-Y_Y^d)(1-\delta)m}{\Delta^H} < 0$$

現金需給の均衡条件を取り上げようが本源的証券市場の均衡条件を取り上げようが，均衡に関しては同値であることが証明された．また，均衡の性質に関しては，標準的モデルと同じである．不均衡調整過程に関しては，以下に分析するようにまったく異なる．

ベース・マネーの拡大の貨幣供給全体への効果は，次のように導出されるが，これは論理的には明白である．所得が増加し，利子率が下落するので，貨幣需要が増大するからである．

(3.3.26) $\dfrac{dM^S}{dE^C} = \dfrac{[m(1-Y_Y^d)(CU_i^d + D_i^{*d}) + mY_i^d(CU_Y^d + D_Y^{*d})]}{\Delta^S} > 0$

3．代替モデルの不均衡調整モデル

本源的証券市場は必ず均衡が成立しているので，不均衡調整モデルは，財市場の不均衡と現金需給の不均衡で構成される．ワルラス法則により，前者の不均衡は取り上げる場合は，後者の不均衡はそれに正確に対応しており，独立ではない．したがって，前者の不均衡調整モデルは正確に後者を取り上げた不均衡調整モデルと同値である．標準モデルの場合と同様に証明する．

(3.3.27) $\dot{Y} = \alpha[Y_d(Y, i) - Y], \quad \alpha > 0$

第3章 信用と貨幣の創造を含んだマクロ経済モデルの本質　　97

$$\Omega(Y, i) = M^S(i, Y; E^C) \Rightarrow i = l(Y, E^C)$$
$$CU^S \gtreqless CU^d(Y, i)$$

(3.3.28) $\dot{Y} = \alpha[CU^S - CU^d(Y, i)],\ \alpha > 0$

$$CU^S = (1-\delta)M^S(i, Y; E^C) - D^{*d}(Y, i)$$
$$\Omega(Y, i) = M^S(i, Y; E^C)$$

(3.3.29) $l_Y = \dfrac{-\{(Y_Y^d - 1) + CU_Y^d + (D_Y^{*d} - (1-\delta)M_Y^S)\}}{Y_i^d + CU_i^d + (D_i^{*d} - (1-\delta)M_i^S)} < 0$

(3.3.19) 式より，制約条件は（3.3.20）式である．

(3.3.20) $(1-\delta)\Omega_Y = (Y_Y^d - 1) + CU_Y^d + D_Y^{*d} < 0$

$$(1-\delta)\Omega_i = Y_i^d + CU_i^d + D_i^{*d} < 0$$

(3.3.27) 式のモデルは，財市場の不均衡の調整変数を所得と考えた場合である．

(3.3.30) $\dfrac{d\dot{Y}}{dY} = \alpha[(Y_Y^d - 1) + Y_i^d l_Y] < 0$

市場均衡が安定であるためには，

(3.3.31) $(Y_Y^d - 1) + Y_i^d l_Y < 0$

でなければならない．

(3.3.29) 式の l_Y を代入すれば，(3.3.31) 式は次のように変形される．

(3.3.32) $(1 - Y_Y^d)(CU_i^d + D_i^{*d} - (1-\delta)M_i^S)$
　　　　　　$+ Y_i^d(CU_Y^d + D_Y^{*d} - (1-\delta)M_Y^S)\ \ (= \Delta^H) < 0$

(3.3.32) 式は，モデルの性質により無条件に充たされている．

同様にして，現金需給の不均衡の調整変数を所得と考えた場合，安定となるためには，次の条件が必要である．

(3.3.33)

$$\left(\dfrac{d\dot{Y}}{dY}\right)\dfrac{1}{\alpha} = [((1-\delta)M_i^S - D_i^{*d} - CU_i^d)l_Y + ((1-\delta)M_Y^S - D_Y^{*d} - CU_Y^d)] < 0$$

この条件は，次のように変形される．

(3.3.34) $(1 - Y_Y^d)(CU_i^d + D_i^{*d} - (1-\delta)M_i^S)$
　　　　　　$+ Y_i^d(CU_Y^d + D_Y^{*d} - (1-\delta)M_Y^S)\ \ (= \Delta^H) < 0$

この条件は，所得と財市場の不均衡の調整変数と考えた場合とまったく同一である．

図 3-2

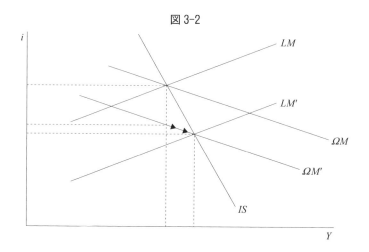

　2つの不均衡調整モデルはまったく同値である．したがって，調整変数である所得と市場の不均衡の1対1の対応は消滅している．筆者はこれを因果律の消滅と呼んでいる．この命題は，標準モデルでも代替モデルでも等しく成立している．

　金融緩和政策による不均衡調整過程は，図 3-2 のようになる．利子率のオーバーシューティングは生じない可能性がある．このケースでは証券市場の均衡により瞬時的に利子率は下落するが，所得が増大する過程でさらに下落していく．つまり，アンダーシューティングの可能性がある．このように，均衡の性質は定性的には同じであっても，不均衡調整モデルとそのインプリケーションはまったく異なるといわなければならない．アンダーシューティングの条件は，図 3-2 にみられるように証券市場の均衡曲線が右下がり（$\Omega_Y - M_Y < 0$）であることである．それは，瞬時的均衡における量的金融政策の効果と最終市場均衡におけるその効果を比較し，後者が大きい条件を求めればよい．

　(3.3.29) 式と (3.3.22) 式もしくは，(3.3.25) 式より，次のように比較される．((3.3.20) 式の制約に注意)

$$(3.3.35) \quad |l_Y| - \left| \frac{\partial i}{\partial E^c} \right| = \frac{-(i-\delta) m Y_i^d \{(1-\delta)(\Omega_Y - M_Y^S)\}}{\Delta^S (Y_i^d + C U_i^d + D_i^{*d} - (1-\delta) M_i^S)} < 0$$

　(3.3.35) 式より，$\Omega_Y - M_Y^S < 0$ の条件が得られる．

第4節 結論

　信用創造・貨幣創造を含んだマクロ経済モデルを最も単純な形式で定式化した．それは，民間銀行部門の資金余剰を運用する貸出と有価証券が完全代替であり，資金調達サイドの民間非金融部門にとっても完全代替であるという仮定である．この仮定が，信用創造・貨幣創造を含む標準的モデルを，均衡においては，ほとんど通常のIS-LM分析と変わらないものにしている．したがって，均衡の性質にとって，これらの不完全代替の性質は重要である．[10]

　本章の問題の中心は，不均衡調整モデルにある．標準的なモデルと筆者の考案する代替的なモデルでは，信用創造・貨幣創造と市場均衡をどのように結合させるのかが異なる．そのことによって不均衡調整モデルはまったく異なり，不均衡調整過程も異なるのである．この点を最小単位のマクロ経済モデルで明らかにしたことの理論的意義は大きいといわなければならない．

　不均衡調整モデルにおける調整変数と市場不均衡の因果関係について，因果律は消滅する．標準的モデルの不均衡調整過程は，均衡近傍では，利子率のオーバーシューティングによって特徴づけられるが，代替モデルでは，利子率は瞬時均衡から市場均衡に向けて下落していく可能性がある．アンダーシューティングである．この不均衡調整過程の2類型が金融政策運営にとっても，基本的に重要性を持つことは明らかであろう．実証的には，証券市場の均衡曲線が右下がりである条件（$\Omega_Y - M_Y$）を調べてみる価値はあると考える．

第3章への補論

補論1　直接金融と間接金融

　マクロ資金循環の重要な分析の1つに，直接金融，間接金融の分析がある．IS-LMモデルでは，現金と債券が金融資産として取り上げられている（二木

---

[10] バーナンキ＝ブラインダー・モデルの理論的意義はこの点にある．
Bernanke, Ben S. and Alan S. Blinder, "Credit, Money, and Aggregate Demand," *American Economic Review*, Vol.78, No.2, May 1988.

雄策「*LM* 関数について」『国民経済雑誌』第175巻第5号，1997年，のⅤを参照．この論文では，*LM* 関数の実体が徹底的に論理的に把握されている．そして，*LM* 関数の実体は現金の需給であることが論証されている）．ここには，金融仲介機関の資金仲介は存在しない（二木論文では，貨幣供給の外生性の理論的根拠をそこに求めている）．したがって，このモデルで，直接金融と比較しての間接金融の分析はできない．ガーリー＝ショー以来，金融仲介機関の資金仲介よって生まれる資金循環が間接金融であるからである（Gurley, J. G. and Shaw, E. S., *Money in a Theory of Finance,* Brookings Inst., 1960）．

　本書第3章のモデルは，この問題の分析が可能な「最小のモデル」であると考えている．同様に，序論の（0.Ⅱ.22）式のモデルも「最小のモデル」である．理論のアーキテクチャーの筆者のイメージは，やはりピラミッドスタイルである．ピラミッドの底がもっとも複雑なモデルである．単に複雑だから現実に近いというのでなく，新たに付け加えられた本質的要素は何かという点が重要である．この点については，筆者が提示している市場不均衡と調整変数の因果関係の問題（因果律）がその良き例である．因果律が存在するためには，3次元以上の市場不均衡の可能性という複雑性が存在しなければならない．不均衡の世界では，2次元と3次元以上は本質的に相異する．「最小のモデル」とはいうまでもなくピラミッドの頂上にある理論をいう（第4章の為替相場の決定モデルでも，部分均衡モデルという概念と「最小のモデル」という概念の両方が使われている．第4章，参照）．経済学にとっては，ピラミッドの底が重要であるといわれる方もいるかもしれない．牽強付会となることをあえて恐れずに引用すれば，吉川洋氏は，次のように述べている．「『銀行信用モデル』は2資産モデルである IS/LM モデルを3資産モデルに拡張したものだから，そのかぎりで『現実に』一歩近いモデルであることはいうまでもない．しかし，理論的な分析はもとより，実証的な分析でも大胆な抽象化を命としているのだから，モデルは複雑であればあるほどよいというものではない」（吉川洋編著『金融政策と日本経済』日本経済新聞社，1996年，序論，15ページ）．

　バーナンキ＝ブラインダーは，IS-LM モデルを，民間銀行部門にとって，債券と銀行貸出が完全代替であると仮定したモデルであると規定している（バーナンキ＝ブラインダー，前掲論文，参照）．上記に述べたことから明らかなように，このように規定することには，理論的な整合性はないし，この点につ

いて，彼らに同意するべきではなかった．本書第3章のモデルは，まさに，民間銀行部門の債券（証券）需要と銀行貸出を，究極の借り手の供給する本源的証券と抽象化し，不完全代替を仮定したモデルに対して，より単純化されたモデルである．問題は，このような抽象化が，資金仲介と整合的であるかどうかである．完全代替を仮定しても，金融仲介機関の資金仲介は存在しうるのである．そして，この抽象化を採用し，同時に，それと整合的になるように貨幣供給の外生性を放棄し，信用創造および貨幣創造を結合したのである．これがまさに間接金融の本質なのである．

ところで，第3章のモデルでは，金融政策が，間接金融資金フローにどのような影響を及ぼすかを分析できる．筆者の代替モデルでも同様である．標準モデルでは，量的金融緩和政策は間接金融フロー（民間銀行信用）を減少させる．中央銀行信用を加えた全体の銀行信用プラス現金，つまり貨幣供給は増加する．筆者の代替モデルでは，次のように言える．本源的な預金需要が民間銀行部門の本源的な証券需要に影響を与えるので，そして，この預金需要が所得の増加関数でもあることにより，民間銀行部門の本源的証券需要（間接金融資金フロー）への量的金融緩和政策の効果は一義的には確定しない．

補論2　財の供給サイドの結合

本書第3章のモデルに，財の供給条件を結合することは，もちろん可能である．その際，重要な概念は，経済主体が貨幣錯覚もつかどうかである．すべての経済主体が，貨幣錯覚をもつと仮定したモデルは，たとえば，次のようなモデルである（貨幣錯覚については，第1章，第2章，参照）．

(補2.1)　$Y \equiv Py$

$P = (1+q)nw$

$N/y = n = $ const.

$w = U\left(\dfrac{\bar{N}-N}{\bar{N}}\right),\ U' < 0,\ $ or $\ w = $ const.

ここで，y：実質所得，P：財の価格，q：マークアップ率，w：貨幣賃金率，$\bar{N}$：労働力，N：雇用，n：雇用・産出量比率，とする．

本書第3章で定式化された標準モデルもしくは代替モデルは，名目所得と利子率が市場の均衡値として決定される．物価，貨幣賃金率を外生変数とすれば，

第3章のモデルは，実質値で定式化してもまったく同一である．その場合は，貨幣錯覚は重要な問題ではなくなる．物価および貨幣賃金率が内生的に決定される場合は，貨幣錯覚の問題は重要となる．すべての経済主体が貨幣錯覚を持つ場合と，銀行部門が貨幣錯覚を持ち非金融部門が貨幣錯覚を持たない場合など，どの経済主体が貨幣錯覚を持つかによって金融財政政策の効果も相異する．

　供給サイドとして問題となるもう1つの論点は，不均衡調整モデルの場合，財の供給条件をどのように考えるかである．ケインジアンのマクロ在庫モデルと結合するのが，よい方法であると考える．A. ブラインダーの次の文献のモデルなどは，1つの有力なモデルとなるであろう．

　Blinder, A. S., "Inventories in Keynesian Macro Model," *Kyklos*, Vol. 33, No. 4, 1980.

　これらのモデルと結合することは，単なる演習問題であれば，省略しても，本質的には何ら問題はない．しかしながら，マクロ信用創造モデルを，マクロ在庫モデルを供給条件として付加することは，単なる演習問題を越えて金融的要因を新たに加えることになると考えられる．これらの問題は，非常に大きな問題であるので，新たな論考で詳しく分析することにしたい．

第4章
為替相場決定理論の再構成について

　本書の重要な課題の1つは，開放マクロ経済の枠組みで信用創造・貨幣創造の問題を分析することであった．そのためには，標準的な開放マクロ経済モデルと信用創造および貨幣創造を結合しなければならないのであるが，開放経済の鍵となる経済変数は為替相場である．この章で，為替相場の決定理論について本書の見解を体系的に明らかにしておきたい．[1]

　通常の為替相場決定理論では，基礎となるモデルは，国際収支均衡モデル，資産モデル，古典的マネタリー・モデル，現代マネタリー・モデル（ポートフォリオ・バランス・モデル），マンデル＝フレミング・モデル，などによって構成され，均衡為替相場の決定についてそれぞれ異なったアプローチとされる．しかしながら，それらの経済的意味はともかくとして，その相互関係について整合的に説明されることは稀である．

　この章は，これらを整理する視点を明確にし，その相互関係について1つの整合的な見方を提供することを目的としている．この点について，代替的な視点や見方が存在しないとは思わないが，現在のところ筆者の見解が十分に妥当なものと思われる．ここでは，筆者が幾つかの著作や論文で論じてきた内容[2]を，コンパクトに整理して，為替相場決定理論を再構成する．その際のキーワードは，「最小の部分均衡モデル」である．

---

[1] 為替相場の決定理論について，筆者の最初の体系的な研究は，下記の拙著である．
　　拙著『為替レートと対外不均衡の経済学』東洋経済新報社，1999年．
[2] その代表的な著作は，下記のものである．
　　拙著『マクロ貨幣経済の基礎理論』東洋経済新報社，2008年．

第1節　為替相場決定の最小の部分均衡モデル

1．為替相場決定モデルの整理の視点

　基礎となる為替相場決定理論のモデルを整理するためには，まず，それぞれのモデルが主要なマクロ経済変数の中でどのような経済変数を内生変数とし外生変数としているかを明らかにしなければならない．部分均衡モデルか一般均衡モデルの区別は重要であるが，それはあくまで相対的なものであり，一般均衡モデルに属するモデルでも，主要なマクロ経済変数の中で幾つかは外生変数として取り扱っている場合が多い．為替相場決定理論のモデルでは，自明のことであるが鍵となる内生変数は名目為替相場である．したがって，部分均衡モデルか一般均衡モデルかを問うことだけでは，モデルを整理する視点としては不十分である．部分均衡モデルの中でも，名目為替相場のみを内生変数とする最小単位の部分均衡モデルから順次，主要な外生変数を内生化し，相対的に一般均衡モデルに進むという視点からモデルが整理されなければならない．

　このような視点に立てば，鍵となる内生変数である名目為替相場のみを内生変数とし，モデルの中に組み込まないということを含めてその他の主要な内生変数をすべて外生変数としている為替相場決定理論としてのモデルは，上記のモデルの中で，国際収支均衡モデルだけである．したがって，このモデルは，為替相場を説明する最小単位の部分均衡モデルであると言える．

　資産モデルは，自国名目利子率と名目為替相場のみが内生変数である．古典的マネタリー・モデルは，その整合性はともかくとして，物価と名目為替相場のみが内生変数である．マンデル＝フレミング・モデルでは，実質所得，自国名目利子率，名目為替相場が内生変数である．オーバーシューティング・モデルでは，物価，自国名目利子率，名目為替相場が内生変数である．これらのモデルは，名目為替相場のみを内生変数とする最小単位のモデルに比較して，より一般均衡モデルに近いモデルとなっている．

2．最小の部分均衡モデル
［1］ 国際収支均衡モデル

為替相場決定理論としての国際収支均衡モデルは，もっとも単純には下記のように定式化される．

(4.1.1) $\quad T\left(Y,\ Y^*,\ \dfrac{eP^*}{P}\right)+K\left(i,\ i^*+\hat{e}^E,\ \dfrac{eF}{P}\right)=0$

ここで，e：自国通貨建て名目為替相場，i：自国名目利子率，Y：実質所得，T：自国財物価で測った貿易収支，F：（期首の）外貨建て外国債券残高，P：自国財物価，K：自国財物価で測った資本収支，$R=(eP^*)/P$（実質為替相場），$W=(eF)/P$，$r=i^*+\hat{e}^E$（外国債券の収益率），$\hat{e}^E$：名目為替相場の予想変化率，とする．当該変数の右肩につけられた＊は，当該変数が外国の変数であることを意味する．

(4.1.1) 式は，自国経済にとって，外国為替市場の当該期間の均衡条件とみなすことができる．通常，下記の条件が仮定される．

$\quad T_Y<0,\ T_{Y^*}>0,\ T_R>0,\ K_i>0,\ K_r<0,\ 1>K_W>0$

このモデルで，実質所得，自国財物価，名目利子率，外貨建て外国債券ストック，および外国の変数が与えられ，名目為替相場の予想仮説が定式化されれば，名目為替相場は決定される．名目為替相場の予想の定式化はモデルの整合性にとっては重要性はない．いずれの仮説とも整合的である．したがって，さしあたり，次期の（あるいは時期以降の）名目為替相場の予想レベルを外生変数とすることでよい．

国際収支均衡モデル（BK）での均衡名目為替相場の性質を導出しておこう．

(4.1.1)′ $\quad T\left(Y,\ Y^*,\ \dfrac{eP^*}{P}\right)+K\left(i,\ i^*+\dfrac{e^E-e}{e},\ \dfrac{eF}{P}\right)=0$

ここで，e^E：名目為替相場の予想水準，とする．

(4.1.1)′ 式より，均衡名目為替相場の性質は下記のようにもとめられる．

(4.1.2) $\quad K_r\left(\dfrac{e^E}{e^2}\right)-K_W\left(\dfrac{F}{P}\right)-T_R\left(\dfrac{P^*}{P}\right)=A<0$

$\qquad \left(\dfrac{\partial e}{\partial Y}\right)_{BK}=\dfrac{T_Y}{A}>0,\ \left(\dfrac{\partial e}{\partial Y^*}\right)_{BK}=\dfrac{T_{Y^*}}{A}<0,$

$$\left(\frac{\partial e}{\partial i}\right)_{BK} = \frac{K_i}{A} < 0, \quad \left(\frac{\partial e}{\partial i^*}\right)_{BK} = \frac{K_r}{A} > 0,$$

$$\left(\frac{\partial e}{\partial e^E}\right)_{BK} = \left(\frac{K_r}{e}\right)\frac{1}{A} > 0,$$

$$\left(\frac{\partial e}{\partial P}\right)_{BK} = -\frac{T_R(R/P) + K_W(W/P)}{A} > 0, \quad \left(\frac{\partial e}{\partial P^*}\right)_{BK} = \frac{T_R(e/P)}{A} < 0,$$

$$\left(\frac{\partial e}{\partial F}\right)_{BK} = \frac{K_W(e/P)}{A} < 0$$

（4.1.2）式の経済的意味は，次の通りである．外国の実質所得の増加や外国財の物価の上昇は貿易収支を改善させるので，国際収支が均衡するためには，名目為替相場が下落しなければならない．自国の実質所得の増加や自国財の物価の上昇は貿易収支を悪化させるので，これとまったく逆である．自国名目利子率の上昇や外国債券ストックの増加は資本収支を改善するので，国際収支が均衡するためには，名目為替相場が下落しなければならない．外国名目利子率や名目為替相場の予想値の上昇は資本収支を悪化させるので，これと逆の結果をもたらす．

上記の説明からも明らかなように，最小の部分均衡モデルである国際収支均衡モデルでは，外国為替市場の均衡条件が貿易収支と資本収支で構成されそれぞれが名目為替相場の関数として特定化されているので，均衡名目為替相場が決定されるということは，同時に貿易収支と資本収支も内生的に決定されることを意味する．後述する分析のために，これらの属性についても導出しておこう．その際，$K = -T$ であるから，資本収支と貿易収支は逆方向に変化する．いずれか一方が説明されれば，他方の変化は自明である．

$$(4.1.3) \quad A = K_r\left(\frac{e^E}{e^2}\right) - K_W\left(\frac{F}{P}\right) - T_R\left(\frac{P^*}{P}\right) < 0$$

$$\left(\frac{dK}{di}\right)_{BK} = -\frac{K_i T_R(P/P^*)}{A} > 0,$$

$$\left(\frac{dK}{di^*}\right)_{BK} = -\frac{K_r T_R(P^*/P)}{A} < 0,$$

$$\left(\frac{dK}{de^E}\right)_{BK} = -\frac{(K_r/e) T_R(P^*/P)}{A} < 0,$$

第4章　為替相場決定理論の再構成について　107

$$\left(\frac{\partial K}{\partial Y}\right)_{BK} = \left\{-K_r\left(\frac{e^E}{e^2}\right) + K_W\left(\frac{F}{P}\right)\right\}\frac{\partial e}{\partial Y} > 0,$$

$$\left(\frac{\partial K}{\partial Y^*}\right)_{BK} = \left\{-K_r\left(\frac{e^E}{e^2}\right) + K_W\left(\frac{F}{P}\right)\right\}\frac{\partial e}{\partial Y^*} < 0,$$

$$\left(\frac{dK}{dP}\right)_{BK} = \frac{K_r(e^E/e^2)T_R(eP^*/P^2)}{A} > 0,$$

$$\left(\frac{\partial K}{\partial P^*}\right)_{BK} = \left\{-K_r\left(\frac{e^E}{e^2}\right) + K_W\left(\frac{F}{P}\right)\right\}\frac{\partial e}{\partial P^*} > 0$$

　これらの性質は比較的理解しやすいが，1つだけ理解しにくい場合を例にとって説明しておこう．自国財物価の効果である．外生的変化が起こる前に国際収支は均衡しているとしよう．自国財物価が上昇した場合，貿易収支も資本収支も悪化する．名目為替相場が上昇すれば，貿易収支も資本収支も改善する．逆は逆である．したがって，新しい均衡では，名目為替相場は必ず上昇している．問題は新しい均衡で資本収支がどうなっているかである．その鍵は，自国財物価の上昇に比して名目為替相場の上昇の程度がどの程度であるかである．後者が前者を上回れば（e/Pの上昇），実質為替相場（eP^*/P）が上昇し貿易収支は以前に比して必ず改善する．したがって，資本収支は悪化していなければならないが，この場合，資本収支も以前に比して改善することになるので，国際収支は均衡しない．e/Pが不変にとどまる場合も同様に説明することができるので，この比率は必ず低下する．そうすると実質為替相場は以前に比して下落するので貿易収支は新しい均衡では必ず悪化している．そして，資本収支は改善している．

　後述する分析のために，外生変数の貿易収支への効果についても計算で確認しておこう．以下では，物価の効果のみをとりあげるが，他の外生変数に関しても同様にもとめることができる．

(4.1.4)　$$\left(\frac{dT}{dP}\right)_{BK} = \frac{T_R\left(\frac{P^*}{P}\right) - K_r(e^E/e^2)(e/P)}{A} < 0$$

$$\left(\frac{dT}{dP^*}\right)_{BK} = \frac{T_R\{K_r(e^E/e^2)(e/P) - K_W(eF/P^2)\}}{A} > 0$$

[2] 現代マネタリー・モデル

為替レート決定理論の中に，現代マネタリー・モデル（Modern monetary model）と呼ばれるモデルがある．このモデルはまた，ポートフォリオ・バランス・モデルとも呼ばれている．[3] それは，次のようなモデルである．

(4.1.5)　　$i = i^* + \hat{e} - rp$

(4.1.6)　　$\hat{e} = -\theta(e - e_0) + \hat{P} - \hat{P}^*, \quad \theta > 0$

ここで，e_0：名目為替相場の長期均衡値，rp：リスク・プレミアム，とする．上付の*は，当該変数が外国の変数であることを意味している．＾は当該変数の変化率を表している．

このモデルでは，為替相場予想について完全予見が仮定され，名目為替相場の予想変化率は常に現実の名目為替相場変化率に等しい．(4.1.5) 式は，リスク・プレミアムを考慮した金利平価条件であり，完全資本移動の場合，（均衡では）自国債券と外国債券の収益率が一致することを意味する．(4.1.6) 式は，名目為替相場の変化率がインフレ率格差および現実の名目為替相場と長期均衡名目為替相場の乖離に依存していることを意味している．自国インフレ率が外国インフレ率に対して相対的に上昇すればそれだけ名目為替相場は減価する．また，長期均衡名目為替相場に対して相対的に現実の名目為替相場が上昇しその乖離が拡大すれば現実の名目為替相場は増価する．つまり，現実の名目為替相場は長期均衡名目為替相場に調整され接近する傾向がある．

(4.1.5)，(4.1.6) 式を結合すればただちにわかるように，均衡名目為替相場は，外生変数である自国と外国の実質利子率格差とリスク・プレミアムによって決定される．

(4.1.7)　　$e = e_0 - \theta(\rho - \rho^*) - \dfrac{rp}{\theta}, \quad \rho = i - \hat{P}, \quad \rho^* = i^* - \hat{P}^*$

ここで，ρ：実質利子率，とする．

(4.1.7) 式からわかるように，自国の実質利子率が外国の実質利子率に一致し，リスク・プレミアムがゼロであれば，均衡名目為替相場は長期均衡名目為替相場に一致する．つまり，均衡名目為替相場が長期均衡名目為替相場よりも

---

3) 小宮隆太郎編著『日本の産業・貿易の経済分析』東洋経済新報社，1999年，174-177ページ，参照．

増価しているのは,自国の実質利子率が外国の実質利子率を上回るかリスク・プレミアムが正の値をとっているかあるいはその両方が生じているからである.

このモデルでは,名目為替相場予想に関して完全予見が仮定されている.(4.1.6) 式の定式化では,名目為替相場変化率に関して完全予見を仮定するということは,長期均衡名目為替相場に関してもインフレ率に関しても完全予見であることを意味する.また,リスク・プレミアムについても同様である.ここでは,単純化のためにリスク・プレミアムは無視することにする.自国債券と外国債券は完全代替でリスク・プレミアムはゼロであると仮定する.つまり,自国居住者にとって外国債券を保有することのリスクは為替リスク以外にはありえないと仮定する.インフレ率に関して不完全予見を仮定し,名目為替相場の変化率に関する予想を不完全予見とすれば,(4.1.5),(4.1.6) 式のモデルは下記のように修正される.

(4.1.5)′ $i = i^* + \hat{e}^E$

(4.1.6)′ $\hat{e}^E = -\theta(e - e_0) + \pi - \widehat{P}^*, \quad \theta > 0$

ここで,π:予想インフレ率,とする.

インフレ率に関して不確実であり,現実のインフレ率と予想インフレ率は一般的には一致しない.そのことによって名目為替相場の変化率に関しても不確実となり,(4.1.6)′ 式は名目為替相場の予想に関する定式化となる.単純化のために,長期均衡名目為替相場については,経済主体の推定値であるが,これについては正確に知っていると仮定する.また,小国仮定により外国の変数は既知であると仮定する.

以上の考察により,部分均衡モデルとしての現代マネタリー・モデルの短期均衡名目為替相場は,次の条件によって決定される.

(4.1.7)′ $e = e_0 - \dfrac{1}{\theta}(\rho^E - \rho^*), \quad \rho^E = i - \pi, \quad \rho^* = i^* - \widehat{P}^*$

ここで,ρ^E:予想実質利子率,とする.

(4.1.7)′ 式は,次のことを意味する.短期均衡名目為替相場がその長期均衡値と乖離しているのは,自国の予想実質利子率が外国の実質利子率と一致しないからであり,前者が後者を下回る場合は,長期均衡値に比して短期均衡名目為替相場は減価している.

このように,為替相場予想について不完全予見を仮定しようが完全予見を仮

定しようが，現代マネタリー・モデルは，金利平価条件を一つの短期均衡条件とみなし，均衡名目為替相場のみを内生的に決定する部分均衡モデルであると言える．このモデルは予想の特定化を無視すれば，下記のより単純な部分均衡モデルと本質的には何ら変わらないと言える．

(4.1.5)′ $i = i^* + \hat{e}^E$

(4.1.8) $\hat{e}^E = \dfrac{e^E - e}{e}$, $e^E = \text{const.}$

(4.1.5)′式は，自国債券と外国債券の収益率が均衡では一致することを意味し，国際収支均衡モデルの場合と同様に，次期の名目為替相場の予想レベルが外生変数であると特定化されている．このモデルも均衡名目為替相場を決定する最小単位の部分均衡モデルである．国際収支均衡モデルは，現代マネタリー・モデルが仮定する名目為替相場の予想仮説とも整合的であるが，その相互関係を比較するためには，(4.1.5)′，(4.1.8)式のモデルを使うことで本質的には十分である．現代マネタリー・モデルも含めて，これらの短期均衡名目為替相場を決定する部分均衡モデルを「金利平価モデル」と呼ぶことにする．

[3] 最小の部分均衡モデルとしての「金利平価モデル」

(4.1.5)′，(4.1.8)式の「金利平価モデル」では，短期均衡名目為替相場は，外生変数である名目利子率と名目為替相場の予想レベルによって決定される．均衡名目為替相場が決定されても，このモデルでは，貿易収支や資本収支がどのように決定されるのかは明らかではない．ところが，均衡名目為替相場については，国際収支均衡モデルで下記の条件が成立する場合にのみ一致する．

(4.1.9) $K_i = +\infty$, $-K_r = +\infty$

そのことは，簡単に確かめることができる．「金利平価モデル」(IP)はきわめて単純であるので，均衡名目為替相場の性質も簡単にもとめることができる．

(4.1.10) $\left(\dfrac{\partial e}{\partial i}\right)_{IP} = -\dfrac{e^2}{e^E} < 0$, $\left(\dfrac{\partial e}{\partial i^*}\right)_{IP} = \dfrac{e^2}{e^E} > 0$, $\left(\dfrac{\partial e}{\partial e^E}\right)_{IP} = \dfrac{e}{e^E} > 0$

国際収支均衡モデルにおける短期均衡名目為替相場の性質は，(4.1.2)式によって与えられているので，(4.1.9)式の条件を考慮すれば，(4.1.10)式と一致することが簡単にわかる．

(4.1.11) $\lim\left(\dfrac{\partial e}{\partial Y}\right)_{BK} = \lim\left(\dfrac{\partial e}{\partial Y^*}\right)_{BK} = \lim\left(\dfrac{\partial e}{\partial P}\right)_{BK}$

$= \lim\left(\dfrac{\partial e}{\partial P^*}\right)_{BK} = \lim\left(\dfrac{\partial e}{\partial F}\right)_{BK} = 0$

$\lim\left(\dfrac{\partial e}{\partial i}\right)_{BK} = -\dfrac{e^2}{e^E} = \left(\dfrac{\partial e}{\partial i}\right)_{IP}$

$\lim\left(\dfrac{\partial e}{\partial i^*}\right)_{BK} = \dfrac{e^2}{e^E} = \left(\dfrac{\partial e}{\partial i^*}\right)_{IP}$

$\lim\left(\dfrac{\partial e}{\partial e^E}\right)_{BK} = \dfrac{e}{e^E} = \left(\dfrac{\partial e}{\partial e^E}\right)_{IP}$

(4.1.9) 式の仮定は，資本収支関数の特定化である．つまり，資本収支の自国債券および外国債券の収益率に対する感応性が限りなく大きいということである．この条件が，常に成立する場合，国際収支均衡モデルと「金利平価モデル」の短期均衡名目為替相場は一致し，2つのモデルは同値である．つまり，「金利平価モデル」は国際収支均衡モデルの資本収支関数に (4.1.9) 式の特定化を行ったものであると言える．

「金利平価モデル」では，貿易収支や資本収支は説明不可能なように見えるが，国際収支均衡モデルで (4.1.9) 式の仮定を置いたものであるとするならば，「金利平価モデル」では次の条件が成立するとみなければならない．

(4.1.12) $K = -T\left(Y, Y^*, \dfrac{eP^*}{P}\right)$

したがって，「金利平価モデル」における均衡資本収支の性質は下記のように導出される．貿易収支の性質は，$K = -T$ であるので自明である．

(4.1.13) $\left(\dfrac{\partial K}{\partial Y}\right)_{IP} = -T_Y > 0, \quad \left(\dfrac{\partial K}{\partial Y^*}\right)_{IP} = -T_{Y^*} < 0$

$\left(\dfrac{\partial K}{\partial P}\right)_{IP} = T_R\left(\dfrac{eP^*}{P^2}\right) > 0, \quad \left(\dfrac{\partial K}{\partial P^*}\right)_{IP} = -T_R\left(\dfrac{e}{P}\right) < 0$

$\left(\dfrac{\partial K}{\partial i}\right)_{IP} = T_R\left(\dfrac{eP^*}{P}\right)\left(\dfrac{e}{e^E}\right) > 0, \quad \left(\dfrac{\partial K}{\partial i^*}\right)_{IP} = -T_R\left(\dfrac{eP^*}{P}\right)\left(\dfrac{e}{e^E}\right) < 0$

$\left(\dfrac{\partial K}{\partial e^E}\right)_{IP} = -T_R\left(\dfrac{eP^*}{P}\right)\left(\dfrac{1}{e^E}\right) < 0$

国際収支均衡モデルでは，(4.1.3) 式のように均衡資本収支の性質が導出されている．(4.1.9) 式の条件のもとでは，これは (4.1.13) 式に一致する．

$$\text{(4.1.14)} \quad \lim\left(\frac{dK}{di}\right)_{BK} = \lim\frac{T_R(P^*/P)(K_i/(-K_r))}{A/K_r} = T_R\left(\frac{eP^*}{P}\right)\left(\frac{e}{e^E}\right) = \left(\frac{\partial K}{\partial i}\right)_{IP}$$

$$\lim\left(\frac{dK}{di^*}\right)_{BK} = \lim\frac{-T_R(P^*/P)}{A/K_r} = -T_R\left(\frac{eP^*}{P}\right)\left(\frac{e}{e^E}\right) = \left(\frac{\partial K}{\partial i^*}\right)_{IP}$$

$$\lim\left(\frac{dK}{de^E}\right)_{BK} = \lim\frac{(-1/e)T_R(P^*/P)}{A/K_r} = -T_R\left(\frac{eP^*}{P}\right)\left(\frac{1}{e^E}\right) = \left(\frac{\partial K}{\partial e^E}\right)_{IP}$$

$$\lim\left(\frac{\partial K}{\partial Y}\right)_{BK} = \lim\frac{-T_Y(e^E/e^2)-K_W T_Y(F/P)/(-K_r)}{A/K_r} = -T_Y = \left(\frac{\partial K}{\partial Y}\right)_{IP}$$

$$\lim\left(\frac{\partial K}{\partial Y^*}\right)_{BK} = \lim\frac{-T_{Y^*}(e^E/e^2)-K_W T_{Y^*}(F/P)/(-K_r)}{A/K_r}$$

$$= -T_{Y^*} = \left(\frac{\partial K}{\partial Y^*}\right)_{IP}$$

$$\lim\left(\frac{dK}{dP}\right)_{BK} = \lim\frac{-T_R(eP^*/P^2)(e^E/e^2)}{A/K_r} = T_R\left(\frac{eP^*}{P^2}\right) = \left(\frac{\partial K}{\partial P}\right)_{IP}$$

$$\lim\left(\frac{\partial K}{\partial P^*}\right)_{BK} = \lim\frac{-T_R(e/P)(e^E/e^2)-K_W T_R(eF/P^2)/(-K_r)}{A/K_r}$$

$$= -T_R\left(\frac{e}{P}\right) = \left(\frac{\partial K}{\partial P^*}\right)_{IP}$$

予想名目為替相場が上昇した場合を例にとって，「金利平価モデル」の資本収支の変化を説明する．予想名目為替相場の上昇は名目為替相場の上昇をもたらし，同時に貿易収支を改善させるので資本収支は悪化している．

以上の検討から，国際収支均衡モデルと比較可能な最小単位の「金利平価モデル」は，次のようなモデルでなければならない．

$$\text{(4.1.15)} \quad i = i^* + \frac{e^E - e}{e}, \quad K = -T\left(Y, \ Y^*, \ \frac{eP^*}{P}\right)$$

これまでの議論は，為替相場予想を (4.1.6)，(4.1.6)′ 式のように特定化した現代マネタリー・モデルにおいても同様に成立することは明らかである．[4]

[4] 最小の部分均衡モデルとしての「購買力平価モデル」

　古典的マネタリー・モデルの系譜に属するモデルでは，必ず購買力平価条件が仮定される．だが，古典的マネタリー・モデルは，名目為替相場のみを内生変数とする最小の部分均衡モデルではない．自国財物価は貨幣市場の均衡条件で決定され，さらに自国利子率についても内生化されることが多い．[5] 問題は，この購買力平価条件をどのようにみるのかということにある．定義式であるとか，マネタリー・モデルの内生変数である自国財物価と名目為替相場の内生変数どうしの関係であるとか，マネタリー・モデルというマクロの枠組みの中ではおよそ通用しない見方がまかり通るのも，最小単位の購買力平価モデルとはどのようなものかを明確にしようとしないからである．購買力平価条件を名目為替相場を決定する1つの均衡条件としてみなすことができる．

(4.1.16)　$eP^* = P$

(4.1.16) 式が購買力平価条件であることも，次の関係が成立することも自明である．

(4.1.17)　$\dfrac{\partial e}{\partial P} = \dfrac{1}{P^*}\left(= \dfrac{e}{P}\right) > 0, \quad \dfrac{\partial e}{\partial P^*} = -\dfrac{e}{P^*} > 0$

　問題は，(4.1.16) 式が国際収支の均衡条件とどのような関係にあるのかという点である．

　そこで，貿易収支の実質為替相場に対する反応が限りなく大きい場合を仮定しよう．

(4.1.18)　$T_R = +\infty$

　この仮定のもとで，国際収支均衡モデルと購買力平価条件とを比較してみると，同値であることがわかる．それは，(4.1.18) 式の場合の (4.1.2) 式の極限を計算すればよい．

(4.1.19)　$\lim\left(\dfrac{\partial e}{\partial P}\right)_{BK} = \dfrac{-R/P}{-P^*/P} = \dfrac{e}{P}, \quad \lim\left(\dfrac{\partial e}{\partial P^*}\right)_{BK} = \dfrac{e/P}{-P^*/P} = -\dfrac{e}{P^*}$

---

4)　前掲拙著（本章脚注2））第3章第1節，参照．
5)　古典的マネタリー・モデルは利子率を内生変数としなければ，整合性を保持できない．この点については，前掲拙著（本章脚注2））第3章第2節，参照．

$$\lim\left(\frac{\partial e}{\partial Y}\right)_{BK}=\lim\frac{T_Y/T_R}{A/T_R}=0, \quad \lim\left(\frac{\partial e}{\partial Y^*}\right)_{BK}=\lim\frac{T_{Y^*}/T_R}{A/T_R}=0$$

$$\lim\left(\frac{\partial e}{\partial i}\right)_{BK}=\lim\frac{K_i/T_R}{A/T_R}=0, \quad \lim\left(\frac{\partial e}{\partial i^*}\right)_{BK}=\lim\frac{K_{i^*}/T_R}{A/T_R}=0$$

$$\lim\left(\frac{\partial e}{\partial e^E}\right)_{BK}=\lim\frac{(K_r/e)/T_R}{A/T_R}=0$$

$$\lim\left(\frac{\partial e}{\partial F}\right)_{BK}=\lim\frac{K_W(e/P)/T_R}{A/T_R}=0$$

　購買力平価条件では,物価以外の変数は名目為替相場に影響を及ぼさないことは自明であるので,国際収支均衡モデルは,(4.1.18)式の仮定のもとで,購買力平価条件と同値である.(4.1.16)式の購買力平価条件と国際収支均衡モデルとの関係は,上記のようなものであることがわかったが,それは,前者が後者の特殊な形態,つまり特定化にすぎないことを意味している.この結論は,資本収支(資本移動)関数の定式化とは独立である.

　為替相場決定を部分均衡モデルとして考えた場合,国際収支均衡モデルと比較可能な購買力平価モデルは,下記のようなものである.資本収支関数は,(4.1.1)′式の定式化を選択する.

(4.1.16)　$eP^*=P$

(4.1.20)　$T=-K\left(i,\ i^*+\dfrac{e^E-e}{e},\ \dfrac{eF}{P}\right)$

　(4.1.18)式を仮定すれば,購買力平価条件が成立し,貿易収支は独立ではなくなる.国際収支自体は均衡しているので,独立に定式化された資本収支によって,貿易収支は決定される.

　国際収支均衡モデルは,為替相場以外すべて外生変数であるので,国際収支均衡モデルと同じレベルで比較される「購買力平価モデル」は,同じ仮定を踏襲していなければならない.その意味で,物価を内生化したマネタリー・モデルは国際収支均衡モデルと比較可能な部分均衡モデルではない.

　(4.1.18)式の仮定の下で,貿易収支の決定メカニズムも同値であることを証明しておこう.以下では,物価の効果のみをとりあげるが,他の外生変数に関しても同様である.

　国際収支均衡モデルの場合は,(4.1.4)式で示されている.「購買力平価モ

デル」(PPP) では，下記のようになる．

$$(4.1.21) \quad \left(\frac{dT}{dP}\right)_{PPP} = K_r\left(\frac{e^E}{e^2}\right)\left(\frac{e}{P}\right) < 0$$

$$\left(\frac{dT}{dP^*}\right)_{PPP} = -K_r\left(\frac{e^E}{e^2}\right)\left(\frac{e}{P^*}\right) + K_W\left(\frac{eF}{P}\right)\left(\frac{1}{P^*}\right) > 0$$

(4.1.18) 式の仮定の下で，(4.1.4) 式と (4.1.21) 式が同値であることを証明すればよい．

$$(4.1.22) \quad \lim\left(\frac{dT}{dP}\right)_{BK} = \frac{K_r(e^E/e^2)(eP^*/P^2)}{P^*/P} = K_r\left(\frac{e^E}{e^2}\right)\left(\frac{e}{P}\right) = \left(\frac{dT}{dP}\right)_{PPP}$$

$$\lim\left(\frac{dT}{dP^*}\right)_{BK} = \frac{K_r(e^E/e^2)(e/P) - K_W(eF/P^2)}{-P^*/P}$$

$$= -K_r\left(\frac{e^E}{e^2}\right)\left(\frac{e}{P^*}\right) + K_W\left(\frac{eF}{P}\right)\frac{1}{P^*} = \left(\frac{dT}{dP^*}\right)_{PPP}$$

第2節　為替相場決定理論としての最小の部分均衡モデル

1．国際収支均衡モデルと貿易収支均衡モデルおよび資本収支均衡モデル
[1]　貿易収支均衡モデル

これまで，国際収支均衡モデルは為替相場決定理論としての最小の部分均衡モデルと規定してきたが，自明のことではあるが，これは貿易収支均衡モデルと資本収支均衡モデルの2つに分割することは可能である．

1950年代や60年代のアメリカ以外の各国で資本移動が管理されていた時代の国際経済学のテキストでは，貿易収支均衡モデルは外国為替市場の均衡モデルとしてしばしば使用されていた．また，貿易収支不均衡を名目為替相場が調整することを定式化し外国為替市場の安定性が議論されてきた．現代の外国為替市場で，資本移動に伴う外国為替の需給が支配的になるにつれて，このモデルはほとんど使われなくなっていった．

$$(4.2.1) \quad T \equiv EX\left(Y^*, \frac{eP^*}{P}\right) - RIM\left(Y, \frac{eP^*}{P}\right) = T\left(Y, Y^*, \frac{eP^*}{P}\right)$$

$$EX_{Y^*} > 0, \quad EX_R > 0, \quad IM_Y > 0, \quad IM_R < 0$$

$$\alpha = \frac{EX}{RIM} > 0$$

$$T_R = IM(\alpha\eta_{EX} + \eta_{IM} - 1) > 0$$

$$T_Y = -IM_Y < 0, \quad T_{Y^*} = EX_{Y^*} > 0$$

(4.2.2) $\quad \dot{e} = \beta T, \quad \beta < 0, \quad \alpha \approx 1$

(4.2.3) $\quad \eta_{EX} + \eta_{IM} > 1$

(4.2.4) $\quad T = 0$

ここで，EX：輸出数量，IM：輸入数量，η：輸出もしくは輸入の相対価格弾力性（輸出，輸入に関しては，EX, IM の添字で表わしている）とする．

(4.2.1) 式は，自国財物価で測った貿易収支関数を，輸出入関数を定式化することによって導出したものである．(4.2.2) 式は，外国為替市場の需給が輸出入のみで構成される場合の市場の為替相場調整を定式化したものである．均衡近傍のみを議論する場合は，輸出額・輸入額比率（α）は，1で近似される．(4.2.4) 式は，貿易収支の均衡，つまり外国為替市場の均衡条件である．(4.2.3) 式は，よく知られたマーシャル・ラーナー条件である．この条件が存在すれば，(4.2.1) 式の均衡条件で均衡名目為替相場を決定することができる．このモデルはほとんど自明であるので，これ以上の説明を要しないであろう．ここで，重要なのは，貿易収支関数が（したがって，輸出入関数が），(4.1.18) 式のように特定化されれば，貿易収支は常に均衡し，「購買力平価モデル」が成立する．

(4.2.5) $\quad eP^* = P, \quad T = 0$

(4.2.5) 式の「購買力平価モデル」が，(4.1.16)，(4.1.20) 式で構成された最小の部分均衡モデルとしての「購買力平価モデル」の特殊な形態となっていることは明らかである．

[2] 資本収支均衡モデル

現代の外国為替市場の需給は資本移動つまり資本収支によって圧倒的に影響される．また，自由な資本移動が支配的になりつつある．その意味で，貿易収支均衡モデルと比較して，資本収支均衡モデルは十分に経済的意味のあるモデルとなる．単純化のために，自国財物価を1とノーマライズしておく．為替相場予想の定式化は，国際収支均衡モデルと同様である．

(4.2.6) $\quad K = K\left(i,\ i^* + \dfrac{e^E - e}{e},\ eF\right)$

(4.2.7) $\quad \dot{e} = \gamma K,\ \gamma < 0$

(4.2.8) $\quad K = 0$

この部分均衡モデルでは，資本収支が均衡するように名目為替相場が決定される．このモデルの均衡は安定である．資本収支関数が，(4.1.9) 式のように特定化されれば，このモデルは「金利平価モデル」となる．ただし，貿易収支は無視されているので，資本収支は均衡していることはいうまでもない．

(4.2.9) $\quad i = i^* + \dfrac{e^E - e}{e},\ K = 0$

(4.2.9) 式の「金利平価モデル」が，これまで明らかにしてきた最小の部分均衡モデルとしての「金利平価モデル」の特殊な形態となっていることは明らかで，本質的に何ら異なるモデルではない．

2．為替相場決定理論としての最小の部分均衡モデル

これまでの検討から明らかになったように，為替相場決定理論としての最小の部分均衡モデルは，国際収支均衡モデル，「金利平価モデル」，「購買力平価モデル」の3つである．これらはいずれも名目為替相場のみを内生変数とし，均衡において貿易収支，資本収支ともに内生的に説明される．後者の2つのモデルは，国際収支均衡モデルの特殊な形態であることが明確となった．

国際収支均衡モデルを，貿易収支均衡モデルと資本収支均衡モデルにさらに分割しても，それぞれに対応して「購買力平価モデル」，「金利平価モデル」の特殊な形態が対応するので，本質的には何ら変わるところがない．その意味で，上記3つのモデルが為替相場決定のための最小の部分均衡モデルであると考えるべきである．

第3節　為替相場決定理論としての「資産モデル」

1．資本収支均衡モデルにおけるフローとストック

資本収支や資本移動はフローの概念である．しかしながら，この背後には投資家の資産需要行動が存在するし，貿易収支すなわち国内貯蓄超過は無視して

いるのであるから，当該期間もしくは当該時点において資産残高は与えられていてそれが資産需要行動を規定する．このフローとストックの関係を考慮すれば，部分均衡モデルとしての資本収支均衡モデルは，次のように変形することができる．

(4.3.1) $\quad eF = F^d\left(i,\ i^* + \dfrac{e^E - e}{e},\ eF\right)$

$$F_i^d < 0,\ F_r^d > 0,\ 1 > F_W^d > 0,\ W = eF$$

$$\left[K = eF - F^d\left(i,\ i^* + \dfrac{e^E - e}{e},\ eF\right) = 0\right]$$

ここで，F^d：自国通貨建て実質外国債券需要（ストック），とする．

このモデルが，上記の資本収支の均衡モデルとまったく同じモデルであることは，ほぼ自明である．F を自国通貨建て純債権残高，F^d をそのストックの需要としても本質的には何ら変わるところがない．

2．資本収支均衡モデルと資産モデル

自国名目利子率を内生化するために，（金融）資産を拡張し，自国債券，自国貨幣についての需給均衡条件を定式化する．単純化のために，これまで暗黙に仮定されていたことを明示化しておこう．自国居住者は，自国貨幣，自国債券，外国債券を需要し資産として保有する．自国居住者にとって外貨と外国債券は完全代替資産である．外国居住者は自国債券と自国貨幣を保有しない．したがって，資本移動は自国居住者の外国債券売買によって生じる．自国財物価は 1 と仮定する．

(4.3.2) $\quad eF = F^d\left(i,\ i^* + \dfrac{e^E - e}{e},\ M + B + eF\right)$

$$B = E\left(i,\ i^* + \dfrac{e^E - e}{e},\ M + B + eF\right)$$

$$E_i > 0,\ E_r < 0,\ 1 > E_W > 0,\ W = M + B + eF$$

$$M = L\left(i,\ i^* + \dfrac{e^E - e}{e},\ M + B + eF\right),\ L_i < 0,\ L_r \leq 0,\ 1 > L_W > 0$$

$$W = L + E + F^d$$

ここで，M：自国貨幣ストック，B：自国債券ストック，L：実質貨幣需要，

E: 実質自国債券需要(ストック),とする.

上記のモデルには,資産制約が存在するので,1つの需給均衡条件は独立ではない.各資産は不完全代替が仮定されている.自国貨幣と外国債券は代替資産ではないと仮定するとモデルは一層単純化される.資産モデルは資本収支均衡モデルが出発点で,自国名目利子率を内生化した部分均衡モデルである.このモデルで,自国債券と外国債券の完全代替を仮定し,下記の条件を仮定することは,(4.1.9) 式を仮定することに等しい.

(4.1.9)′ $-F_i^d(=K_i)=+\infty,\ F_r^d(=-K_r)=+\infty$

この条件のもとで,「資産モデル」と同値である「金利平価モデル」は,次のようになる.

(4.3.3) $\quad i=i^*+\dfrac{e^E-e}{e},\ M=L\left(i,\ i^*+\dfrac{e^E-e}{e},\ M+B+eF\right)$

このモデルが (4.2.9) 式の「金利平価モデル」の自国名目利子率を内生化したモデルとなっていることは明白であると言わなければならない.

3. 資産市場の一般均衡モデルとしての資産モデル

ケインジアンのマクロ・モデルの中には,「資産市場の一般均衡モデル」というものが,その創始者であるジェームス・トービンのモデル[6]以来,存在する.為替相場決定理論としての資産モデルは,この「資産市場の一般均衡モデル」の為替相場決定理論への応用であるとされる.しかしながら,このアプローチでは,モデルはマクロ経済の所得・支出勘定とは切断されている.すべての一般均衡の下では,所得・支出勘定における国内貯蓄超過は,経常収支と貿易収支が一致するという仮定の下では,貿易収支に等しい.貿易収支は当然のことながら純外国債権ストック(ここでは,外国債券ストック)の増加を意味

---

[6] Tobin, J., "A General Equilibrium Approach to Monetary Theory," *Journal of Money, Credit and Banking*, Vol.1, No.1, 1969.

為替相場の決定モデルとしては,下記の文献を参照.

Branson, W. H., *Asset Markets and Relative Prices in Exchange Rate Determination*, Princeton University, 1977 (Reprints in *International Finance*, No.20, Princeton University, 1980).

資産モデルを期首モデルとして理解し,期首モデルに財市場を統合した一般均衡モデルとして定式化した筆者のモデルについては,拙著(本章脚注1))を参照.

する．つまり，所得・支出勘定を含む一般均衡のもとでは，金融資産は増加するのである．

資産モデルを合理化する方法の1つは，このような資産の増加には時間がかかるということである．資産モデルは特定時点の連続時間モデルであり，期間分析を採用した所得・支出勘定と資産勘定を同時均衡のレベルで把握するものではないとする考え方である．

代替的な方法は，期間分析は採用するが，資産モデルを期首モデルとして把握する方法である．この方法では，一定期間が経てば，国内貯蓄超過の発生により，資産残高は増加する．

これらの論点は何も為替相場決定モデルに限ったことではない．したがって，資産モデルにおいて実質所得や物価を内生変数とした所得・支出勘定を含む一般均衡モデルへのさらなる展開については，依然として未解決の大きな問題が横たわっているとみなければならない．筆者は，この問題に対する解決策，つまり期首モデルの一般均衡モデルへの展開を提示してきた．この章の目的からすれば，問題の範囲を超えているので，これらの論点を取り入れてモデルを展開することは，省略することにする．[7]

第4節　為替相場決定理論としての古典的マネタリー・モデル

為替相場決定理論としての古典的マネタリー・モデルは，通常，2国モデルとして定式化されるが，ここでは比較可能という観点から小国モデルとして定式化する．また，完全雇用が仮定される．本質的には，最小の部分均衡モデルとしての「購買力平価モデル」をより一般均衡モデルとして変形したものが古典的マネタリー・モデルである．このモデルの詳細な説明は省略する．

1．「購買力平価モデル」と整合的なマネタリー・モデル

最小の部分均衡モデルを考えた場合，（国際収支均衡モデルと比較可能な）

---

[7] 資産モデルを期首モデルと捉えて，財市場を含んだ一般均衡モデルとして展開する筆者の方法については，下記の拙著で詳細に説明されている．
　　拙著『為替レートと対外不均衡の経済学』東洋経済新報社，1999年，第5章，参照．

「購買力平価モデル」は，下記のようなものであった．資本収支関数は，(4.1.1) 式の定式化を選択する．

(4.1.16) $eP^* = P$

(4.1.20) $T = -K\left(i, \ i^* + \dfrac{e^E - e}{e}, \ \dfrac{eF}{P}\right)$

この最小の部分均衡モデルを一般均衡モデルとするためには，短期という枠組みの中で外生変数となっている自国名目利子率と自国財物価の2変数の内生化が必要である．そのためには，自国の財市場および貨幣市場の均衡条件が必要である．[8]

(4.4.1) $\dfrac{M}{P} = L(Y, \ i), \ L_Y > 0, \ L_i < 0$

(4.4.2) $Y - C(Y) - I(i) - G = T, \ 0 < C' < 1, \ I' < 0$

ここで，C：実質消費，I：実質投資，G：実質政府支出

(4.1.16)，(4.1.20)，(4.4.1)，(4.4.2) 式で構成されるモデルは，過少決定のモデルである．実質政府支出と名目貨幣供給は政策変数であり，内生変数は，実質所得，自国名目利子率，自国財物価，名目為替相場，貿易収支の5つである．均衡条件を意味する方程式は4つであるので，このモデルは過少決定であり，「欠けた方程式」が存在する．

ここでは，最小の部分均衡モデルとしての「購買力平価モデル」を一般均衡モデルとして再構成したものがマネタリー・モデルと考えている．マネタリー・モデルに固有の性質として，この「欠けた方程式」という問題が存在する．古典的マネタリー・モデルでは，実質所得を外生変数とするかもしくは完全雇用実質所得を仮定する．

(4.4.3) $Y = Y_f$，Y_f：完全雇用実質所得

この仮定を付け加えることによって，古典的マネタリー・モデルは完結する．これで，最小の部分均衡モデルとしての「購買力平価モデル」と一般均衡モデルとしての古典的マネタリー・モデルの関係が明確に理解可能となった．短期

---

[8] 外国債券ストックは，短期という時間的枠組みのもとでは，外生変数であることはいうまでもない．中長期のモデルでは，当然内生化される．この点については，前掲拙著（本章脚注2））第3章第4節，を参照．

均衡名目為替相場の性質は下記のように導出される．政策変数についてだけ示しておこう．

(4.4.4) $\dfrac{\partial e}{\partial M} = \dfrac{(K_i - I')/P}{B} > 0, \quad \dfrac{\partial i}{\partial M} = \dfrac{K_r(e^E/e^2)/P}{B} < 0$

$\dfrac{\partial e}{\partial G} = \dfrac{-L_i}{B} > 0, \quad \dfrac{\partial i}{\partial G} = \dfrac{M(P^*/P^2)}{B} > 0$

$B = M\left(\dfrac{P^*}{P^2}\right)(K_i - I') + L_i K_r\left(\dfrac{e^E}{e^2}\right) > 0$

2．古典的マネタリー・モデルと金利平価条件

古典的マネタリー・モデルで，資本収支関数に (4.1.9) 式を仮定すれば，(4.1.20) 式を，下記の条件に置き換えたモデルとなる．この場合が，古典的マネタリー・モデルとしてよく登場するが，マネタリー・モデルに金利平価条件は必須の条件ではない．資産の不完全代替を仮定した資本収支関数とも整合的である．

(4.1.20)′ $T = -K, \quad i = i^* + \dfrac{e^E - e}{e}$

金利平価条件を仮定した古典的マネタリー・モデルは，(4.1.16)，(4.1.20)′，(4.4.1)-(4.4.3) 式によって構成される．購買力平価条件を成立させる貿易収支の特定化と金利平価条件を成立させる資本収支の特定化は，最小の部分均衡モデルの範囲内では両立しない．それは均衡において貿易収支も資本収支も決定できないからである．にもかかわらず，一般均衡モデルとしての古典的マネタリー・モデルでは，購買力平価条件だけではなく金利平価条件もモデルとして結合可能であるのは，自国財市場の均衡条件を導入することにより貿易収支が二重の役割（外国為替市場でのネットの供給と自国財市場でのネットの財の需要）を果たしているからである．国内貯蓄超過によって貿易収支が決定されるので，それに対応するように（国際収支が均衡するように）資本収支が決定される．国際収支均衡モデルと比較可能な最小の部分均衡モデルとしての「購買力平価モデル」を一般均衡マネタリー・モデルに変形するという手順を踏んではじめて，このモデルで購買力平価条件と金利平価条件が両立する謎が明らかにされる．

古典的マネタリー・モデルの欠けた方程式を (4.4.3) 式の条件で補うとい

うことを放棄すれば，(短期) 不完全雇用の下で，部分均衡モデルとしての購買力平価モデルを一般均衡モデルへと展開することになる．これが現代マネタリー・モデルであるが，本章では，為替相場決定理論の統一的な理解が目的であるので，詳細な分析は省略する．

第5節 マンデル＝フレミング・モデルとオーバーシューティング・モデル

1．マンデル＝フレミング・モデルと「金利平価モデル」

マンデル＝フレミング・モデルは，通常，自国財物価を外生変数とし，名目為替相場，自国所得，自国名目利子率を内生変数とした短期（もしくは中期）の一般均衡モデルとして位置づけられる．このモデルの本質的な特徴は名目利子率均等化条件が成立することであり，これを自由な資本移動の極限としての完全資本移動が成立する場合と捉えている．外国の変数は小国仮定により外生変数である．

$$(4.5.1) \quad Y = C(Y) + I(i) + G + T\left(Y, Y^*, \frac{eP^*}{P}\right),$$

$$\frac{M}{P} = L(Y, i), \quad i = i^*$$

$$\left[K = -T\left(Y, Y^*, \frac{eP^*}{P}\right)\right]$$

このモデルの性質については，周知のことであり，あらためて説明の必要はないが，[9] 鍵となっている条件は，名目利子率均等化条件であることはいうまでもない．通常，この条件は，為替相場の静学的予想を仮定することにより名目為替相場の予想変化率がゼロとなるので，金利平価条件と同じであると説明される．つまり，マンデル＝フレミング・モデルは，最小の部分均衡モデルである「金利平価モデル」を外生変数である名目利子率と自国所得を内生化し，より一般均衡モデルとして変形したものである．したがって，資本収支は貿易収支によって決定されるとする (4.1.12) 式が常に成立する．

このモデルは，為替相場予想に関して，これまでの仮定（為替相場の将来予想は外生変数）と対応させれば，一般的には，以下のように定式化される．

$(4.5.1)'\quad Y = C(Y) + I(i) + G + T\left(Y,\ Y^*,\ \dfrac{eP^*}{P}\right),$

$\dfrac{M}{P} = L(Y,\ i),\quad i = i^* + \dfrac{e^E - e}{e},\quad e^E = \text{const.}$

$\left[K = -Y\left(Y,\ Y^*,\ \dfrac{eP^*}{P}\right)\right]$

このモデルは，(4.1.15) 式の「金利平価モデル」の自国名目利子率と所得を内生化したモデルであることは明白である．後の章では，このモデルを貨幣経済の制約であるワルラス法則の下で整合的に構成する．

為替相場予想に関していかなる仮説とも整合的である．マンデル＝フレミング・モデルは，為替相場予想に関して，次のような特殊な想定を置いていると考えなければならない．

$(4.5.2)\quad e^E = e,\quad \dfrac{\partial e^E}{\partial e}\left(\dfrac{e}{e^E}\right) = 1$

為替相場の静学的予想の仮定というのは，為替相場の予想と現実がたえず一致し，現実の為替相場に対するその予想の弾力性が 1 であることを意味する．その結果，この名目利子率均等化条件が短期に（もしくは，このモデルを中期に成立するモデルと理解すれば中期に）成立する．この仮定は，短期的にはきわめて変動相場制の一般性を損なうものであり，特殊な場合にのみ成立するものであり，したがってこのモデルのポリシー・ミックスに関する命題もその妥当性に関しては限定してみなければならない．その後，この想定（為替相場の静学的予想と名目利子率均等化条件）が定常状態に収束した長期均衡において

---

9) よく知られているように，このモデルの短期均衡では，以下の性質が成立している．自国名目利子率が外国名目利子率に一致するので，貨幣市場の均衡条件にこれを代入すれば，貨幣市場の均衡条件で所得が決定される．この均衡所得を財市場の均衡条件に代入すれば名目為替相場が決定される．所得の水準を決定しているのは名目貨幣供給量のみで，政府支出 (G) は，所得水準には影響を及ぼさない．つまり，変動相場制で完全資本移動の場合は，名目貨幣供給量を増加させる金融政策は所得に拡大効果をもつが政府支出を増加させる財政拡張政策はこの意味で有効性をもたない．この命題は，貿易収支不均衡の是正について，次のような命題を意味する．貿易収支の黒字を削減する政策としては財政拡張政策は自国通貨高をもたらし有効であり，金融政策と比較して自国経済に縮小的効果をもたらさずに対外不均衡を是正することができる．

のみ妥当する条件であるという捉え方がなされてきたのは当然のことである．本書の後述する分析（第5章）においてもマンデル゠フレミングモデルの均衡は定常均衡と位置づけている．

2．為替相場のオーバーシューティング・モデル

オーバーシューティング・モデルを名目為替相場の決定理論としてみた場合，それは「金利平価モデル」の自国名目利子率を内生化し，さらに自国財物価を内生化した一般均衡モデルと位置づけることができる．しかしながら，短期的モデルでありながら依然として自国実質所得は外生変数であるので，この意味では部分均衡モデルと考えなければならない．マンデル゠フレミング・モデルは，自国財物価を外生変数として所得を内生化したが，このモデルではその逆である．ここでは，本書の後の章の議論のために，このモデルを簡単に解説しておくことにする．

オーバーシューティング・モデルでは，為替相場予想について，マンデル゠フレミング・モデルが想定した（4.5.2）式の静学的予想を否定しているので，金利平価条件は，短期においては，名目為替相場の予想変化率の影響を受け，名目利子率均等化条件とはならない．為替相場予想については，回帰的予想仮説が仮定されている．

(4.5.3) $\hat{e}^E = \theta(e_0 - e),\ \theta > 0$

$$\frac{M}{P} = L(Y,\ i),\ L_Y > 0,\ L_i < 0,\ i = i^* + \hat{e}^E$$

このモデルでは，短期的には自国財物価は固定しているので，金利平価条件と貨幣需給の均衡条件で名目為替相場と自国名目利子率が決定される．自国財物価を変動させるのは，自国財市場の不均衡であり，自国財市場が超過需要であれば自国財物価は上昇し，超過供給であれば下落する．

(4.5.4) $D = C(Y) + I(i) + T\left(Y,\ Y^*,\ \dfrac{eP^*}{P}\right) + G,\ \dot{P} = k(D - Y),\ k > 0$

ここで，D：自国財物価で測った有効需要，とする．

(4.5.3.)－(4.5.4) 式のモデルが，もっとも単純なオーバーシューティング・モデルの定式化である．

為替相場のオーバーシューティングは，自国財物価を外生変数として，ケイ

ンジアンの財市場の数量調整を仮定することによっても十分に分析可能である．

(4.5.5) $\dot{Y}=k(D-Y)$,　$P=\mathrm{const.}$

本書の後の章では，このようなケインジアン的伝統に従って分析がなされている．

[1]　資産市場均衡の性質と自国財市場の均衡の安定性

名目為替相場と名目利子率の均衡解は，(4.5.3)式により，下記のように導出される．

(4.5.6)　$e=e_0-\dfrac{1}{\theta}\{H(P\ ;\ M,\ Y)-i^*\}$

(4.5.7)　$i=H(P\ ;\ M,\ Y)$,　$H_P>0$,　$H_M<0$,　$H_Y>0$

調整過程の分析にとっては，自国財物価の名目為替相場への影響が重要であり，名目為替相場のオーバーシューティングが生じるかどうかは，金融政策の長短の効果で確認することができるので，名目貨幣供給の名目為替相場への効果も重要である．

(4.5.8)　$\dfrac{\partial e}{\partial P}=\left(\dfrac{-1}{\theta}\right)H_P<0$,　$\dfrac{\partial e}{\partial M}=\left(\dfrac{-1}{\theta}\right)H_M>0$,

名目為替相場の短期均衡の性質を考慮すれば，自国財市場が均衡する長期均衡が安定であることは明白で説明を要さない．

(4.5.9)　$\dfrac{d\dot{P}}{dP}=k\left[I'H_P-T_R\left(\dfrac{R}{P}\right)+T_R\left(\dfrac{P^*}{P}\right)\left(\dfrac{\partial e}{\partial P}\right)\right]<0$

[2]　長期均衡の性質と名目為替相場のオーバーシューティング

長期均衡では，自国財市場が均衡し，短期均衡名目為替相場は長期均衡値に一致すると仮定すれば，自国名目利子率は外国名目利子率に一致する．つまり，マンデル＝フレミング・モデルの場合のように名目利子率均等化条件が成立する．長期均衡は下記の条件によって与えられる．

(4.5.10)　$Y=C(Y)+I(H(P\ ;\ M,\ Y))+T\left(Y,\ Y^*,\ \dfrac{e_0P^*}{P}\right)+G$

　　　　　$H(P\ ;\ M,\ Y)=i^*$

長期均衡名目為替相場は，自国財物価が資産サイドで決定されるので，それ

第4章 為替相場決定理論の再構成について　127

を代入すれば自国財市場の均衡で決定される．長期均衡における自国財物価は名目貨幣供給の増加関数であり，その貨幣供給弾力性は1である（実質所得は外生変数であり，自国名目利子率が外国名目利子率に等しいので，実質貨幣需要は不変である）．実質為替相場は長期均衡では名目貨幣供給に依存していないので（自国名目利子率は外国名目利子率に等しく，実質為替相場は財市場の均衡のみによって決定される），長期均衡名目為替相場も名目貨幣供給の増加関数であり，その貨幣供給弾力性は1である．長期均衡名目為替相場は政府支出を含むすべての外生変数の関数であり，それは次のようにもとめることができる．貨幣供給と政府支出以外の性質は省略する．

(4.5.11)　$e_0 = E(M, G, Y, P^*, i^*)$,　$E_M > 0$,　$\dfrac{M}{e} E_M = 1$,　$E_G < 0$

以上の検討から，金融緩和政策の短期的効果と長期的効果を比較することができる．短期的効果が長期的効果を上回ることは明らかであり，したがって，均衡近傍の調整過程で名目為替相場のオーバーシューティングが生じる．同時に短期的効果の貨幣供給弾力性は1を上回る．

(4.5.12)　$\dfrac{\partial e}{\partial M} = E_M - \left(\dfrac{1}{\theta}\right) H_M > E_M > 0$,

[3]　マンデル＝フレミング・モデル，資産モデルとの関係およびモデルの整合性

すでに指摘したようにオーバーシューティング・モデルは，「金利平価モデル」に自国名目利子率と自国財物価を内生化したモデルである．自国財物価を内生化する場合に，短期では物価は硬直的で自国財市場は均衡せず，物価の調整を経て自国財市場が均衡する場合を長期均衡としている．マンデル＝フレミング・モデルが仮定した名目利子率均等化条件は，短期的には成立せず長期均衡で成立する．名目為替相場は短期では資産サイドですべて決定され，調整過程で自国財市場の影響を物価を通じて受ける．名目為替相場が自国財市場の均衡で決定されるのは長期である．

オーバーシューティング・モデルは，為替相場決定理論としてみた場合，マンデル＝フレミング・モデルの性質を長期均衡で成立するものであるとみている．それは，同時に短期的には資産モデルの含意を反映しているとみなすこと

もできる．しかしながら，理論的にみれば，自国財物価を内生化するために自国財市場の不均衡を資産モデルに結合することには，整合性に大きな問題があることを知るべきである．この点を敷衍し，後の章で取り上げられるこの問題の議論につなげる．自国財市場も分析の対象として取り上げれば，このモデルの制約は，ワルラス法則となる．金利平価条件は，自国証券と外国証券の完全代替を意味するわけだから，国際収支の均衡だけではなく，自国証券市場も均衡していると考えなければならない．ワルラス法則から，財市場が不均衡であれば，貨幣市場もそれに対応する不均衡になければならない．ワルラス法則を制約とする限り，マンデル＝フレミング型モデルの不均衡調整モデルとして，ドーンブッシュ・モデルのような構成，つまり，財市場の不均衡，貨幣市場の均衡，金利平価条件の瞬時の成立，によって構成されるモデルを整合的に考えることはできない．それは，モデルに即して言えば，(4.5.1)′のモデルで所得を外生変数としたモデルの不均衡調整モデルとなり得るのかという問題である．筆者の見解はなりえないということである．

第6節　結　論

　この章では，為替相場決定理論としての「最小の部分均衡モデル」はどのようなものであるかを確定し，通常の為替相場決定理論としての各モデルがそれらの最小のモデルとどのような関係にあるかを明らかにすることを通じて，為替相場決定理論を再構成した．金利平価条件の瞬時的成立を仮定しながら，財市場の不均衡と貨幣市場の均衡でモデルを構成する為替相場のオーバーシューティング・モデルは，ワルラス法則を制約とする限り整合的なモデルではないと考える．本書の第5章でこの問題が取り上げられる．
　為替相場予想を内生化し1つ1つのモデルの均衡および動学的性質を明確に論じることは，この章の目的ではないが，本質的な問題が解決すれば，これらを全面的に展開することはそれほど困難な課題ではない．

第4章への補論　一般均衡モデルとして修正された現代マネタリー・モデル（ポートフォリオ・バランス・モデル）

マンデル＝フレミング・モデルが長期均衡となるためには，実質所得は完全雇用実質所得でなければならないし，固定価格は短期では成立しても中長期的には成立しない．長期均衡では自国財物価のインフレ率と名目為替相場が内生的に決定される．現代マネタリー・モデルをこのような長期均衡へ移行する過程を含んだ一般均衡モデルとして定式化することは可能である．この修正モデルはその後のマクロ経済学の成果を吸収したより現代的なモデルとなっているが，マンデル＝フレミングの意図した命題の中で，名目利子率均等化条件や名目為替相場の均衡値が財市場の均衡条件で決定されるとする命題は長期的には成立している．実質所得水準は長期的には完全雇用水準に決定されるので，名目貨幣供給（もしくは，その伸び率）が決定しているのは，物価水準（もしくはそのインフレ率）である．長期均衡は無条件には安定ではない．

（a）　一般均衡モデルとしての現代マネタリー・モデル

現代マネタリー・モデルとは，次のような部分均衡モデルであった．

(4.1.5)′　$i = i^* + \hat{e}^E$

(4.1.6)′　$\hat{e}^E = -\theta(e - e_0) + \pi - \hat{P}^*$,　$\theta > 0$

すでに指摘したように，このモデルが，為替相場予想の定式化を除けば，本質的には「金利平価モデル」であることは明白である．したがって，資本収支は貿易収支によって決定される．

この部分均衡モデルを一般均衡モデルとして定式化するためには，実質所得や自国名目利子率の内生化とともにインフレ率や予想インフレ率を内生化する必要がある．そのためには，マクロ供給関数を明示的に定式化する必要がある．ここでは，単純化のために修正フィリップス曲線タイプの供給関数を仮定する．

長期均衡がインフレ定常均衡となるために，それに対応するように金融政策についても特定化が必要である．単純化のために金融政策については，貨幣供給増加率を外生変数である外国のインフレ率に等しく設定し固定する場合を検討する．つまり，調整インフレ政策を採用する場合である．そうでない場合（独自のインフレ目標を設定する場合）もありうるが，その場合は，一定の名

目為替相場減価率もしくは増価率を長期均衡値として選択することになる．外国のインフレ率に等しく貨幣供給増加率を固定する金融政策の仮定のもとでは，長期均衡では為替相場は名目についても実質についても定常値に収束する．

一般均衡モデルとしての現代マネタリー・モデルは，次のように定式化される．

(4.1.5)′　$i = i^* + \tilde{e}^E$

(4.1.6)′　$\tilde{e}^E = -\theta(e - e_0) + \pi - \widehat{P}^*$, 　$\theta > 0$

(1)　$Y = C(Y) + I(i - \pi) + T\left(Y, Y^*, \dfrac{eP^*}{P}\right) + G$, 　$\dfrac{M}{P} = L(Y, i)$

　　$1 > C' > 0$, 　$I' < 0$, 　$T_Y < 0$, 　$T_{Y^*} > 0$, 　$T_R > 0$

(2)　$\widehat{M}(= m) = \widehat{P}^*$

(3)　$\widehat{P} = \pi + h(Y)$, 　$\dot{\pi} = \lambda(\widehat{P} - \pi)$,
　　$h' > 0$, 　$h(Y_f) = 0$, 　$\lambda > 0$

(4)　$\mu = \dfrac{M}{P}$, 　$R = \dfrac{eP^*}{P}$

$$\left[(4.1.12)\quad K = -T\left(Y, Y^*, \dfrac{eP^*}{P}\right)\right]$$

(1)式は，開放経済における標準的な自国財市場の均衡条件と貨幣市場の均衡条件である．(3)式は，修正フィリップス曲線タイプのマクロ供給関数であり，インフレ率に関して予想値と実現値が一致すれば，完全雇用とその実質所得（Y_f）が成立している．インフレ予想については適応的予想仮説が仮定される．(4)式は，実質貨幣残高（μ）と実質為替相場（R）の定義式である．

(2)式の金融政策の定式化から，自国名目貨幣供給・外国財価格比率は，常に一定である（それは初期値に等しい）．

(5)　$\varepsilon = \dfrac{M}{P^*} = \text{const.}$

このモデルは，内生変数が，i, e, $\tilde{e}^E$, π, Y, P, M, μ, R, の9個であり，方程式も9個であるので，完結した一般均衡モデルである．

（b）　長期均衡の性質

このモデルの長期均衡を特定化しておこう．長期均衡では，インフレ率の予想値と実現値は一致し，実質所得は供給関数によって決定され，それを完全雇

用実質所得と定義する．また，実質貨幣残高も定常値に収束する．したがって，インフレ率は貨幣供給増加率に等しく外国のインフレ率に等しい．これらのことから，実質為替相場も定常値に収束する（e_0は名目為替相場の長期均衡値であることに注意）．

(6)　$m = \tilde{\pi} = \widetilde{\hat{P}} = \hat{P}^*,\ h(Y_f) = 0,\ \mu = \tilde{\mu},\ \tilde{R} = \dfrac{e_0 \tilde{\mu}}{\varepsilon}$

名目為替相場予想の定式化と金利平価条件により，この場合，固定価格を仮定したマンデル＝フレミング・モデルが想定したように，利子率均等化条件が名目でも実質でも成立する．

(7)　$i = i^*,\ \rho = \rho^*$

長期均衡名目為替レート（e_0）は，長期均衡における財市場の均衡条件のみによって決定される．それは，実質政府支出の減少関数であり，金融政策の影響を受けない．財政拡張政策は名目為替相場を増価させる．マンデル＝フレミング・モデルの命題が長期均衡において成立している．

(8)　$Y_f = C(Y_f) + I(\rho^*) + T\left(Y_f,\ Y^*,\ \dfrac{e_0 \tilde{\mu}}{\varepsilon}\right) + G$

$\dfrac{\partial e_0}{\partial G} = \dfrac{-1}{T_R(\tilde{\mu}/\varepsilon)} < 0$

長期均衡実質貨幣残高は，完全雇用実質所得と外国の名目利子率によって決定される実質貨幣需要に一致するように決定される．これは，金融財政政策には影響されない．金融政策の影響を受けないのは，実質貨幣需要が予想インフレ率の関数ではないという仮定に依存している．[10]

(9)　$\tilde{\mu} = L(Y_f,\ i^*)$

（c）　短期均衡の性質とマンデル＝フレミング・モデルの命題

短期均衡においては，予想インフレ率と実質貨幣残高は与えられている．

(4.1.5)′，(4.1.6)′式から利子率を消去すれば，財市場と貨幣市場の均衡条件は以下のようになり，実質所得と名目為替相場（したがって，実質為替相

---

10)　実質貨幣需要関数が，$L = L(Y,\ i,\ \pi)$, $L_\pi < 0$, であれば，長期均衡において実質貨幣残高は金融政策の影響を受ける．
　　$\tilde{\mu} = L(Y_f,\ i^*,\ m),\ \partial \tilde{\mu}/\partial m < 0$.

場）が同時に決定される．金融政策の仮定のもとで，実質為替相場は，$R=(e\mu)/\varepsilon$, と定義されることに注意しなければならない．

(1)′ $Y=C(Y)+I(\rho^*-\theta(e-e_0))+T\left(Y,\ Y^*,\ \dfrac{e\mu}{\varepsilon}\right)+G$

$\mu=L(Y,\ \rho^*-\theta(e-e_0)+\pi)$

実質所得と名目為替相場の短期均衡解は，以下のように導出される．

(10) $Y=Q(\mu,\ \pi\,;\,G),\ e=E(\mu,\ \pi\,;\,G)$

$$Q_\mu=\frac{T_R(e/\varepsilon)(-\theta L_i)-(\theta I'-T_R(\mu/\varepsilon))}{\Delta}>0$$

$$E_\mu=\frac{((1-C')-T_Y)-L_Y T_R(e/\varepsilon)}{\Delta}\lessgtr 0$$

$$Q_\pi=\frac{L_i(\theta I'-T_R(\mu/\varepsilon))}{\Delta}>0,\ E_\pi=\frac{-L_i((1-C')-T_Y)}{\Delta}>0$$

$$Q_G=0,\ E_G=-\frac{1}{T_R(\mu/\varepsilon)}<0$$

$$\Delta=\{(1-C')-T_Y\}(-\theta L_i)-L_Y\{\theta I'-T_R(\mu/\varepsilon)\}>0$$

　実質政府支出を増加させる財政拡張政策は，短期において（も長期においても）実質所得への効果を持たない．それは，財政政策の場合は，短期均衡に長期均衡名目為替相場が影響を及ぼすからである．実質政府支出を増加させると，長期均衡名目為替相場は低下し実質利子率が低下するので実質投資が増加しそれと併せて考えると財市場は超過需要になるので，この市場が均衡するためには実質所得は増加しなければならない．他方，長期均衡名目為替相場の低下は名目利子率を低下させるので，実質貨幣需要は増加する．貨幣市場が均衡するためには，実質所得は下落しなければならない．両市場が均衡するためには，実質所得が不変である以外にありえない．実質所得が不変であれば，実質政府支出の増加に反応して，短期均衡名目為替相場が長期均衡名目為替相場と同じだけ低下してその乖離が不変にとどまらなければならない．したがって，名目利子率も影響を受けない．

　実質貨幣残高と予想インフレ率の効果を説明しておこう．予想インフレ率の上昇は貨幣市場を超過供給にする．実質所得が増加し，名目為替相場が上昇し

て名目利子率が低下すれば,実質貨幣需要が増加し貨幣市場は均衡する.実質所得の増加と名目為替相場の上昇は財市場の均衡と矛盾しない.以上の理由から,予想インフレ率の上昇は実質所得を増加させ名目為替相場を上昇させる.

実質貨幣残高の増加は,貨幣市場を超過供給に,財市場超過需要にする.財市場を超過需要にするのは,仮定されている金融政策のもとで実質為替相場と実質貨幣残高が同方向に変化するからである.この場合,実質所得の減少もしくは一定ということはありえない.それは,以下のような理由からである.実質所得が減少すると仮定すると,財市場の超過需要は拡大する.財市場が均衡するためには,名目為替相場が下落して貿易収支を悪化させ名目利子率の上昇により実質投資が減少する以外にないが,実質所得の減少と名目利子率の上昇は実質貨幣需要を減少させますます貨幣市場の超過供給を拡大してしまう.したがって,実質貨幣残高が増加する場合,実質所得の減少はありえない.同様に,実質所得が一定ということもありえない.財市場を均衡させるためには,名目為替相場が下落しなければならないが,それでは貨幣市場の超過供給を拡大させてしまうからである.以上のことから,実質貨幣残高が増加すれば,実質所得は増加する.論理的には実質所得の増加だけで両方の市場は均衡する可能性があるわけだから,名目為替相場がどのように変化するかは一義的には決定されない.

以上の分析から明らかなように,現代マネタリー・モデルを一般均衡モデルとして定式化すれば,短期均衡の性質としては,ほぼマンデル=フレミングの命題が成立する.財政拡張政策は短期的には自国通貨高をもたらし所得拡大効果をもたず,実質貨幣供給(マンデル=フレミング・モデルでは,固定価格であるので,名目貨幣供給と実質貨幣供給の区別はない)の大きさは,実質所得に拡大効果をもつ.実質貨幣供給の名目為替相場に及ぼす効果は,マンデル=フレミングの場合とは一般的には異なる.

(d) 動学過程と長期均衡の安定性

短期均衡で与えられていた実質貨幣残高と予想インフレ率は,時間の経過で次のように変動することがわかる.実質為替相場は実質貨幣残高の運動に従属している.

(11) $\dot{\mu}=\mu(m-\pi-h(Y))$, $\dot{\pi}=\lambda h(Y)$

短期均衡解を考慮すれば,このモデルの動学方程式は,次のようになる.

(11)′　$\dot{\mu}=\mu(m-\pi-h(Q(\mu,\ \pi\ ;\ G))$,　$\dot{\pi}=\lambda h(Q(\mu,\ \pi\ ;\ G))$

　長期均衡は，$\dot{\mu}=\dot{\pi}=0$，で与えられ，すでに分析しておいた長期均衡の性質が成立する．(4.5.21)′式の連立微分方程式は，長期均衡近傍で次の性質が成立している．偏微分係数は長期均衡近傍で評価されている．

(12)　$\dfrac{\partial \dot{\mu}}{\partial \mu}=-\mu h'Q_\mu<0$,　$\dfrac{\partial \dot{\mu}}{\partial \pi}=-\mu(1+h'Q_\pi)<0$,

　　　$\dfrac{\partial \dot{\pi}}{\partial \mu}=\lambda h'Q_\mu>0$,　$\dfrac{\partial \dot{\pi}}{\partial \pi}=\lambda h'Q_\pi>0$,

　(12)式から，長期均衡の局所的安定性のための必要十分条件を求めれば，次の条件となる．

(13)　$-\mu h'Q_\mu+\lambda h'Q_\pi<0$

　この条件を長期均衡近傍であることを考慮して，変形すれば，下記のようになる．

(14)　$1+ZL_i>0$,　$Z=\dfrac{T_R(e_0/\varepsilon)\theta}{\theta I'-T_R(\bar{\mu}/\varepsilon)}+\dfrac{\lambda}{\tilde{\mu}}\gtreqless 0$

　(14)式の条件が，長期均衡の安定条件である．[11] 長期均衡の安定性の十分条件は $Z\leq 0$ である．この条件が充たされていない場合（$Z>0$），貨幣需要の名目利子率感応性が小さければ小さいほど，長期均衡は安定である．

　為替相場決定理論としての現代マネタリー・モデルは部分均衡モデルである．このモデルを標準的な開放マクロ経済モデルに結合し一般均衡モデルに拡張することにより，その全体像が明らかとなる．この一般均衡モデルでは，財政拡張政策は，短期的にも長期的にも実質所得に拡張効果を与えない．財政拡張政策が関係しているのは，名目為替相場および実質為替相場を増価させるということである．財政縮小政策の場合は，それらの減価である．したがって，対外不均衡是正のための財政政策は短期的にも長期的にも有効である．しかしながら，財政政策は長期均衡の安定性に影響を及ぼす．与えられた構造的条件のもとで，大幅な財政拡張政策は長期均衡を不安定にする可能性があり，この政策

---

[11]　この安定条件の経済的意味についての詳細な検討は下記の拙稿を参照．
　　拙稿「為替レート決定理論としての現代マネタリー・モデルと一般均衡モデル」『社会科学』第82号，2008年．

の対外不均衡是正の有効性を損なう可能性が存在する．

第5章
開放経済におけるマクロ不均衡調整モデル

　論争となっているマクロ閉鎖経済の基本的な問題は，形式的相違はともかく，開放経済におけるマクロ不均衡調整過程とそのモデルにおいて，本質的にはすべて存在する．これは，閉鎖経済モデルの拡張として開放経済モデルが位置づけられる限り，一般論として当然のことである．本章では，その中でも，不均衡調整過程の調整変数として利子率が存在するとして，[1] それをどの市場の調整変数に割り当てるのかということと，そのことによってマクロ不均衡調整モデルが分岐するという古典的な問題を検討する．[2]

　周知のように，閉鎖経済の場合，標準的なマクロ経済モデルの不均衡調整モデルでは，財市場と貨幣市場の不均衡によって構成され，貨幣市場の調整変数は（証券）利子率である．証券市場の不均衡は，ワルラス法則によって消去され，財市場と貨幣市場の不均衡の調整に影響されて間接的に調整され，自立的な調整メカニズムは働かないと想定される．これに対して，証券市場の調整変数が（証券）利子率であると仮定して，同じ標準的なマクロ経済モデルの不均衡調整モデルを，財市場の不均衡と証券市場の不均衡によって構成するという仮説が存在する．このモデルでは，貨幣市場の不均衡はワルラス法則によって消去され，財市場と証券市場の不均衡の調整に影響されて間接的に調整されると想定される．このように，閉鎖経済の場合，マクロ不均衡調整モデルは，同じマクロ均衡同時決定モデルに対して，少なくとも異なる不均衡調整モデルが2つ存在する．

---

1) 証券市場の不均衡を直接的に調整する変数が証券利子率であるとは限らない．証券市場が不完全市場である場合は，とりわけそうである．
2) この問題については，下記の文献を参照．
　　拙著『マクロ経済分析における貨幣と証券』千倉書房，1988年．
　　二木雄策『マクロ経済学と証券市場』同文舘出版，1992年．

開放マクロ経済モデルにおいても,同様の問題が存在する.筆者がこの問題の検討を開始したのは,1977年であった.その後の多くの論者の検討もあり,[3] 近年では,テキストにもこのことが反映されるようになった.[4] しかしながら,開放経済を想定した不均衡調整モデルの検討は,いまだ十分には行われていない.それは,閉鎖マクロ経済モデルにおけるこの本質的問題が開放マクロ経済モデルでは前者には存在しない独特の形式をとって出現するということの認識が欠如していることによる.つまり開放経済への拡張は,この本質的問題の解決にとって付加的な要素であるという認識であるが,この認識は誤りである.

第1節 開放マクロ経済モデル

前述した基本問題を検討できる基礎となるマクロ不均衡調整モデルを定式化しておこう.そのためには,まず前提となるマクロ均衡同時決定モデルの定式化が必要である.

1.開放経済のマクロ均衡同時決定モデル

以下では,上記の問題を取り扱う最小限の単純化された開放マクロ経済モデルを定式化する.小国経済を仮定し,資本移動については,自国証券と外国証券は不完全代替で不完全資本移動を仮定する.資本移動は,証券形態のみで債券を想定する.また,外国居住者は自国証券および自国貨幣は保有しないと仮定し,資本移動は自国居住者の外国証券の売買によってのみ生ずると仮定する.独立した貿易収支関数,したがって,輸出入関数が存在し,その相対価格弾力性は大きいので,自国財と外国財の相対価格の輸出入数量への効果が十分に大きく短期においてもJカーブ効果は生じないと仮定する.存在したとしても,貿易外収支は無視できるほど小さいと仮定する.これ以外は,閉鎖経済の標準的な仮定を踏襲するが,さしあたっては,供給側の条件(第4章,参照)は取

---

[3] 拙稿「ワルラス法則と不均衡状態における利子率の決定」『同志社商学』第28巻第3号,1977年.

[4] 藤原秀夫・地主敏樹ほか『金融論』有斐閣,2007年,参照.

り上げず,総需要決定的モデルを想定する.

[1] 開放経済のワルラス法則とマクロ均衡同時決定モデル

まず,基礎となる経済全体の制約であるワルラス法則を導出しておこう.[5]

最初に,民間部門(家計プラス企業部門)の収支均等式を定式化しておこう.

(5.1.1) $(B-B_{-1})+(Y-G) \equiv C+I+(E^h-E^h_{-1})+(L-L_{-1})-K$

ここで,B:企業部門の証券供給,Y:所得,G:政府支出,C:消費需要,I:投資需要,E:自国証券需要,L:自国貨幣需要,K:自国通貨建て資本収支,とする.当該ストック変数の下付の -1 は,その期首の値である.当該変数の上付の h は家計部門の変数であることを示している.

(5.1.1)式では,均衡財政が仮定されている.政府支出全額が租税で調達されている.租税は定額税を仮定する.したがって,$(Y-G)$ は可処分所得を表す.(5.1.1)式は,次のことを意味している.民間部門は,自国証券を追加的に供給して資金を調達し,可処分所得と合せた収入をもとにして,消費需要,投資需要,追加的な外国証券の需要(資本収支の赤字,$-K$),追加的な自国証券需要,追加的な貨幣需要を計画する.

次に,中央銀行のバランス式を定式化する.単純に,自国証券の需要を通じて貨幣を供給すると仮定しておく.すべての期間において妥当するので,貨幣供給の背後には,同額だけの中央銀行の自国証券保有が存在する.

(5.1.2) $M-M_{-1} \equiv E^b - E^b_{-1}$ $(M \equiv E^b, M_{-1} \equiv E^b_{-1})$

ここで,M:(自国)貨幣供給,とする.上付の b は,当該変数が中央銀行の変数であることを意味する.

期首は前期から受け継がれていて均衡していると仮定する.

(5.1.3) $M_{-1}=L_{-1},\ B_{-1}=E^h_{-1}+E^b_{-1}$

均衡財政を仮定し,そのことが考慮されているので,経済全体の制約は,

---

5) ワルラス法則は,貨幣経済の重要な制約であるとともに,この問題を検討する上で必須の制約である.内生変数の同時決定モデルは同時に均衡モデルであるが,均衡モデルであるから必ず同時決定モデルであるとは限らない.期首モデルや伝統的な均衡動学モデルは同時決定モデルとはならない.内生変数間のタイムラグが存在する.この問題についての議論は,前掲拙著(本章脚注2)),第2章,83-111ページ,参照.さらに,拙著『為替レートと対外不均衡の経済学』東洋経済新報社,第5章,133-150ページ,参照.

(5.1.1),(5.1.2) 式を合体すればよい．ただし，(5.1.3) 式が考慮されている．

(5.1.4) $\quad K+(B-E)+(M-L)\equiv(C+I+G)-Y, \quad (E^h+E^b\equiv E)$

開放マクロ経済モデルで，貿易収支（T：自国通貨建て貿易収支）は，常に二重の役割を果たす．財市場において有効需要の構成要素であると同時に外国為替市場においてネットの需要となる．この点を，考慮するために，貿易収支を (5.1.4) 式の両辺に加えれば，次のようになる．

(5.1.4)′ $\quad (K+T)+(B-E)+(M-L)\equiv(C+I+G+T)-Y$

(5.1.4) 式も (5.1.4)′ 式も同値であり，経済全体の制約のワルラス法則である．(5.1.4)′ 式からわかるように，モデルは，次の各市場均衡によって構成される．

(5.1.5) $\quad Y=C+I+G+T$
$\qquad M=L$
$\qquad B=E$
$\qquad K+T=0$

いうまでもなく，最初の式は，財市場の均衡を，2番目は貨幣市場の均衡を，3番目は自国証券市場の均衡を，4番目は国際収支の均衡（この単純なモデルの外国為替市場の均衡）を，それぞれ表している．

家計，企業および海外部門の行動方程式を，もっとも単純に定式化する．政府支出，貨幣供給は政府・中央銀行の政策変数である．

(5.1.6) $\quad C=C(Y-G), \quad I=I(i)$
$\qquad B=B(I), \quad E^h=E^h(Y-G, i, r)$
$\qquad L=L(Y-G, i)$
$\qquad K=K(i, r), \quad T=T(Y, e)$

$$\text{ただし，} r=i^*+\frac{e^E-e}{e}$$

ここで，i：自国証券の利子率，r：自国居住者にとっての外国証券の収益率，e：自国通貨建て為替相場，e^E：自国通貨建て予想為替相場，とする．また，*は当該変数が外国の変数であることを表している．

(5.1.6) 式の性質は，下記の通りである．

(5.1.7) $\quad 1>C'>0, \quad I'<0, \quad T_Y<0, \quad T_e>0$

$1 \geq B' > 0$, $1-C' > E_y^h > 0$, $E_i^h > 0$, $E_r^h < 0$,

$1-C' > L_y > 0$, $L_i < 0$, $K_i > 0$, $K_r < 0$

ただし，$y = Y - G$，y：可処分所得，とする．

(5.1.6), (5.1.7) 式の行動方程式，およびその性質は，標準的なものである．ただ，注意しなければならないのは，貨幣需要，自国証券需要，が可処分所得の増加関数となっている点と，資本収支，つまり外国証券需要には所得効果が存在しないという単純化である．前者は，民間部門の制約式のもとで，消費需要，したがって貯蓄と自国証券需要，貨幣需要の相互関係が整合的になるために必要な性質である．

これらの行動方程式の相互関係を民間部門の収支均等式から導出しておこう．そのために，民間部門の収支均等式を，(5.1.3) 式の期首均衡を前提に次のように変形しておこう．

(5.1.1)′ $B + (Y - G) + K = C + I + E^h + L$

(5.1.1)′ 式に，(5.1.6) 式を代入して，各変数で偏微分すれば，偏微分係数の相互関係の形式で，各行動方程式間の相互関係を導出することができる．

(5.1.8) $1 > 1 - C' = E_y^h + L_y > 0$

  $(B' - 1)I' + K_i = E_i^h + L_i > 0$, $K_r = E_r^h < 0$

(5.1.7) 式の行動方程式の性質は，(5.1.8) 式の制約に矛盾していないことがわかる．

以上で，開放経済のマクロ均衡同時決定モデルは，次のように定式化される．(5.1.6) 式の行動方程式を (5.1.5) 式に代入する．

(5.1.9) $Y = C(Y - G) + I(i) + G + T(Y, e)$

  $M = L(Y - G, i)$

  $B(I(i)) = E^h\left(Y - G,\ i,\ i^* + \dfrac{e^E - e}{e}\right) + M$

  $K\left(i,\ i^* + \dfrac{e^E - e}{e}\right) + T(Y, e) = 0$

内生変数は，所得，為替相場，自国証券利子率である．予想為替相場については，先決変数であると仮定する．[6] 任意の1市場は独立ではない．通常の分

---

6) ロナルド・マッキノン／大野健一『ドルと円』日本経済新聞社，1998年，参照．

析では，自国証券市場の均衡条件が消去されて分析される．均衡の分析である限り，いずれの市場を消去して分析しても同値である．ただし，次のことが注意されなければならない．仮に，モデルを証券市場の均衡条件を消去して構成したとして，各市場の特定化が証券市場のどのような特定化に繋がっているのかを制約を考慮して注意してみなければならない．他の市場に置いた特定化が，証券市場の許容できない特定化になっていないかどうかが常に検討されなければならない．

[2] 均衡の性質

この同時決定モデルの均衡の性質について，金融財政政策，予想為替相場，外国証券利子率についてみておこう．均衡解は，これらの関数であり，その関数の形式で，均衡の性質を明らかにする．

(5.1.10) $Y = Q(M, G, e^E, i^*)$
$i = H(M, G, e^E, i^*), \quad e = Z(M, G, e^E, i^*)$

(5.1.11)

$$\Delta = T_e\{(1-C')L_i + L_y(I'-K_i)\} - K_r(e^E/e^2)\{(1-C'-T_y)L_i + I'L_y\} < 0$$

$$Q_M = \frac{I'(T_e - K_r(e^E/e^2)) - T_e K_i}{\Delta} > 0$$

$$H_M = \frac{(1-C')T_e - K_r(e^E/e^2)(1-C'-T_Y)}{\Delta} < 0$$

$$Z_M = -\frac{(1-C'-T_Y)K_i + I'T_Y}{\Delta} > 0$$

$$1 > Q_G = [T_e\{(1-C')L_i + L_y(I'-K_i)\} \\ - K_r(e^E/e^2)\{(1-C')L_i + L_y I'\}]/\Delta > 0$$

$$H_G = \frac{L_y T_Y K_r(e^E/e^2)}{\Delta} < 0$$

$$Z_G = -\frac{(1-C')L_i T_Y + L_y(I'T_Y - T_Y K_i)}{\Delta} > 0$$

$$Q_{e^E} = \frac{(-K_r/e)T_e L_i}{\Delta} > 0, \quad H_{e^E} = \frac{(K_r/e)T_e L_y}{\Delta} > 0$$

第 5 章 開放経済におけるマクロ不均衡調整モデル

$$Z_{e^E} = \frac{(-K_r/e)\{(1-C'-T_Y)L_i + I'L_y\}}{\Delta} > 0$$

$$Q_{i^*} = \frac{-K_r T_e L_i}{\Delta} > 0, \quad H_{i^*} = \frac{K_r L_y T_e}{\Delta} > 0$$

$$Z_{i^*} = \frac{(-K_r)\{(1-C'-T_Y)L_i + I'L_y\}}{\Delta} > 0$$

これらの均衡の性質の中で,均衡財政拡張政策の利子率と為替相場への効果について,論理的に説明しておこう.その際,政府支出増加の所得への効果はプラスであるが,均衡財政乗数は 1 より小であるので,可処分所得への効果はマイナスである.このことを前提に,自国利子率と為替相場への効果を説明する.

均衡財政拡張政策は,可処分所得を減少させるので,貨幣需要を減少させる.貨幣市場が均衡するためには,自国利子率が下落して貨幣需要が増大しなければならない.このように通常のモデルの効果と異なるのは,貨幣需要が可処分所得の関数となっているからである.また,可処分所得が減少するので,消費を差し引いた可処分貯蓄も減少する.したがって,財市場の均衡から貿易収支は減少する.国際収支が均衡するためには,この場合,為替相場は上昇しなければならない.

[3] 予想為替相場の内生化

予想為替相場が現実の為替相場によって調整されると仮定して,これを内生化しておこう.

(5.1.12) $\dot{e}^E = \alpha(e - e^E), \quad \alpha > 0$

この定式化であれば,予想が現実に一致する定常均衡 ($e = e^E$) は,安定である.それは,定常均衡の近傍で,次の条件が,モデルの性質から成立するからである.

(5.1.13) $Z_{e^E} - 1 = -\dfrac{T_e\{(1-C')L_i + L_y(I'-K_i)\}}{\Delta} < 0$

第2節 不均衡調整モデル

(5.1.9) 式のモデルの不均衡調整過程を定式化したモデルは，少なくとも2つ存在する．自国証券利子率を，いずれの市場の調整変数とみるかによって，モデルは分岐する．貨幣市場の調整変数であるとするのが，伝統的モデルである．それ以外に，自国証券市場の調整変数とするモデルが存在する．単純化のために，外国為替市場は瞬時的に均衡していると仮定しよう．[7]

1. 伝統的不均衡調整モデル

自国貨幣市場の不均衡の調整変数として，自国証券利子率を割り当てるのが伝統的モデルである．[8] 国際収支が瞬時的に均衡するので，ワルラス法則は，次のようになる．

(5.2.1) $\{(Y-(C+I+G+T)\}+(M-L)+(B-E)\equiv 0$

この制約の下で，伝統的モデルは，次のようになる．

(5.2.2) $\dot{Y}=\alpha[C(Y-G)+I(i)+G+T(Y, e)-Y], \quad \alpha>0$

$\dot{i}=\beta[L(Y-G, i)-M], \quad \beta>0$

$K\left(i, \; i^{*}+\dfrac{e^{E}-e}{e}\right)+T(Y, e)=0$

このモデルで，予想為替相場は先決変数であると仮定する．瞬時的に国際収支が均衡し，為替相場が決定される．国際収支を均衡させる為替相場は次のように求められる．

(5.2.3) $e=\varphi(Y, \; i \; ; \; i^{*}, \; e^{E})$

$$\varphi_{Y}=-\frac{T_{Y}}{T_{e}-K_{r}(e^{E}/e^{2})}>0, \quad \varphi_{i}=-\frac{K_{i}}{T_{e}-K_{r}(e^{E}/e^{2})}<0,$$

$$\varphi_{i^{*}}=-\frac{K_{r}}{T_{e}-K_{r}(e^{E}/e^{2})}>0, \quad \varphi_{e^{E}}=-\frac{K_{r}/e}{T_{e}-K_{r}(e^{E}/e^{2})}>0,$$

---

[7] 変動相場制では国際収支は常に均衡していると仮定される．

[8] 二階堂副包編集『経済の数理』筑摩書房，1977年，第2章「国民所得（マクロ分析）」（執筆者：斎藤謹造），参照．和田真夫『動態的経済分析の方法』中央経済社，1989年，34-36ページ，参照．

また，次の性質が成立する．

(5.2.4) $\quad T_Y + T_e\varphi_Y = \dfrac{-T_Y K_r(e^E/e^2)}{T_e - K_r(e^E/e^2)} < 0$

(5.1.9) 式の市場均衡の近傍で，(5.2.2) 式の連立微分方程式を1次近似し，その係数行列 (J_m) の要素と性質を求めると，次のようになる．

(5.2.5) $\quad \dfrac{\partial \dot{Y}}{\partial Y} = \alpha\{(C'-1) + T_Y + T_e\varphi_Y\} < 0, \quad \dfrac{\partial \dot{Y}}{\partial i} = \alpha(I' + T_e\varphi_i) < 0$

$\dfrac{\partial \dot{i}}{\partial Y} = \beta L_y > 0, \quad \dfrac{\partial \dot{i}}{\partial i} = \beta L_i < 0$

(5.2.6) $\quad \text{tr}(J_m) = \left(\dfrac{\partial \dot{Y}}{\partial Y}\right) + \left(\dfrac{\partial \dot{i}}{\partial i}\right) = \alpha\{(C'-1) + T_Y + T_e\varphi_Y\} + \beta L_i < 0$

$\det(J_m) = \left(\dfrac{\partial \dot{Y}}{\partial Y}\right)\left(\dfrac{\partial \dot{i}}{\partial i}\right) - \left(\dfrac{\partial \dot{Y}}{\partial i}\right)\left(\dfrac{\partial \dot{i}}{\partial Y}\right)$

$\qquad = \alpha\beta[(C'-1+T_Y+T_e\varphi_Y)L_i - L_y(I'+T_e\varphi_i)] > 0$

(5.2.6) 式より，(5.1.9) 式の市場均衡は，局所的に安定である．

ところで，この不均衡調整過程で，自国証券市場の状態はどのようになっているのかが問題である．自国証券市場は，財市場，貨幣市場が一般的に不均衡であるのだから，それらに対応して，一般的には，ワルラス法則の制約の下で，不均衡でなければならない．

(5.2.7) $\quad (C + I + G + T - Y) + (L - M) \equiv B - E$

$\qquad B(I(i)) - E^h\left(Y - G, \ i, \ i^* + \dfrac{e^E}{\varphi(Y, \ i)} - 1\right) - M \gtreqless 0$

財市場と貨幣市場の不均衡によって不均衡調整過程が進行し，これらの市場の同時均衡が成立してはじめて自国証券市場も均衡する．

2．証券市場仮説

伝統的不均衡調整モデルに対して，自国証券利子率を自国証券市場の不均衡の調整変数に割り当てるというモデルである．そのモデルは，下記のようになる．

(5.2.8) $\quad \dot{Y} = \alpha[C(Y-G) + I(i) + G + T(Y, \ e) - Y]$

$$\dot{i} = \beta\left[B(I(i)) - E^h\left(Y-G,\ i,\ i^* + \frac{e^E-e}{e}\right) - M\right]$$

$$K\left(i,\ i^* + \frac{e^E-e}{e}\right) + T(Y,\ e) = 0$$

(5.2.8) 式を，(5.1.9) 式の市場均衡の近傍で一次近似し，その係数行列 (J_s) の要素と性質を求めると，次のようになる．

(5.2.9) $\quad \dfrac{\partial \dot{Y}}{\partial Y} = \alpha\{(C'-1) + (T_Y + T_e \varphi_Y)\} < 0,\quad \dfrac{\partial \dot{Y}}{\partial i} = \alpha(I' + T_e \varphi_i) < 0$

$\dfrac{\partial \dot{i}}{\partial Y} = \beta\left\{-E_y^h + E_r^h\left(\dfrac{e^E}{e^2}\right)\varphi_Y\right\} < 0$

$\dfrac{\partial \dot{i}}{\partial i} = \beta\left\{B'I' - E_i^h + E_r^h\left(\dfrac{e^E}{e^2}\right)\varphi_i\right\} < 0$

(5.2.9) 式の最後の要素の符号の確定には，(5.1.8) 式の制約条件が考慮されている．

(5.2.9) 式の，財市場にかかわる要素に関しては，伝統的モデルとまったく同一であるので，(5.2.4) 式が考慮されていることはいうまでもない．

(5.2.10) $\quad \dfrac{\partial \dot{i}}{\partial i} = \beta\left\{B'I' - E_i^h + E_r^h\left(\dfrac{e^E}{e^2}\right)\varphi_i\right\} = \beta(I' + L_i + T_e \varphi_i) < 0$

(5.2.9)，(5.2.10) 式より，次のことがわかる．

(5.2.11) $\quad \mathrm{tr}(J_s) = \dfrac{\partial \dot{Y}}{\partial Y} + \dfrac{\partial \dot{i}}{\partial i}$

$\quad\quad\quad = \alpha\{(C'-1) + T_Y + T_e \varphi_Y\} + \beta(I' + L_i + T_e \varphi_i) < 0$

この (5.2.11) 式を，伝統的モデルの場合と比較すると，次のような関係がある．

(5.2.12) $\quad |\mathrm{tr}(J_s)| > |\mathrm{tr}(J_m)| > 0$

このことによって，伝統的モデルとこの証券市場仮説による不均衡調整モデルとは，別個のモデルであることがわかる．

(5.2.9) 式の符号条件をみるかぎり，このモデルの均衡の安定性は保証されていないようにみえるが，そうではない．それは，制約条件を考慮すればわかる．

第5章　開放経済におけるマクロ不均衡調整モデル　147

(5.2.13)　$\dfrac{\partial \dot{i}}{\partial Y} = \beta\left\{-E_y^h + E_r^h\left(\dfrac{e^E}{e^2}\right)\varphi_Y\right\} = \beta\left\{L_y - (1-C') + K_r\left(\dfrac{e^E}{e^2}\right)\varphi_Y\right\} < 0$

(5.2.13) 式を考慮して，$\det(J_s)$ を計算すると，次のようになる．ただし，この計算は，少し複雑であるので，順を追って説明する．

(5.2.14)　$\det(J_s) = \left(\dfrac{\partial \dot{Y}}{\partial Y}\right)\left(\dfrac{\partial \dot{i}}{\partial i}\right) - \left(\dfrac{\partial \dot{Y}}{\partial i}\right)\left(\dfrac{\partial \dot{i}}{\partial Y}\right)$

(5.2.14) 式は，(5.2.9)，(5.2.10)，(5.2.13) 式を考慮すれば，次のようになる．

(5.2.14)′　$\det(J_s) = \alpha\beta[\{(C'-1) + T_Y + T_e\varphi_Y\}L_i - I'L_y - T_e\varphi_i L_y + \Omega]$

$\Omega = (T_Y + T_e\varphi_Y)I' + (T_Y + T_e\varphi_Y)T_e\varphi_i - I'K_r\left(\dfrac{e^E}{e^2}\right)\varphi_Y$

$\qquad - T_e\varphi_i K_r\left(\dfrac{e^E}{e^2}\right)\varphi_Y$

(5.2.3) 式を考慮すれば，次のようになる．

(5.2.15)　$\Omega = 0$

(5.2.15) 式を考慮すれば，次の条件が確定する．

(5.2.16)　$\det(J_s) = \alpha\beta[(C'-1 + T_Y + T_e\varphi_Y)L_i - L_y(I' + T_e\varphi_i)] = \det(J_m) > 0$

(5.2.11)，(5.2.16) 式によって，この不均衡調整モデルの均衡は局所的に安定である．

3．2つのモデルの比較検討

　伝統的な不均衡調整モデルと，自国証券市場の不均衡の調整変数が自国証券利子率であるという証券市場仮説に基づく不均衡調整モデルは，別個に独立するモデルであるが，収支均等式とそれに基づくワルラス法則によって，相互に関係づけられている．別個のモデルとなるのは，ワルラス法則とは独立の問題として，いずれの市場の不均衡にいずれの調整変数が割り当てられるのかという因果関係（筆者はこれを因果律と呼んでいる）の問題が存在するからである．

　これらの2つのモデルの均衡は，いずれも定性的には局所的安定であるが，不均衡の調整過程は異なり，当然のことながら自国証券利子率の運動も異なる．ところが，証券市場仮説の場合は，貨幣市場の性質を通さなければ，不均衡調整過程の性質が確定しないようになっているのはなぜかという問題が存在する．それは，(5.1.8) 式の制約から明らかなように，(5.1.7) 式の証券市場の行

動方程式の性質が実は正確なものではないからである.

(5.2.17) $E_i^h > (B'-1)I' + K_i > 0$

これらはいずれも，貨幣市場に，周知の性質を置くことによって，証券市場にこのような特定化が生じているのである.

(5.2.18) $L_i < 0$

(5.2.18) 式は，証券市場の (5.2.17) 式の性質を意味する．これが，証券市場の偏微分係数の制約を考慮して，(5.2.18) 式の性質に変換していかなければ，証券市場仮説による不均衡調整過程が安定的に均衡に到達することが確定しない理由である．もともと，(5.1.7) 式で示された証券市場の性質だけでは，不安定な場合を含んでいる．不安定な場合を除去している仮定が，(5.2.18) 式であり，それに対応した証券市場の性質は，(5.2.17) 式のようになる.

開放マクロ経済のマクロ均衡同時決定モデルに対応する不均衡調整モデルを2つの方法で定式化して検討してきた．以下では，その意義を明確にして，この分析をひとまず閉じることにする.

均衡での分析では全く同値である．もちろん，均衡の分析においても，それぞれの市場に置かれた仮定が，ワルラス法則によって消去された背後にある任意の市場にどのような特定化を行っているかを考慮して分析しなければ完全なものとは言えない．この点は，1988年の『マクロ経済分析における貨幣と証券』千倉書房，以降，一貫した筆者の主張である．そのためには，伝統的モデルで消去されてきた証券市場の均衡条件を明示的に常に定式化しておかなければならない．このような均衡の完全な分析は，実は不均衡調整過程と対である.

図解的にいえば一層明らかである．本章で取り上げたモデルでは，財市場の均衡曲線と証券市場の均衡曲線の傾きの大小関係は，貨幣市場の均衡曲線の傾きが右上がりである限り，ワルラス法則の制約により決まっている．この大小関係が，実は，均衡近傍での証券市場仮説に基づく不均衡調整モデルの安定性の問題でもある．したがって，不均衡調整モデルを定式化して，議論することは，均衡の完全な分析に影響を及ぼしているのである.

ともすれば，均衡の分析が重視され，政策効果の分析が重要であるとされるが，不均衡調整過程のない均衡モデルは初めから市場の安定性という重要な問題を消し去っているといわなければならない.

第3節　金融市場の瞬時的調整と不均衡調整モデル

1．財市場の不均衡と金融市場の瞬時的調整

　標準的な開放マクロ経済モデルで想定されている自国の金融市場は，外国為替（外貨）市場，自国証券市場，（自国）貨幣市場の3つである．これらの市場は，財市場や労働市場と比較して，相対的に調整スピードが速く，規制が存在しなければ，瞬時に均衡すると考えられる．変動相場制では，外国為替（外貨）の超過需要は国際収支であるから，外国為替市場が均衡するということは，国際収支が均衡するということを意味する．貨幣市場は，現実の特定の個別市場を意味しないが，経済主体の貨幣需要が貨幣保有の機会費用に素早く反応して，貨幣供給に一致する．ここでは，（自国）証券については，債券を想定する．外国証券についても同様である．証券市場についても，規制が存在せず，競争的であれば瞬時に均衡に向けて調整が進行すると考えられる．この節では，これらの金融市場が財市場と比較して相対的に調整スピードが速く瞬時に均衡し，その時点では，財市場は不均衡で調整がゆっくりと進行しているという開放マクロ経済の不均衡調整モデルを取り上げて，その整合性を厳密に検討する．ドーンブッシュ・モデルの出現以来，[9] これらのモデルはそれほど目新しいものではなく，すでに標準的なモデルとなっている．しかしながら，それにもかかわらず，そのマクロ的整合性には大きな問題が横たわっている．

　前述したように，貨幣経済である開放マクロ経済では，ワルラス法則が経済全体の制約として成立する．この章で取り上げた開放マクロ経済モデルは，財市場，貨幣市場，国際収支，自国証券市場の均衡および不均衡によって構成される．ワルラス法則は，いうまでもなく，この4つの市場の中で任意の1市場の均衡もしくは不均衡は独立ではないことを意味している．純粋な変動相場制を仮定するので，国際収支は常に均衡している．したがって，ワルラス法則は，閉鎖経済と同様に，財市場，貨幣市場，（自国）証券市場の3つの市場に関する制約となる．財市場は，比較的短い時間の範囲では，不均衡でありその調整

---

9) Dornbusch, R., "Expectations and Exchange Rate Dynamics," *Journal of Political Economy*, Vol.84, No.6, December 1976.

過程にあると仮定している．財市場の不均衡のもとでは，貨幣市場の均衡と自国証券市場の均衡が両立することはありえない．いずれか一方が均衡であれば，他方は不均衡であり，それだけではなく，財市場の不均衡に正確に対応することになる．たとえば，瞬時に貨幣市場が均衡するとして，財市場が超過供給であれば，自国証券市場は超過需要である．瞬時に自国証券市場が均衡するとすれば，財市場が超過供給であれば貨幣市場は超過需要である．財市場の不均衡調整モデルであるかぎり，対応する市場の不均衡は独立ではない．このように，開放マクロ経済では，金融市場が瞬時的に均衡することを前提にモデルを定式化すれば，貨幣市場が瞬時的に均衡する場合と自国証券市場が瞬時的に均衡する場合とにモデルは分岐し，それぞれ異なった不均衡調整モデルとなる．ここでは，この点を論証する．

2．金融市場の瞬時的調整と単純な不均衡調整モデル

ワルラス法則を制約とするかぎり，財市場が瞬時的には不均衡であるので，この3つの市場が同時に均衡することはありえない．変動相場制であるので，外国為替市場，つまり国際収支は瞬時に均衡すると仮定しているので，財市場が不均衡である場合，モデルは，自国証券市場の瞬時的均衡か貨幣市場の瞬時的均衡かのいずれかによって構成される．貨幣市場の瞬時的均衡でモデルを構成すれば，自国証券市場は不均衡で財市場の不均衡に正確に対応している．自国証券市場の不均衡でモデルを構成すれば，貨幣市場は不均衡で，それは財市場の不均衡に正確に対応している．

［1］ 不均衡調整モデル

自国証券と外国証券が不完全代替で不完全資本移動の場合，金融市場の瞬時的均衡を仮定する開放マクロ経済モデルの不均衡調整モデルは，(5.1.9) 式で示された均衡モデルに対応して次の2つのモデルとなる．

(5.3.1)-(a) $\dot{Y} = \alpha[C(Y-G) + I(i) + G + T(Y, e) - Y], \quad \alpha > 0$

$$K\left(i, i^* + \frac{e^E - e}{e}\right) + T(Y, e) = 0, \quad M = L(Y-G, i)$$

$$\left[B(I(i)) \gtreqless E^h\left(Y-G, i, i^* + \frac{e^E - e}{e}\right)\right]$$

第5章　開放経済におけるマクロ不均衡調整モデル　151

(5.3.1)-(b)　$\dot{Y}=\alpha[C(Y-G)+I(i)+G+T(Y,\ e)-Y],\ \alpha>0$

$$K\left(i,\ i^*+\frac{e^E-e}{e}\right)+T(Y,\ e)=0$$

$$B(I(i))=E^h\left(Y-G,\ i,\ i^*+\frac{e^E-e}{e}\right)+M$$

$$\left[M \gtreqless L(Y-G,\ i)\right]$$

(5.3.1)-(a) のモデルのように貨幣市場が瞬時的に均衡する場合は，自国証券市場の不均衡は独立ではない．この市場の不均衡を直接的に調整する調整変数は存在しない．他の市場の調整の結果として間接的に調整されるだけである．(5.3.1)-(b) のモデルでは，自国証券市場が瞬時的に均衡し，貨幣市場は一般的には不均衡である．この市場を調整する調整変数は存在せず，他の市場の調整の結果，間接的に調整される．

(5.3.1) 式の2つのモデルは，まったく異なったモデルである．したがって，金融財政政策に反応する調整経路もまったく異なる．この相違点を分析しておこう．ただし，予想為替相場は依然として先決変数で調整過程では変化しないものと仮定する．

図解ために，この2つのモデルに共通である国際収支の均衡条件を為替相場について解いておこう（(5.2.3) 式と同じである）．

(5.3.2)　$e=\varphi(Y,\ i\ ;\ e^E,\ i^*)$

$$\varphi_Y=-\frac{T_Y}{T_e-K_r(e^E/e^2)}>0,\quad \varphi_i=-\frac{K_i}{T_e-K_r(e^E/e^2)}<0$$

$$\varphi_{e^E}=\frac{-K_r/e}{T_e-K_r(e^E/e^2)}>0,\quad \varphi_{i^*}=-\frac{K_r}{T_e-K_r(e^E/e^2)}>0$$

(5.3.1)-(a) のモデルに (5.3.2) 式の瞬時的均衡為替相場を考慮して，安定条件を求めると，次のようになる．

(5.3.3)　$\dfrac{d\dot{Y}}{dY}=\alpha\left\{\left((C'-1)-\dfrac{I'L_y}{L_i}\right)+T_Y+T_e\varphi_Y-\dfrac{T_eL_y\varphi_i}{L_i}\right\}<0$

(5.3.3) 式の符号を確定する上で，次の性質が必要である．

(5.3.4)　$T_Y+T_e\varphi_Y=\dfrac{-T_YK_r(e^E/e^2)}{T_e-K_r(e^E/e^2)}<0$

(5.3.4) 式により，(5.3.1)-(a) のモデルによる不均衡調整過程は安定で

図 5-1

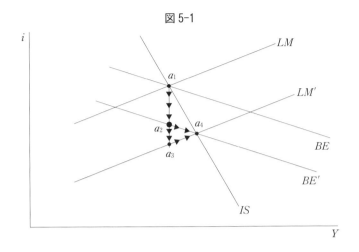

あり，時間が経てば (5.1.9) 式に示された市場均衡に到達する．

同様に，(5.3.1) – (b) のモデルの安定性を検討する．比較可能にするために，民間部門の収支均等式の制約を考慮し，(5.1.8) 式を考慮する．

(5.3.5)
$$\frac{d\dot{Y}}{dY}=\alpha\left[\frac{\{T_Y L_t K_r(e^E/e^2)-L_y K_t T_e\}-(T_e-K_r(e^E/e^2))\{(1-C'-L_y)+(C'-1)(I'+L_t)\}}{K_t T_e-(I'+L_t)(T_e-K_r(e^E/e^2))}\right]<0$$

自国証券市場の瞬時的均衡を仮定したモデルでも，(5.1.9) 式で示された市場均衡モデルは安定であることがわかる．しかしながら，この不均衡調整モデルはまったく異なった調整経路を持つモデルである．そのことを図解しておこう．

金融緩和政策の効果で，この問題を簡単に検討しておこう．この場合の金融緩和政策とは，単に貨幣供給の増加を意味するだけである．

図に示されているように，貨幣市場の均衡曲線 (LM) にも自国証券市場の均衡曲線 (BE) にも，国際収支を均衡させる為替相場が考慮されている．この両曲線上では国際収支は常に均衡している．貨幣供給が増加すると，LM 曲線も BE 曲線（自国証券市場の均衡曲線）も下方にシフトし均衡点は，a_1 から a_4 に移動する．自国証券市場の均衡条件を取り上げようが貨幣市場の均衡条件を取り上げようが，均衡に関する限り同値である．図からも明らかなように，不均衡調整過程ではまったく異なる．その基本的な相違は，この図でよく

示されている.

　貨幣市場が瞬時的に均衡するモデルでは，金融緩和政策の実施により，貨幣供給が増加すると LM 曲線は下方にシフトし，自国証券利子率は，瞬時的に a_3 まで下落する．やがて，財市場の超過需要に反応して所得調整が始まる．所得の増加は，自国証券利子率を上昇させる．最終的な均衡は，a_4 であるから，このモデルでは，自国証券利子率に関してオーバーシュートして市場均衡に向かう．つまり，調整経路は，$a_1 \to a_3 \to a_4$ である．

　これに対して，自国証券市場の瞬時的均衡を仮定したモデルでは，金融緩和政策の結果，BE 曲線は下方にシフトし，自国証券利子率は瞬時的に a_2 点まで下落するが，最終の市場均衡 a_4 では，もっと下落する．調整経路は，$a_1 \to a_2 \to a_4$ となる．この場合，自国証券利子率に関するオーバーシューティングは生じない．つまり，このモデルでは，自国証券利子率に関するアンダーシューティングが生じている．

［2］ 為替相場予想の内生化と不均衡調整モデル

　これまで予想為替相場については先決変数として取り扱ってきた．為替相場予想の内生化の方法については，為替相場予想の変化率自体を内生化する回帰的予想がある．また，合理的予想もある．しかしながら，本章第4節では，為替相場予想の定常性を想定しているマンデル＝フレミング・モデルの均衡に対応する不均衡調整モデルを分析するので，その対比からここでも為替相場予想に適応的仮説を適用する．これはあくまで，均衡と不均衡調整過程の枠組みを検討する目的にあるのであって，為替相場予想の是非を検討するものではない．

　(5.3.1)-(a)，(5.3.1)-(b) の不均衡調整モデルに，為替相場予想の適応的仮説を付け加えれば，モデルは完成する．不完全資本移動の場合，これらの2つのモデルに分岐する．

(5.3.6)-(a) 　$\dot{Y} = \alpha[C(Y-G) + I(i) + G + T(Y, e) - Y], \quad \alpha > 0$

$$K\left(i, \ i^* + \frac{e^E - e}{e}\right) + T(Y, e) = 0$$

$$M = L(Y-G, \ i)$$

$$\dot{e}^E = k(e - e^E), \quad k > 0$$

$$\left[B(I(i)) \gtreqless E^h\left(Y-G, \ i, \ i^* + \frac{e^E - e}{e}\right)\right]$$

(5.3.6)-(b) $\dot{Y} = \alpha[C(Y-G) + I(i) + G + T(Y, e) - Y]$, $\alpha > 0$

$$K\left(i,\ i^* + \frac{e^E - e}{e}\right) + T(Y, e) = 0$$

$$B(I(i)) = E^h\left(Y - G,\ i,\ i^* + \frac{e^E - e}{e}\right)$$

$$\dot{e}^E = k(e - e^E),\ k > 0$$

$$[M \gtreqless L(Y - G,\ i)]$$

これらのモデルに対応する定常均衡モデルは，1つである．不均衡調整過程は異なるが，同じ定常均衡に到達する．これらのモデルに対応する定常均衡モデルは，次のモデルである．それは，(5.1.9) 式のモデルで，為替相場予想の定常性を仮定したモデルと同じである．

(5.1.9)′ $Y = C(Y-G) + I(i) + G + T(Y, e)$
  $K(i,\ i^*) + T(Y, e) = 0$
  $M = L(Y-G,\ i)$
  $B(I(i)) = E^h(Y-G,\ i,\ i^*) + M$

(5.3.6)-(a) の場合は，自国証券市場の不均衡が消去される．(5.3.6)-(b) の場合は，貨幣市場の不均衡が消去される．しかしながら，定常均衡においては，ワルラス制約の下でこれらの2つのモデルはまったく同値である．

この2つの不均衡調整モデルが，まったく異なったモデルであることは，その1次近似系の局所的安定性を検討することによってわかる．

まず，貨幣市場の瞬時的均衡を取り上げた (5.3.6)-(a) 式のモデルから，検討する．自国証券利子率と為替相場の瞬時的均衡解は，下記のように表すことができる．[10]

(5.3.7) $i = H^m(Y, e^E;\ G, M, I^*),\ e = V^m(Y, e^E;\ G, M, I^*)$

(5.3.8) $H_Y^m = -\dfrac{L_y}{L_i} > 0,\ H_{e^E}^m = 0$

---

[10] $H_M^m = 1/L_i < 0,\ H_G^m = L_y/L_i < 0,\ H_{i^*}^m = 0$
  $V_M^m = K_i/\{-L_i(T_e - K_r(e^E/e^2))\} > 0$
  $V_G^m = (L_y K_i)/\{-L_i(T_e - K_r(e^E/e^2))\} > 0$
  $V_{i^*}^m = K_r/\{-L_i(T_e - K_r(e^E/e^2))\} > 0$

第5章　開放経済におけるマクロ不均衡調整モデル

$$V_Y^m = \frac{-(-L_y K_i + T_Y L_i)}{(T_e - K_r(e^E/e^2))L_i} \gtreqless 0, \quad V_{e^E}^m = \frac{-K_r/e}{(T_e - K_r(e^E/e^2))} > 0$$

(5.3.7) 式を (5.3.6)-(a) 式に代入すれば, 次のような連立微分方程式モデルとなる.

(5.3.6)′-(a)

$$\dot{Y} = \alpha[C(Y-G) + I(H^m(Y, e^E)) + G + T(Y, V^m(Y, e^E)) - Y], \quad \alpha > 0$$
$$\dot{e}^E = k[V^m(Y, e^E) - e^E], \quad k > 0$$

このモデルの, 定常均衡は, $\dot{Y} = \dot{e}^E = 0$ によって与えられ, それは (5.1.9)′ 式のモデルとなる.

(5.3.6)′-(a) 式の連立微分方程式を定常均衡近傍で1次近似し, 係数行列を求めると次のようになる. すべての偏微分係数は定常均衡近傍で評価されている.

(5.3.9)　$J = \begin{bmatrix} (\partial \dot{Y}/\partial Y) & (\partial \dot{Y}/\partial e^E) \\ (\partial \dot{e}^E/\partial Y) & (\partial \dot{e}^E/\partial e^E) \end{bmatrix}$

(5.3.10)　$\dfrac{\partial \dot{Y}}{\partial Y} = \alpha[(C'-1) + I'H_Y^m + T_Y + T_e V_Y^m] < 0$

$\dfrac{\partial \dot{Y}}{\partial e^E} = \alpha(I'H_{e^E}^m + T_e V_{e^E}^m) > 0$

$\dfrac{\partial \dot{e}^E}{\partial Y} = kV_Y^m \gtreqless 0, \quad \dfrac{\partial \dot{e}^E}{\partial e^E} = k(V_{e^E}^m - 1) < 0$

(5.3.10) 式の符号を確定する上で, 次の関係を使っている.

(5.3.11)　$T_Y + T_e V_Y^m = \dfrac{T_Y L_i K_r(1/e) - T_e L_y K_i}{-L_i(T_e - K_r/e)} < 0$

$V_{e^E}^m - 1 = \dfrac{T_e}{(K_r/e) - T_e} < 0$

この係数行列 (J^m) は, 次の性質を持っている.

(5.3.12)　$\mathrm{tr}(J^m) = \dfrac{\partial \dot{Y}}{\partial Y} + \dfrac{\partial \dot{e}^E}{\partial e^E} < 0$

$\det(J^m) = \alpha k[\{(C'-1) + I'H_Y^m\}(V_{e^E}^m - 1) + T_Y(V_{e^E}^m - 1) - T_e V_Y^m] > 0$

(5.3.12) 式の $\det(J^m)$ の符号を確定する上で, 次の関係が使われている.

(5.3.13) $T_Y(V_{e^E}^m - 1) - T_e V_Y^m = \dfrac{-T_e L_y K_i}{L_i(T_e - K_r/e)} > 0$

(5.3.12) 式が充たされていれば，定常均衡は局所的に安定である．

同様にして，自国証券市場の瞬時的均衡を仮定した，(5.3.6)-(b)のモデルの局所的安定性を検討する．その際，(5.3.6)-(a)の貨幣市場の均衡を取り上げたモデルと比較可能なように，(5.1.8)式の制約を考慮する．

まず最初に，自国証券利子率と為替相場の瞬時的均衡解を表しておこう．[11]

(5.3.14) $i = H^S(Y, e^E; G, M, i^*), \quad e = V^S(Y, e^E; G, M, i^*)$

(5.3.15) $H_Y^S = \dfrac{-T_Y K_r(e^E/e^2) - (1 - C' - L_y)(T_e - K_r(e^E/e^2))}{\Delta^S} < 0$

$\quad V_Y^S = \dfrac{K_i(1 - C' - L_y) + T_Y(I' + L_i - K_i)}{\Delta^S} > 0$

$\quad H_{e^E}^S = \dfrac{-(K_r/e)T_e}{\Delta^S} > 0, \quad V_{e^E}^S = \dfrac{(I' + L_i)(K_r/e)}{\Delta^S} > 0$

$\quad \Delta^S = K_i T_e - (I' + L_i)(T_e - K_r(e^E/e^2)) > 0$

(5.3.14) 式を考慮して，(5.3.6)-(b) のモデルを表せば，次のようになる．

(5.3.6)′-(b)
$\quad \dot{Y} = \alpha[C(Y - G) + I(H^S(Y, e^E)) + G + T(Y, V^S(Y, e^E)) - Y]$
$\quad \dot{e}^E = k[V^S(Y, e^E) - e^E]$

定常均衡は，$\dot{Y} = \dot{e}^E = 0$，で与えられ，それは，同様に，(5.1.9)′式のモデルとなる．この定常均衡の近傍でこの連立微分方程式を一次近似し，その係数行列を求めると，下記のようになる．形式は，これまでと同様である．その構成要素は，次のようになる．ただし，すべての偏微分係数は均衡近傍で評価されている．

(5.3.16) $\dfrac{\partial \dot{Y}}{\partial Y} = \alpha[(C' - 1) + I' H_Y^S + T_Y + T_e V_Y^S] < 0$

---

11) $H_M^S = -(T_e - K_r(e^E/e^2))/\Delta^S < 0, \quad V_M^S = K_i/\Delta^S > 0$
$\quad H_G^S = [(1 - C' - L_y)(T_e - K_r(e^E/e^2))]/\Delta^S > 0, \quad V_G^S = \{-K_i(1 - C' - L_y)\}/\Delta^S < 0$
$\quad H_{i^*}^S = (-K_r T_e)/\Delta^S > 0, \quad V_{i^*}^S = (K_r(I' + L_i))/\Delta^S$

第5章 開放経済におけるマクロ不均衡調整モデル　157

$$\frac{\partial \dot{Y}}{\partial e^E} = \alpha(I'H^S_{e^E} + T_e V^S_{e^E}) > 0$$

$$\frac{\partial \dot{e}^E}{\partial Y} = kV^S_Y > 0, \quad \frac{\partial \dot{e}^E}{\partial e^E} = k(V^S_{e^E} - 1) < 0$$

(5.3.16) 式の符号を確定する証明を行うためには, (5.1.8) 式の制約を考慮しなければならない.

(5.3.17)　$(C'-1) + I'H^S_Y + T_Y + T_e V^S_Y$

$$= \frac{\{(1-C')L_i + I'L_y\}(T_e - (K_r/e)) + T_Y L_i (K_r/e) - T_e K_i L_y}{K_i T_e - (I'+L_i)(T_e - (K_r/e))} < 0$$

$$V^S_{e^E} - 1 = \frac{(I' + L_i - K_i)T_e}{K_i T_e - (I'+L_i)(T_e - (K_r/e))} < 0$$

$$I'H^S_{e^E} + T_e V^S_{e^E} = \frac{T_e L_i (K_r/e)}{K_i T_e - (I'+L_i)(T_e - (K_r/e))} > 0$$

この場合, 係数行列には, 同様の性質が成立するが, 固有方程式が同じ解を持つことはありえない. したがって, 2つの不均衡調整モデルは, どちらもその定常均衡は局所的安定であるが, 異なった調整過程を持つモデルである.

(5.3.18)　$\operatorname{tr}(J^S) = \left(\frac{\partial \dot{Y}}{\partial Y}\right) + \left(\frac{\partial \dot{e}^E}{\partial e^E}\right) < 0$

$$\det(J^S) = \left(\frac{\partial \dot{Y}}{\partial Y}\right)\left(\frac{\partial \dot{e}^E}{\partial e^E}\right) - \left(\frac{\partial \dot{Y}}{\partial e^E}\right)\left(\frac{\partial \dot{e}^E}{\partial Y}\right)$$

$$= \alpha k[\{(C'-1) + I'H^S_Y + T_Y\}(V^S_{e^E} - 1) - V^S_Y (T_e + I'H^S_{e^E})] > 0$$

(5.3.18) 式の $\det(J^S)$ の符号を確定するために, (5.3.17) 式に付け加えて, 以下の関係を使っている.

(5.3.19)　$(C'-1) + I'H^S_Y + T_Y$

$$= \frac{-(1-C'-T_Y)K_i T_e - T_Y I' T_e + \{(1-C'-T_Y)L_i + I'L_y\}(T_e - (K_r/e))}{K_i T_e - (I'+L_i)(T_e - (K_r/e))} < 0$$

$$T_e + I'H^S_{e^E} = \frac{T_e\{T_e(K_i - I') - L_i(T_e - (K_r/e))\}}{K_i T_e - (I'+L_i)(T_e - (K_r/e))} > 0$$

$$V^S_Y = \frac{-[T_Y(K_r/e) + (1-C'-L_y)(T_e - (K_r/e))]}{K_i T_e - (I'+L_i)(T_e - (K_r/e))} < 0$$

金融市場と財市場の調整スピードに特段の相違がない場合, 金融市場の調整

スピードが財市場のそれに比較して相対的に速く瞬時に均衡することを仮定した場合，いずれにおいても開放マクロ経済モデルの不均衡調整モデルは，少なくとも2つの定式化が存在する．それらの不均衡調整過程を厳密に整合的に検討してきた．不完全資本移動の不均衡調整モデルは，自国証券市場の瞬時均衡でモデルを構成するか貨幣市場のそれでモデルを構成するかによって，別個のモデルとなる．したがって，その調整経路もまったく異なる．それは，基本的には，政策ショックによる不均衡調整過程でチャネル変数のオーバーシューティングが生ずるかどうかによって特徴づけられる．貨幣市場の瞬時的均衡を仮定したモデルが，オーバーシューティングを生み出す．

第4節　金利平価モデルとマクロ不均衡調整モデル

第4章で，為替相場決定モデルの部分均衡モデルとしての金利平価モデルを詳細に検討してきた．このモデルを開放マクロ経済モデルに結合したマクロ均衡同時決定モデルは，完全資本移動のモデルとして，現実的には先進国間のマクロ的枠組みを念頭に，現在，開放マクロ経済モデルの「標準モデル」となっている．

この節では，これまでの不完全資本移動のモデルと同様に，この「標準モデル」の不均衡調整モデルを整合的に詳細に検討する．金利平価条件の瞬時的成立を仮定した開放マクロ経済モデルの不均衡調整モデルは，いまだ確固としたものはない．この節はこの課題に挑戦する．

1．完全資本移動の「標準モデル」
[1]　マクロ均衡同時決定モデル

すでに，第4章で詳細に検討したように，自国証券と外国証券が完全代替で完全資本移動が仮定される場合，金利平価条件が成立する．

(5.4.1) 　$i = i^* + \dfrac{e^E - e}{e}$

(5.4.1) 式は，自国証券市場，外国為替市場のいずれの均衡においても成立する条件である．この条件の下で，自国証券市場も国際収支も均衡しているので，通常，ワルラス法則により，自国証券市場を消去したと考えて，伝統的に

貨幣市場の均衡条件でモデルを構成する．それは，以下のような周知のモデルである．C, I, L, T の性質は，(5.1.7) 式と同一である．

(5.4.2) $\quad Y = C(Y-G) + I(i) + G + T(Y, e)$

$\qquad M = L(Y-G, \ i), \quad i = i^* + \dfrac{e^E - e}{e}$

このモデルの均衡の性質について，本来，詳細な説明は要らないのであるが，後述する整合性の検討に際して使われるので，詳細に示しておく．単純な均衡モデルではあるが，単純であるからこそ，逆に，この場合の不均衡調整モデルの定式化はきわめて困難な問題である．そこには，未解決の問題が潜んでいると考えられる．

(5.4.3) $\quad \Delta^m = -L_y T_e + \{(1-C'-T_y)L_i + I'L_y\}(e^E/e^2) < 0$

$\left(\dfrac{\partial Y}{\partial M}\right)_m = \dfrac{I'(e^E/e^2) - T_e}{\Delta^m} > 0,$

$1 > \left(\dfrac{\partial Y}{\partial G}\right)_m = \dfrac{-L_y T_e + \{(1-C')L_i + I'L_y\}(e^E/e^2)}{\Delta^m} > 0,$

$\left(\dfrac{\partial Y}{\partial e^E}\right)_m = \dfrac{(T_e L_i)/e}{\Delta^m} > 0, \quad \left(\dfrac{\partial Y}{\partial i^*}\right)_m = \dfrac{L_i T_e}{\Delta^m} > 0,$

$\left(\dfrac{\partial i}{\partial M}\right)_m = \dfrac{(1-C'-T_Y)(e^E/e^2)}{\Delta^m} < 0,$

$\left(\dfrac{\partial i}{\partial G}\right)_m = \dfrac{-L_y T_Y(e^E/e^2)}{\Delta^m} < 0,$

$\left(\dfrac{\partial i}{\partial e^E}\right)_m = \dfrac{(-T_e L_y)/e}{\Delta^m} > 0, \quad \left(\dfrac{\partial i}{\partial i^*}\right)_m = \dfrac{-T_e L_y}{\Delta^m} > 0,$

$\left(\dfrac{\partial e}{\partial M}\right)_m = \dfrac{-(1-C'-T_Y)}{\Delta^m} > 0, \quad \left(\dfrac{\partial e}{\partial G}\right)_m = \dfrac{L_y T_Y}{\Delta^m} > 0,$

$\left(\dfrac{\partial e}{\partial e^E}\right)_m = \dfrac{\{(1-C'-T_Y)L_i + I'L_y\}/e}{\Delta^m} > 0,$

$\left(\dfrac{\partial e}{\partial i^*}\right)_m = \dfrac{(1-C'-T_Y)L_i + I'L_y}{\Delta^m} > 0,$

問題は，完全代替・完全資本移動のモデルと不完全代替・不完全資本移動の

モデルの相互関係をどのように捉えるかである．1つの整合的な主張は，次のような更なる特定化である．

(5.4.4)　$-K_r=+\infty,\ K_i=+\infty$

(5.1.9) 式のモデルで，貨幣市場の均衡条件を取り上げたモデルは，(5.4.4) 式の条件の下で，(5.4.2) 式のモデルと完全に同値となる．それは，この条件の下で (5.1.11) 式が (5.4.3) 式と一致することによって確かめられる．

ところで，(5.4.4) 式の仮定は，(5.1.8) 式の制約の下で，自国証券市場に次の性質を仮定することを同時に意味する．

(5.4.5)　$-E_r^h=+\infty,\ E_i^h=+\infty,$

(5.1.9) 式で，自国証券市場の均衡を取り上げたモデルは，(5.1.8) 式の制約条件の下で，貨幣市場の均衡を取り上げたモデルと完全に同値となる．

以上の検討の結論は，不完全代替・不完全資本移動のモデルに (5.4.4)，(5.4.5) 式の条件を置けば，完全代替・完全資本移動のモデルと同値となることを意味している．(5.4.4) 式の条件を仮定することは，自国証券と外国証券が完全代替であるので制約により，(5.4.5) 式の仮定は，必然である．これらのことを理解することによって，(5.4.2) 式の完全代替・完全資本移動のモデルで，資本収支や自国証券需要がどのように決定されるかがわかる．

(5.4.6)　$T(Y,\ e)=-K,\ B(I(i))-M=E^h$

(5.4.6) 式は，自国証券市場の均衡で自国証券需要が，国際収支の均衡で資本収支が決定されることを意味している．完全代替・完全資本移動のモデルは，(5.4.6) 式を付け加えてはじめて完成されたモデルとなる．

(5.4.2)′　$Y=C(Y-G)+I(i)+G+T(Y,\ e)$

$$M=L(Y-G,\ i),\ i=i^*+\frac{e^E-e}{e}$$

$$T(Y,\ e)=-K$$

$$B(I(i))-M=E^h$$

金利平価条件が瞬時に成立するモデルの全体像は，(5.4.2)′ 式で示されているが，このような整合的な理解は，自国証券と外国証券の不完全代替を仮定した不完全資本移動と関連づけなければ，得られない．それはまるで，1つの特定化されたマクロ経済の世界をもう1つのより一般的なマクロ経済の世界か

ら眺めて理解するようなものである．このような視点が，このモデルの不均衡調整モデルを確立する鍵となる．

[2]「標準モデル」の不均衡調整モデル

さて，自国証券と外国証券が完全代替で完全資本移動の場合，不均衡調整モデルはどのように構成されるべきであるかについて検討することにしよう．マクロ均衡同時決定モデルは，(5.4.2) 式で与えられている．ところが，金利平価条件の成立を，(5.4.4)，(5.4.5) 式の性質で捉える限り，自国証券市場と国際収支は常に均衡している．したがって，ワルラス法則の制約の下で，財市場の不均衡はそれに正確に対応して貨幣市場の不均衡が存在しなければならないし，その不均衡は独立ではない．[12]

(5.4.7) $\dot{Y}=\alpha[C(Y-G)+I(i)+G+T(Y, e)-Y]$, $\alpha>0$
$M \gtreqless L(Y-G, i)$

問題は自国証券利子率と為替相場の瞬時的決定である．所得が与えられた瞬時的均衡においては，(5.4.2) 式のマクロ均衡同時決定モデルのように，貨幣市場の均衡条件と金利平価条件によってこの2つの内生変数を決定することはできない．財市場は一般的には不均衡で，貨幣市場も不均衡だからである．そこで，もう一度，均衡の決定に遡って検討しておこう．前述したように，(5.1.9) 式の不完全代替・不完全資本移動のモデルで，(5.4.4)，(5.4.5) 式で示された自国証券需要，外国証券需要 $(-K)$ の金利感応性が限りなく大きいという条件を与えれば，均衡に関する限り，(5.4.2) 式の完全代替・完全資本移動のモデルと同値である．このことを考慮すれば，財市場が不均衡で瞬時

---

[12] 為替相場のオーバーシューティング・モデルは，基本的には，次のような定式化となっている．e^n：長期均衡為替相場，$\hat{e}^E$：為替相場の予想変化率，P：物価．
$\dot{P}=\gamma[C(Y)+I(i)+G+T(Y, eP^*/P)-Y]$, $\gamma>0$
$M/P=L(Y, i)$, $i=i^*+\hat{e}^E$, $\hat{e}^E=\chi(e^n/e)$, $\chi'>0$

(5.4.7) 式と異なるのは，所得が外生変数で，財市場の不均衡の調整変数は自国財物価となっている点である．しかしながら，ワルラス法則を制約とし，金利平価条件が瞬時に成立し不均衡調整過程で持続するわけだから，このような，財市場が不均衡，貨幣市場が均衡という構成は成立し得ない．したがって，ドーンブッシュ・モデルタイプのオーバーシューティング・モデルは整合的には成立し得ない．本書の理解からすれば，それは当然のことである．

的には所得が与えられている場合，自国証券利子率と為替相場も国際収支の均衡と自国証券市場の均衡によって決定されなければならない．貨幣市場は財市場の不均衡に正確に対応する不均衡の状態にあるのだから，貨幣市場が瞬時的に均衡することはありえない．とすれば，次のようなモデルで，自国証券利子率と為替相場は瞬時的に決定されるとみなければならない．(5.4.4)，(5.4.5)式の性質以外も，これまでと同様である．

(5.4.8) $\quad K\left(i,\ i^{*}+\dfrac{e^{E}-e}{e}\right)+T(Y,\ i)=0$

$B(I(i))=E^{h}\left(Y-G,\ i,\ i^{*}+\dfrac{e^{E}-e}{e}\right)$

$-K_{r}=-E_{r}^{h}=+\infty,\ K_{i}=+\infty,\ E_{i}^{h}=+\infty$

(5.4.8) 式の自国証券利子率と為替相場の決定は，(5.3.1)−(b) の不完全代替・不完全資本移動の場合の不均衡調整モデルの決定メカニズムに，(5.4.4)，(5.4.5) 式の性質を与えたものである（上記の瞬時的均衡では，財市場の不均衡に対応して，正確には，貨幣市場は不均衡である）．

このように考えれば，金利平価モデルのマクロ不均衡調整モデルは，不完全資本移動の場合の自国証券市場の瞬時的均衡を取り上げた (5.3.1)−(b) のモデルで，(5.4.4)，(5.4.5) 式の制約を与えたモデルとなる．もしそうであるとすれば，このことは，いささか驚くべき真理である．完全資本移動のマクロ均衡同時決定モデルの不均衡調整モデルが，自国証券市場の均衡条件が必須となるモデルであるというのは，非常にパラドクシカルである．なぜなら，均衡値の決定には貨幣市場の均衡条件が必須であるように見えるからである．だが，(5.4.2) 式の標準モデルは，(5.4.2)′ 式がモデルの全体像であり，金利平価条件は自国証券市場の均衡をも意味する．これまでの検討から，(5.4.8) 式に財市場の均衡条件を付け加えれば，モデルの均衡としては，(5.4.2) 式と同値となるわけだから，貨幣市場の均衡条件は必須であるとはいえない．貨幣市場の均衡条件を消去してマクロ均衡同時決定モデルを構成することは可能である．

(5.4.7)，(5.4.8) 式を結合させて，集約的にモデルを提示しておこう．

(5.4.9) $\quad \dot{Y}=\alpha[C(Y-G)+I(i)+G+T(Y,\ e)-Y],\ \alpha>0$

$$K\left(i,\ i^*+\frac{e^E-e}{e}\right)+T(Y,\ e)=0$$

$$B(I(i))=E^h\left(Y-G,\ i,\ i^*+\frac{e^E-e}{e}\right)+M$$

$$-K_r=-E_r^h=+\infty,\ K_i=+\infty,\ E_i^h=+\infty$$

$$(M\gtreqless L(Y-G,\ i))$$

[3] 不均衡調整モデルの整合性

　(5.4.9) 式の不均衡調整モデルが安定で均衡に到達すれば, それは, (5.1.9) 式のモデルに, (5.4.4), (5.4.5) 式の性質を与えたモデルになる. それは, (5.4.2) 式の金利平価条件を仮定したモデルと同値である. つまり, (5.4.9) 式のモデルは, (5.4.2) 式の完全資本移動のマクロ均衡同時決定モデルのマクロ不均衡調整モデルとなるはずである. 以下で, そのことを厳密に検討する.

　自国証券利子率と為替相場の瞬時的均衡解は, 次のようになる.

(5.4.10)　$i=H^P(Y\ ;\ e^E,\ G,\ M,\ i^*)$

　　　　　$e=V^P(Y\ ;\ e^E,\ G,\ M,\ i^*)$

(5.4.11)　$\Delta^P=T_e-(I'+L_i)(e^E/e^2)>0$

$$H_Y^P=\frac{\{T_Y-(1-C'-L_y)\}(e^E/e^2)}{\Delta^P}<0$$

$$H_{e^E}^P=\frac{T_e/e}{\Delta^P}>0,\ \ H_G^P=\frac{(1-C'-L_y)(e^E/e^2)}{\Delta^P}>0$$

$$H_M^P=\frac{-(e^E/e^2)}{\Delta^P}<0$$

$$H_{i^*}^P=\frac{T_e}{\Delta^P}>0,\ \ V_Y^P=\frac{(1-C'-L_y)-T_Y}{\Delta^P}>0,$$

$$V_{e^E}^P=\frac{-(I'+L_i)/e}{\Delta^P}>0$$

$$V_G^P=\frac{-(1-C'-L_y)}{\Delta^P}<0,\ \ V_M^P=\frac{1}{\Delta^P}>0,$$

$$V_{i^*}^P = \frac{-(I'+L_i)}{\Delta^P} > 0$$

(5.4.10) 式の自国証券利子率と為替相場の瞬時的均衡解を，(5.4.9) 式の財市場の不均衡調整モデルに代入し，所得 Y で微分すると，次のようになる．

(5.4.12) $\dfrac{d\dot{Y}}{dY} = \alpha[(C'-1) + I'H_Y^P + T_Y + T_e V_Y^P] < 0$

この式の符号がどのようにして負になるかを明らかにしておこう．

(5.4.12) $(C'-1) + I'H_Y^P + T_Y + T_e V_Y^P = \tilde{\Delta} < 0$

$$\tilde{\Delta} = \frac{-L_y T_e + \{(1-C'-T_Y)L_i + I'L_y\}(e^E/e^2)}{\Delta^P} = \frac{\Delta^m}{\Delta^P} < 0$$

$\Delta^m = -L_y T_e + \{(1-C'-T_Y)L_i + I'L_y\}(e^E/e^2) < 0$

$\Delta^P = T_e - (I'+L_i)(e^E/e^2) > 0$

(5.4.9) 式の不均衡調整モデルは，(5.4.12) 式より，安定的に均衡に到達する．その均衡が，(5.4.2) 式の「標準モデル」で示された均衡でなければならない．このことは，次の財市場の均衡条件により，均衡所得の性質をもとめ，それを通じて自国証券利子率と為替相場の均衡の性質を導出し，それが，正確に (5.4.3) 式の性質と完全に一致しなければならない．

(5.4.13) $Y = C(Y-G) + I(H^P(Y; e^E, M, G, i^*))$
$\qquad\qquad + T(Y, V^P(Y; e^E, M, G, i^*)) + G$

(5.4.13) 式を全微分すると，次のようになる．(5.4.12) 式を考慮して表す．

(5.4.13)′ $\tilde{\Delta}dY = (-I'H_M^P - T_e V_M^P)dM + \{(C'-1) - I'H_G^P - T_e V_G^P\}dG$
$\qquad\qquad + (-I'H_{e^E}^P - T_e V_{e^E}^P)de^E + (-I'H_{i^*}^P - T_e V_{i^*}^P)di^*$

(5.4.13)′ 式より，所得に関する均衡の性質は次のように導出される．

(5.4.14) $\dfrac{\partial Y}{\partial M} = -\dfrac{-I'H_M^P - T_e V_M^P}{\tilde{\Delta}}, \quad \dfrac{\partial Y}{\partial G} = \dfrac{(C'-1) - I'H_G^P - T_e V_G^P}{\tilde{\Delta}}$

$\dfrac{\partial Y}{\partial e^E} = \dfrac{-I'H_{e^E}^P - T_e V_{e^E}^P}{\tilde{\Delta}}, \quad \dfrac{\partial Y}{\partial i^*} = \dfrac{-I'H_{i^*}^P - T_e V_{i^*}^P}{\tilde{\Delta}}, \quad \tilde{\Delta} = \dfrac{\Delta^m}{\Delta^P}$

(5.4.11) 式を考慮すれば，次のように関係が導出される．

(5.4.15) $-I'H_M^P - T_e V_M^P = \dfrac{I'(e^E/e^2) - T_e}{\Delta^P}$

第5章 開放経済におけるマクロ不均衡調整モデル 165

$$(C'-1) - I'H_G^P - T_e V_G^P = \frac{-L_y T_e + \{(1-C')L_i + I'L_y\}(e^E/e^2)}{\Delta^P}$$

$$-I'H_{e^E}^P - T_e V_{e^E}^P = \frac{(T_e/L_i)/e}{\Delta^P}, \quad -I'H_{i^*}^P - T_e V_{i^*}^P = \frac{T_e L_i}{\Delta^P}$$

(5.4.15) 式を (5.4.14) 式に代入すれば，(5.4.13) 式のモデルの均衡の性質が次のように導出される．

(5.4.16) $\quad \dfrac{\partial Y}{\partial M} = \dfrac{I'(e^E/e^2) - T_e}{\Delta^m}, \quad \dfrac{\partial Y}{\partial G} = \dfrac{-L_y T_e + \{(1-C')L_i + I'L_y\}(e^E/e^2)}{\Delta^m}$

$\quad \dfrac{\partial Y}{\partial e^E} = \dfrac{(T_e L_i)/e}{\Delta^m}, \quad \dfrac{\partial Y}{\partial i^*} = \dfrac{T_e L_i}{\Delta^m}$

(5.4.16) 式が，金利平価条件を仮定したモデルの (5.4.3) 式の性質とまったく同値であることがわかる．

自国証券利子率や為替相場についてもまったく同値となることが確かめられる．

(5.4.10) 式を全微分する．

(5.4.17) $di = H_Y^P dY + H_{e^E}^P de^E + H_G^P dG + H_M^P dM + H_{i^*}^P di^*$
$\quad de = V_Y^P dY + V_{e^E}^P de^E + V_G^P dG + V_M^P dM + V_{i^*}^P di^*$

(5.4.17) 式を使って，外生変数の効果を確認しておこう．

(5.4.18) $\quad \dfrac{\partial i}{\partial M} = H_Y^P \left(\dfrac{\partial Y}{\partial M} \right) + H_M^P$

$\quad = \dfrac{(e^E/e^2)[\{T_Y - (1-C'-L_y)\}(I'(e^E/e^2) - T_e) - \Delta^m]}{\Delta^P \Delta^m}$

$\quad = \dfrac{(1-C'-T_Y)(e^E/e^2)}{\Delta^m} < 0$

この結果からわかるように，(5.4.3) 式の金利平価モデルの性質とまったく一致することがわかる．同様にして，途中経過を省略すれば，次のような結果が確認される．

(5.4.19) $\quad \dfrac{\partial e}{\partial M} = V_Y^P \left(\dfrac{\partial Y}{\partial M} \right) + V_M^P = \dfrac{-(1-C'-T_Y)}{\Delta^m}$

$\quad \dfrac{\partial i}{\partial e^E} = H_Y^P \left(\dfrac{\partial Y}{\partial e^E} \right) + H_{e^E}^P = -\dfrac{(T_e L_y)/e}{\Delta^m}$

$$\frac{\partial e}{\partial e^E} = V_Y^P\left(\frac{\partial Y}{\partial e^E}\right) + V_{e^E}^P = \frac{\{(1-C'-T_y)L_i + I'L_y\}/e}{\varDelta^m}$$

$$\frac{\partial i}{\partial G} = H_Y^P\left(\frac{\partial Y}{\partial G}\right) + H_G^P = -\frac{L_Y T_Y(e^E/e^2)}{\varDelta^m}$$

$$\frac{\partial e}{\partial G} = V_Y^P\left(\frac{\partial Y}{\partial G}\right) + V_G^P = \frac{T_Y L_y}{\varDelta^m}, \quad \frac{\partial i}{\partial i^*} = H_Y^P\left(\frac{\partial Y}{\partial i^*}\right) + H_i^P = \frac{-(T_e L_y)}{\varDelta^m}$$

$$\frac{\partial e}{\partial i^*} = V_Y^P\left(\frac{\partial Y}{\partial i^*}\right) + V_i^P = \frac{(1-C'-T_y)L_i + I'L_y}{\varDelta^m}$$

　(5.4.18), (5.4.19) 式が, 金利平価モデルの (5.4.3) 式の性質と完全に一致することが確認された. これにより, (5.4.9) 式で定式化された不均衡調整モデルの均衡は, (5.4.3) 式の金利平価モデルの均衡とまったく同値であり, このモデルが金利平価モデルのマクロ不均衡調整モデルであることがわかった. 不均衡調整モデルにおいて, 自国証券市場の均衡条件は必須の条件となる. つまり, 完全資本移動の開放マクロ経済モデルは, 自国証券市場の定式化なしに, そのマクロ不均衡調整モデルを確立することができないのである. このことは, 非常に重要な結論である.

2. 不均衡調整モデルの政策的含意

　モデルの整合性と政策的含意について, 二者択一的に捉えるべきではない. 整合性に疑いがあるモデルで政策的含意について議論しても実りある結果は得られないことはいうまでもない. 限りなく, モデルの整合性の程度を高めるようにするべきである. その意味で, この章で取り上げた不均衡調整モデルの問題は, よき例であると言える.

　それでは, この章の政策的含意について言及しておこう. 第3節で分析したように, 開放マクロ経済モデルの不均衡調整モデルが, 貨幣市場の瞬時的均衡条件でもって構成されれば, 金融政策の利子率や為替相場への効果にオーバーシューティングを引き起こす. 金融緩和政策が発動されて, 財市場が不均衡となり, 瞬時的に金融市場で決定される為替相場の減価や利子率の下落は, 最終の市場均衡でのその効果よりも大きくなる傾向がある. 瞬時的効果は不均衡調整が進む中で, 一部分相殺されていく. これが,「貨幣市場均衡型の不均衡調整過程」である.

これに対して，自国証券市場が瞬時に均衡する場合であるが，金融緩和政策が発動されれば，瞬時に為替相場の減価や利子率の下落が生じるが，財市場の不均衡調整過程で，その効果よりも大きな効果が発生し，最終的な市場均衡に到達したとき，瞬時的効果よりも大きな効果が実現している．これを「証券市場均衡型の不均衡調整過程」と呼ぼう．

現実の政策の調整過程も，政策が有効である限り，典型的にはこの2類型ではないだろうか．もちろん，最終的に均衡に到達したときに政策の目的と逆の結果となっている場合もある．この節で検討した完全資本移動の場合のこの問題に対する含意は，理論的にはきわめて重要である．これまで，オーバーシューティング・モデルでは，完全資本移動による金利平価条件が仮定されてきたからである．完全資本移動の不均衡調整モデルは，自国証券市場の瞬時的均衡によって構成されなければならない．したがって，「証券市場均衡型の不均衡調整過程」であるはずである．皮肉にも，完全資本移動の場合，不均衡調整過程でオーバーシューティングは生じない．この点を為替相場について確認しておこう．

$$(5.4.20)\quad \left(\frac{\partial e}{\partial M}\right)_S = \frac{1}{T_e - (I' + L_i)(e^E/e^2)} > 0$$

$$\left(\frac{\partial e}{\partial M}\right)_U = \frac{-(1 - C' - T_Y)}{-L_y T_e + \{(1 - C' - T_Y)L_i + I'L_y\}(e^E/e^2)} > 0$$

下付の S が瞬時的効果を，下付の U で最終市場均衡における効果を表している（$(\partial e/\partial M)_U \equiv (\partial e/\partial M)_m$, $(\partial e/\partial M)_S \equiv V_M^P$）．

$$(5.4.21)\quad \left(\frac{\partial e}{\partial M}\right)_S - \left(\frac{\partial e}{\partial M}\right)_U = \frac{(1 - C' - L_y - T_Y)(T_e - I'(e^E/e^2))}{\Delta^P \Delta^m} < 0$$

自国証券利子率についても同じ結果を得ることは明らかである．

この結果は，まさに「証券市場均衡型の不均衡調整」の含意を表しており，オーバーシューティングは生じないことを意味している．つまり，金利平価条件が成立する開放経済のマクロ不均衡調整過程では，理論的には金融緩和政策によるチャネル変数のオーバーシューティングは生じない．逆にアンダーシューティングが生じる．その十分条件は $1 - C' - L_y \equiv E_y^h > 0$ であり，図解的には証券市場の均衡曲線が右下がりであることを意味している．本章のモデルでは，この仮定が保証されている．

3. 為替相場予想の内生化と不均衡調整モデル

これまで予想為替相場については外生変数として取り扱ってきた．為替相場予想の内生化の方法については，為替相場予想の変化率自体を内生化する回帰的予想がある．また，合理的予想もある．しかしながら，ここでは，為替相場予想の定常性を想定しているマンデル＝フレミング・モデルに対応する不均衡調整モデルを分析するので，為替相場予想に適応的仮説を適用する．[13]

[1] マンデル＝フレミング・モデル

周知のように，マンデル＝フレミング・モデルは，狭義の意味で，次のようなモデルとなり，予想為替相場は常に現実の為替相場と一致する．これまでの枠組みはまったく同一である．

(5.4.22) $Y = C(Y-G) + I(i) + G + T(Y, e)$
$M = L(Y-G, i), \quad i = i^*$
$(B(I(i)) - M = E^h, \quad T(Y, e) = K)$

当然のことながら，このモデルは下記のような資産の不完全代替・不完全資本移動のモデルと，次のような仮定の下で同値である．詳細な説明は，もはや不要であろう．

(5.4.4)′ $-K_{i^*} = -E^h_{i^*} = +\infty$
(5.4.5)′ $K_i = +\infty, \quad E^h_i = +\infty$
(5.1.9)′ $Y = C(Y-G) + I(i) + G + T(Y, e)$
$K(i, i^*) + T(Y, e) = 0$
$M = L(Y-G, i)$
$(B(I(i)) = E^h(Y-G, i, i^*) + M)$

[2] マンデル＝フレミング・モデルの不均衡調整モデル

問題は，(5.4.22) 式のモデルの不均衡調整モデルをどのように定式化するかである．すでに，予想為替相場が外生変数である場合を (5.4.9) 式で定式

---

13) これはあくまで，均衡と不均衡調整過程の枠組みを検討する目的のためであり，為替相場予想の是非を検討するものではない．

第5章 開放経済におけるマクロ不均衡調整モデル　169

化しておいたので，ここでは，予想為替相場を適応的予想仮説で置き換えて内生化すればよい．それは，集約的に示せば，以下のようなモデルとなる．

(5.4.23) $\dot{Y} = \alpha[C(Y-G) + I(i) + G + T(Y, e) - Y],\ \alpha > 0$

$$K\left(i,\ i^* + \frac{e^E - e}{e}\right) + T(Y,\ i) = 0$$

$$B(I(i)) = E^h\left(Y - G,\ i,\ i^* + \frac{e^E - e}{e}\right) + M$$

$-K_r = -E_r^h = +\infty,\ E_i^h = +\infty,\ K_i = +\infty$

$(M \gtreqless L(Y - G,\ i))$

$\dot{e}^E = k(e - e^E),\ k > 0$

この不均衡調整モデルが，$\dot{Y} = \dot{e}^E = 0$，で表される定常均衡に到達すれば，その均衡がマンデル＝フレミング・モデルの均衡と同値であるかどうかの確認作業が必要である．

自国証券利子率と為替相場の瞬時的均衡解，(5.4.10)，(5.4.11)式を考慮すれば，これまでと同様に，(5.4.22)式のモデルは，下記の連立微分方程式体系となる．政策変数以外，外生変数は省略してこれを明示しない．

(5.4.23)′

$\dot{Y} = \alpha[C(Y-G) + I(H^P(Y,\ e^E)) + G + T(Y,\ V^P(Y,\ e^E)) - Y],\ \alpha > 0$

$\dot{e}^E = k[V^P(Y,\ e^E) - e^E],\ k > 0$

定常均衡は，$\dot{Y} = \dot{e}^E = 0$で与えられる．

(5.4.24) $Y = C(Y-G) + I(H^P(Y, e^E)) + T(Y, V^P(Y, e^E)) + G,$

$e^E = V^P(Y, e^E)$

これまでと同様に，1次近似系の係数行列（J_m）は，これまでと同様の形式で与えられ，それぞれの構成要素は次のようになる．ただし，偏微分係数はすべて定常均衡近傍で評価されている．

(5.4.25) $\dfrac{\partial \dot{Y}}{\partial Y} = \alpha[(C'-1) + I'H_Y^P + T_Y + T_e V_Y^P] = \dfrac{\alpha \Delta^m}{\Delta^P} < 0$

$\dfrac{\partial \dot{Y}}{\partial e^E} = \alpha(I' H_{e^E}^P + T_e V_{e^E}^P) = \alpha\left(\dfrac{-T_e(L_i/e)}{\Delta^P}\right) > 0$

$\dfrac{\partial \dot{e}^E}{\partial Y} = k V_Y^P = k\left(\dfrac{(1 - C' - L_y) - T_Y}{\Delta^P}\right) > 0$

$$\frac{\partial \dot{e}^E}{\partial e^E} = k(V_{e^E}^P - 1) = k\left(\frac{-T_e}{\Delta^P}\right) < 0$$

$$\Delta^m = -T_e L_y + \frac{(1-C'-T_Y)L_i + I'L_y}{e} < 0,$$

$$\Delta^P = T_e - \frac{I' + L_i}{e} > 0$$

係数行列は下記のようなきわめて単純な性質を持っている.

(5.4.26)　$\text{tr}(J_m) = \alpha\left(\frac{\Delta^m}{\Delta^P}\right) + k\left(\frac{-T_e}{\Delta^P}\right) < 0,\quad \det(J_m) = \alpha k\left(\frac{T_e L_y}{\Delta^P}\right) > 0$

この結果からわかるように，定常均衡，(5.4.25) は，局所的に安定である．所得と予想為替相場の運動を図解すれば，図5-2のようになる．

図 5-2

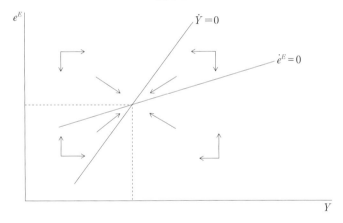

さて，この不均衡調整モデルの定常均衡がマンデル=フレミング・モデルの均衡と同値であるかどうかである．まず，(5.4.21) 式のモデルは下記の性質を持っていることはほぼ自明の事柄であろう．ただ，オリジナルなモデルとは，貨幣需要と自国証券需要が可処分所得の増加関数であることだけが異なる．

(5.4.27)　$\dfrac{\partial Y}{\partial G} = 1,\quad \dfrac{\partial e}{\partial G} = -\dfrac{T_Y}{T_e} > 0$

$\dfrac{\partial Y}{\partial M} = \dfrac{1}{L_y} > 0,\quad \dfrac{\partial e}{\partial M} = \dfrac{1-C'-T_Y}{T_e L_y} > 0,$

第5章 開放経済におけるマクロ不均衡調整モデル　171

$$\frac{\partial Y}{\partial i^*}=-\frac{L_i}{L_y}>0, \quad \frac{\partial e}{\partial i^*}=-\frac{(1-C'-T_Y)L_i+I'L_y}{T_eL_y}>0,$$

(5.4.24) 式を全微分すると，下記の式が得られる．

(5.4.28) $\dfrac{\varDelta^m}{\varDelta^P}dY-\dfrac{T_e(L_i/e)}{\varDelta^P}de^E$

$$=(-I'H_M^P-T_eV_M^P)dM+[(C'-1)-(I'H_G^P+T_eV_G^P)]dG$$
$$-(I'H_{i^*}^P+T_eV_{i^*}^P)di^*,$$
$$V_Y^PdY+(V_{e^E}^P-1)de^E=-V_G^PdG-V_M^PdM-V_{i^*}^Pdi^*$$

したがって，定常均衡の性質は，次のように導出することができる．

(5.4.29) $\varOmega=\dfrac{\varDelta^m}{\varDelta^P}(V_{e^E}^P-1)-\dfrac{V_Y^P(-T_e(L_i/e))}{\varDelta^P}=\dfrac{T_eL_y}{\varDelta^P}$

$$\frac{\partial Y}{\partial M}=\left[\left(\frac{I'/e-T_e}{\varDelta^P}\right)\left(\frac{-T_e}{\varDelta^P}\right)-\left(\frac{T_e(L_i/e)}{\varDelta^P}\right)\left(\frac{1}{\varDelta^P}\right)\right]\Big/\varOmega=\frac{1}{L_y}$$

$$\frac{\partial e}{\partial M}\left(=\frac{\partial e^E}{\partial M}\right)=\left[\left(\frac{\varDelta^m}{\varDelta^P}\right)\left(\frac{-1}{\varDelta^P}\right)+\frac{V_Y^P(T_e-(I'/e))}{\varDelta^P}\right]\Big/\varOmega=\frac{1-C'-T_Y}{T_eL_y}>0$$

貨幣供給に関して，まったく同一であることがわかる．この結果を導出するに際して，次の関係を使っている．

(5.4.30) $-I'H_M^P-T_eV_M^P=\dfrac{(I'/e)-T_e}{\varDelta^P}, \quad -V_M^P=-\dfrac{1}{\varDelta^P}$

次に，財政に関して同値であるかの確認を行う．

(5.4.31) $\dfrac{\partial Y}{\partial G}=\left[T_e\left(T_eL_y-I'\left(\dfrac{L_y}{e}\right)-(1-C')\left(\dfrac{L_i}{e}\right)\right)(\varDelta^P)^{-2}\right.$

$$\left.+\left((1-C'-L_y)T_e\left(\frac{L_i}{e}\right)\right)(\varDelta^P)^{-2}\right]\frac{1}{\varOmega}=1$$

$$\frac{\partial e}{\partial G}\left(=\frac{\partial e^E}{\partial G}\right)=\left[\frac{\varDelta^m}{\varDelta^P}+\frac{1-C'-L_y}{\varDelta^P}\right.$$
$$\left.+\left(\frac{(1-C'-L_y)-T_Y}{\varDelta^P}\right)\left(T_eL_y-I'\left(\frac{L_y}{e}\right)-(1-C')\left(\frac{L_i}{e}\right)\right)\right]\frac{1}{\varOmega}=-\frac{T_Y}{T_e}>0$$

この結果を導出するに際して，次の関係を使っている．

(5.4.32) $-(I'H_G^P+T_eV_G^P)=\dfrac{(T_e-(I'/e))(1-C'-L_y)}{\varDelta^P}, \quad -V_G^P=\dfrac{1-C'-L_y}{\varDelta^P},$

$$I'H_G^P + T_e V_G^P + (1-C') = \frac{T_e L_y - (I'L_y)/e - (1-C')(L_i/e)}{\Delta^P}$$

同様にして，外国証券利子率の効果もみておこう．

(5.4.33) $\quad \dfrac{\partial Y}{\partial i^*} = [(T_e L_i)(-T_e)(\Delta^P)^{-2} + (I'+L_i)(T_e(L_i/e))(\Delta^P)^{-2}]/\Omega$

$\qquad\qquad = \dfrac{T_e L_i(-T_e) + (I'+L_i)(T_e(L_i/e))}{T_e L_y \Delta^P} = -\dfrac{L_i}{L_y} > 0$

$\qquad \dfrac{\partial e}{\partial i^*} = \left[\dfrac{\Delta^m}{\Delta^P}\left(\dfrac{I'+L_i}{\Delta^P}\right) - \left(\dfrac{(1-C'-L_y)-T_Y}{\Delta^P}\right)\left(\dfrac{T_e L_i}{\Delta^P}\right)\right]/\Omega$

$\qquad\qquad = -\dfrac{(1-C'-T_Y)L_i + I'L_y}{T_e L_y} > 0$

この導出に際しては，次の関係を使っている．

(5.4.34) $\quad -(I'H_i^P + T_e V_i^P) = \dfrac{T_e L_i}{\Delta^P}, \quad -V_i^P = \dfrac{I'+L_i}{\Delta^P}$

以上の検討により，この不均衡調整モデルの定常均衡がマンデル＝フレミング・モデルの均衡と一致することを明らかにすることができた．

これらの論証結果からわかるように，自国証券と外国証券が完全代替で，金利平価条件が瞬時に成立する開放マクロ経済モデルの不均衡調整モデルを完全に定式化することができた．自国証券市場と国際収支の瞬時的均衡で，金利感応性が限りなく大きい場合，瞬時的均衡値が決定され，やがて財市場の不均衡に反応して所得が変化し，その反作用がこれらの金融市場に及ぶ．この調整過程は，予想為替相場が先決変数である場合，金利平価条件を持つ開放マクロ経済モデルの均衡に，予想為替相場が内生化された場合には，マンデル＝フレミング・モデルの均衡に到達する．つまり，この不均衡調整過程は安定である．

4．結 論

金融市場の調整スピードが速く瞬時に均衡することを仮定した開放マクロ経済モデルの不均衡調整モデルを定式化し，不均衡調整過程を厳密に整合的に検討した．その際，自国証券と外国証券が完全代替で完全資本移動の場合の不均衡調整モデルも定式化した．

不完全資本移動のモデルでは，自国証券市場の瞬時均衡でモデルを構成する

か貨幣市場のそれでモデルを構成するかによって，不均衡調整モデルは分岐する．完全資本移動の場合は，財市場の不均衡に対応して貨幣市場が不均衡となる．不均衡調整モデルは一義的に定式化され，不均衡調整モデルが分岐するようなことはない．このように，金利平価条件の瞬時的成立を仮定することは，国際収支の均衡ばかりでなく自国証券市場の均衡をも意味し不均衡の調整過程に明確な影響を与えるのである．その不均衡調整過程で主たる役割を果たすのが，自国証券市場の均衡条件である．政策的含意として，「証券市場均衡型の不均衡調整過程」と「貨幣市場均衡型の不均衡調整過程」の2類型があることを示し，いわゆるオーバーシューティングが生じるのは後者である．完全資本移動が成立し金利平価条件の瞬時的成立が開放マクロ経済モデルの構成要素となる場合は，その不均衡調整過程は前者である．したがって，この不均衡調整モデルでは，金融政策の発動によるチャネル変数の変動過程でオーバーシューティングは生じない．本章のモデルでは，アンダーシューティングが生じる．

第5章への補論

本書第5章第4節3．では，マンデル＝フレミング・モデルの均衡の安定性を検討することができる不均衡調整モデルを整合的に定式化し，それが，R.ドーンブッシュのタイプのモデルではありえないことを論証した．その際，内外証券は完全代替で完全資本移動を仮定し，瞬時に金利平価条件が成立すると仮定してきた．この補論では，金利平価条件は瞬時に成立せず，為替相場の予想変化率を考慮した内外利子率は一般的には一致しないが，その格差が資本移動の変化を誘発し，その反作用で調整され，定常均衡ではそれは一致するというモデルを定式化する．定常均衡では，金利平価条件は成立する．このモデルで為替相場のオーバーシューティングの可能性を分析し，理論的には，その現象が金利平価条件の瞬時的成立と深く結びついていることを明らかにする．

[I.1] 市場均衡が成立している場合
[I.1.1] 単純な開放マクロ経済モデルと短期均衡
短期均衡では金利平価条件と為替相場の静学的予想は成立しないのであるから，資本収支（資本移動）は為替相場の予想変化率を考慮した内外利子率格差

によって影響される．これを次のように定式化する．

(1) $\quad K(t,1) = k\left[i(t,1) - \left(i^* + \dfrac{e^E - e(t,1)}{e(t,1)}\right)\right] + K(t,0), \quad k' > 0, k(0) = 0$

ここで，$K(t,1)$：当該期間（t）の期末（時点1）の資本収支，$K(t,0)$：当該期間の期首（時点0）の資本収支，i：自国証券利子率，i^*：外国証券利子率，e：（名目）為替相場（自国通貨建て），e^E：（名目）為替相場の予想水準，とする．当該期間期末の利子率と為替相場についても，それぞれ，$i(t,1)$，$e(t,1)$ で表している．当該期間期首の値は前期末から引き継がれた値である．

(1)式は，当該期間の資本収支の変化が為替相場の予想変化率を考慮した内外利子率格差の増加関数であり，それが一致し金利平価条件が成立したときに，資本収支は前期と同じ値をとる．つまり，金利平価条件が成立しているときは新たな資本収支の変化はないと仮定する．その場合の資本収支は国際収支の均衡条件（外国為替市場の均衡条件）によって決定される．

(2) $\quad T(t,1) + K = 0, \quad K(t,1) = K(t,0) = K$

ここで，T：貿易収支，とする．

短期均衡では，偶然を除いて一般的には金利平価条件は成立しないと仮定するので，国際収支の均衡条件は次のようになる．

(3) $\quad T(t,1) + k\left[i(t,1) - \left(i^* + \dfrac{e^E - e(t,1)}{e(t,1)}\right)\right] + K(t,0) = 0$

(1)～(3)式の関係を考慮すれば，所得，利子率，為替相場の期末均衡同時決定モデルは，以下のように定式化することができる．期首，期末の関係はほぼ自明であるので，以下では省略する．マンデル＝フレミング・モデルと同じように小国モデルであるとする．

(4) $\quad Y = C(Y) + I(i) + T(Y,e) + G$
$\qquad M = L(Y,i)$
$\qquad T(Y,e) + k[i - \{i^* + (e^E/e - 1)\}] + K = 0$

Y：所得，C：消費，I：投資，T：貿易収支，G：政府支出，M：貨幣供給，L：貨幣需要，K：期首の資本収支，とする．資本収支以外はすべて期末の値である．資本収支，K のみが期首の値であり，それは短期均衡では与えられている．

(4)式は，順に財市場の均衡条件，貨幣市場の均衡条件，国際収支の均衡条

件（外国為替市場の均衡条件）で構成されたモデルで，期首の資本収支は与えられているので，為替相場の予想水準を与えれば，所得，利子率，為替相場が同時に決定される．このモデルの行動方程式の性質は，資本収支を除いて，標準的なマンデル＝フレミング・モデルと同一の性質を持つ．

(5) $1>C'>0$, $I'<0$, $T_Y<0$, $T_e>0$, $1>L_Y>0$, $L_i<0$, $k'>0$, $k(0)=0$

(4)式のモデルの均衡（短期均衡）の性質を明らかにしておこう．

(6) $Y=Q(K,e^E;G,M)$
$i=H(K,e^E;G,M)$
$e=Z(K,e^E;G,M)$

$\Delta = -T_e(k'L_Y - L_iT_Y) + (T_e + k'(e^E/e^2))\{((1-C')-T_Y)L_i + I'L_Y\}$
$\quad = T_e[(1-C')L_i + (I'-k')L_Y] + k'(e^E/e^2)\{((1-C')-T_Y)L_i + I'L_Y\} < 0$

$Q_K = -\dfrac{T_e L_i}{\Delta} < 0, \quad Q_{e^E} = \dfrac{(k'/e)(T_e L_i)}{\Delta} > 0,$

$Q_G = \dfrac{L_i\{(T_e + k'(e^E/e^2)\}}{\Delta} > 0,$

$Q_M = \dfrac{I'\{(T_e + k'(e^E/e^2)\} - k'T_e}{\Delta} > 0,$

$H_K = \dfrac{T_e L_Y}{\Delta} < 0, \quad H_{e^E} = \dfrac{(-k'/e)(T_e L_Y)}{\Delta} > 0,$

$H_G = \dfrac{-L_Y\{(T_e + k'(e^E/e^2)\}}{\Delta} > 0,$

$H_M = \dfrac{k'(e^E/e^2)\{((1-C')-T_Y) + (1-C')T_e\}}{\Delta} < 0$

$Z_K = \dfrac{-\{((1-C')-T_Y)L_i + I'L_Y\}}{\Delta} < 0$

$Z_{e^E} = \dfrac{(k'/e)\{((1-C')-T_Y)L_i + I'L_Y\}}{\Delta} > 0$

$Z_M = \dfrac{k'((1-C')-T_Y) + I'L_Y\}}{\Delta} > 0, \quad Z_G = \dfrac{k'L_Y - L_iT_Y}{\Delta} \gtreqless 0$

[I.1.2] 動学方程式と定常均衡

短期均衡では，（期首の）資本収支と予想為替相場（の水準）は与えられて

いるが，移行過程では，これらの内生変数が変動する．資本収支の動学方程式は，(1)式で与えられている．為替相場の予想形成は適応的予想仮説を採用する．このモデルの動学方程式は全体としては，内生変数の短期均衡解を考慮すれば，下記の連立微分方程式となる．

(7) $\dot{K} = k\left[H(K, e^E) - \left\{i^* + \dfrac{e^E}{Z(K, e^E)} - 1\right\}\right]$

$\dot{e}^E = \beta\{Z(K, e^E) - e^E\}, \quad 1 > \beta > 0$

定常均衡は，$\dot{K} = \dot{e}^E = 0$，で与えられる．定常均衡では，次の性質が成立する．

(8) $e = e^E, \quad i(= i^* + (e^E/e) - 1) = i^*$

この性質を考慮すれば，この場合の定常均衡モデルは，マンデル＝フレミング・モデルの均衡となることがわかる．

(9) $Y = C(Y) + I(i^*) + T(Y, e) + G$

$M = L(Y, i^*)$

$T(Y, e) + \dot{K} = 0 \quad (e = e^E)$

所得は，外国証券利子率が外生変数であるので，貨幣供給によって決定される．したがって，貨幣供給を増加させる金融緩和政策は所得を増加させ有効性を持つ．所得は財政政策によって影響をうけないので，政府支出を増加させる財政拡張政策は有効性を持たない．貨幣供給が与えられれば，国内貯蓄超過 ($Y - C - I - G$) は政府支出の増加だけ減少する．財市場の均衡は国内貯蓄超過が貿易収支に一致することを意味するので，それだけ貿易収支は減少する．したがって，為替相場は下落（増価）している．つまり，貨幣供給が与えられれば，財市場の均衡条件で為替相場が決定される．したがって，(8)，(9)式で示された定常均衡が安定であれば，マンデル＝フレミングの変動相場制の場合の政策命題が成立する．

[I.1.3] **定常均衡の安定性**

(7)式の連立微分方程式の性質を，定常均衡の近傍で評価すれば次のようになる．各偏微分係数は定常均衡近傍で評価されている．

(10) $\dfrac{\partial \dot{K}}{\partial K} = k'(H_k + (1/e)Z_K) < 0$

$$\frac{\partial \dot{K}}{\partial e^E} = k'(H_{e^E} + (1/e)Z_{e^E} - 1)) < 0$$

$$\frac{\partial \dot{e}^E}{\partial K} = \beta Z_K < 0$$

$$\frac{\partial \dot{e}^E}{\partial e^E} = \beta(Z_{e^E} - 1) < 0$$

(10)式の符号は,次の性質によって確定している.

(11) $$Z_{e^E} - 1 = \frac{-T_e\{(1-C')L_i + (I'-k')L_Y\}}{T_e\{(1-C')L_i + (I'-k')L_Y\} + (k'/e)\{(1-C'-T_Y)L_i + I'L_Y\}} < 0$$

$$H_{e^E} + \frac{Z_{e^E} - 1}{e}$$

$$= \frac{-(T_e/e)\{(1-C')L_i + I'L_Y\}}{T_e\{(1-C')L_i + (I'-k')L_Y\} + (k'/e)\{(1-C'-T_Y)L_i + I'L_Y\}} < 0$$

下記の条件が成立している.

(12) $$\left(\frac{\partial \dot{K}}{\partial K}\right) + \left(\frac{\partial \dot{e}^E}{\partial e^E}\right) < 0$$

$$\left(\frac{\partial \dot{K}}{\partial K}\right)\left(\frac{\partial \dot{e}^E}{\partial e^E}\right) - \left(\frac{\partial \dot{K}}{\partial e^E}\right)\left(\frac{\partial \dot{e}^E}{\partial K}\right) = \beta k'\{H_K(Z_{e^E} - 1) - Z_K H_{e^E}\} < 0$$

定常均衡の近傍で(12)式の条件が成立しているので,定常均衡は局所的に安定である.したがって,マンデル＝フレミングの政策的命題は定常均衡において成立する.

[I.2] 財市場の不均衡調整モデルと為替相場のオーバーシューティング

以下では,単純化のために,また,ドーンブッシュ・モデルとの比較から,為替相場予想についての回帰的予想仮説を取り上げる.内外証券の収益率格差は一般的には存在し,瞬時的には不均衡調整モデルは,下記のようなモデルとして定式化される.財市場の不均衡の調整変数は所得（生産量）であるというのは,伝統的なケインジアンの数量調整の考え方である（ドーンブッシュのオーバーシューティング・モデルでは,財市場の不均衡の調整変数は財の物価である.しかし,この差異は,この問題に関する限り重要な論点ではない.1970年代後半頃から,為替相場決定のマネタリー・アプローチが新しい理論的モデ

ルとして登場していた．ドーンブッシュは，この理論に留意して長期均衡で購買力平価が実現することを仮定していた）．

(13) $\dot{Y} = \alpha[C(Y)+I(i)+T(Y,e)+G-Y], \quad \alpha>0$
$\dot{K} = k[i-(i^*+\chi(e_n/e))], \quad \hat{e}^E = \chi(e_n/e), \quad \chi'>0, \quad \chi(1)=0$
$M = L(Y,i)$
$T(Y,e)+k[i-(i^*+\chi(e_n/e))]+\dot{K} = 0$

ここでは，e_n：民間部門が趨勢的に妥当と判断する為替相場，としよう．e_n は外生変数である．新たな経済のファンダメンタルズに構造的変化が生じたという情報が認識されないかぎり，調整の期間中，不変である．

(13)式のモデルでは，財市場の不均衡に対応して，自国証券市場が逆の不均衡にあるが，ワルラス法則により，消去される．貨幣市場と国際収支は瞬時に均衡していると仮定される．これに対して，自国証券市場と国際収支が瞬時に均衡し，財市場の不均衡に正確に対応して貨幣市場が不均衡であるというモデルを構築することも可能である．この2つのモデルは，同じ定常均衡を持つがまったく異なる不均衡調整モデルである．

(13)式のモデルの定常均衡では，マンデル＝フレミング・モデルが仮定する利子率均等化は一般的には成立しない．その場合も，1つの解としてはあり得る．

(14) $Y = C(Y)+I(i)+T(Y,e)+G$
$M = L(Y,i)$
$i = i^*+\chi(e_n/e)$

(15) $T(Y,e)+K = 0$

自国証券利子率と為替相場の瞬時的均衡解は，次のように一般的に表すことができる．

(16) $i = H(Y,K;M,e_n,i^*), \quad e = V(Y,K;M,e_n,i^*)$

瞬時的均衡の性質は，以下のように導出される．e_n，i^* については，当面の議論には関係ないので，省略する．

(17) $H_Y = -\dfrac{L_Y}{L_i} > 0, \quad V_Y = \dfrac{k'L_Y - T_Y L_i}{\{T_e+k'\chi'(e_n/e^2)\}L_i} \gtreqless 0$

$H_K = 0, \quad V_K = \dfrac{-1}{T_e+k'\chi'(e_n/e^2)} < 0$

第5章　開放経済におけるマクロ不均衡調整モデル

$$H_M = \frac{1}{L_i} < 0, \quad V_M = \frac{-k'}{\{T_e + k'\chi'(e_n/e^2)\}L_i} > 0$$

(13)式の不均衡調整モデルは，下記の連立微分方程式に集約される．

(18)　$\dot{Y} = \alpha[C(Y) + I(H(Y;M) + G + T(Y,V(Y,K;M)) - Y]$
　　　$\dot{K} = k[H(Y;M) - \{i^* + \chi(e_n/V(Y,K;M))\}]$

(18)式の定常均衡は，(14), (15)式で与えられている．定常均衡の近傍でこの連立微分方程式を1次近似し，その係数行列 (J) をもとめる．

(19)　$\dfrac{\partial \dot{Y}}{\partial Y} = \alpha[(C'-1) + I'H_Y + T_Y + T_e V_Y] < 0$

　　　$\dfrac{\partial \dot{Y}}{\partial K} = \alpha T_e V_K < 0$

　　　$\dfrac{\partial \dot{K}}{\partial Y} = k'[H_Y + \chi' V_Y(e_n/e^2)] \gtreqless 0$

　　　$\dfrac{\partial \dot{K}}{\partial K} = k'\chi' V_K(e_n/e^2) < 0$

(19)式では，(17)式の性質以外に，次の条件が成立することが考慮されている．

(20)　$T_Y + T_e V_Y = = \dfrac{T_Y L_i k'\chi'(e_n/e^2) + k' L_Y T_e}{\{T_e + k'\chi'(e_n/e^2)\}L_i} < 0$

(19)式で，次の条件が成立する．

(21)　$\text{tr}(J) = \alpha[(C'-1) + I'H_Y + T_Y + T_e V_Y] + k'\chi' V_K(e_n/e^2) < 0$
　　　$\det(J) = \alpha k'[\{(C'-1) + I'H_Y + T_Y\}\chi' V_K(e_n/e^2) - T_e V_K H_Y] > 0$

(21)式の性質により，定常均衡は局所的安定である．
(14)式の定常均衡より，為替相場に関して貨幣供給の変化の効果を導出しておこう．

(22)　$\left(\dfrac{\partial e}{\partial M}\right)_S = -\dfrac{1 - C' - T_Y}{\Delta_S} > 0$

　　　$\Delta_S = (1 - C' - T_Y)L_i\chi'(e_n/e^2) - L_Y\{T_e - I'\chi'(e_n/e^2)\} < 0$

瞬時的な効果は，(17)式の V_M によって与えられているので，その大きさを比較すると，次のようになる．

(23) $V_M - \left(\dfrac{\partial e}{\partial M}\right)_S =$

$$\dfrac{-L_Y\{T_e - I'\chi'(e_n/e^2)\} + (1 - C' - T_Y)(-T_e/k')L_i}{\Delta_S\{(-T_e/k') - \chi'(e_n/e^2)\}L_i} \gtreqless 0$$

　この大小関係は確定しない．したがって，一般的には，貨幣供給を増加させる金融緩和政策が行われても，為替相場のオーバーシューティングは生じないといえる．しかしながら，この式の変形では，k' の値に着目して，この符号を判定できるように工夫されている．k' の値に限らず，(23)式の右辺の分母は負である．分子はどうか．k' が十分に大きければ，分子は負となる．つまり，瞬時的効果の方が定常均衡の効果よりも大きくなり，為替相場のオーバーシューティングの可能性が生まれる．

　k' を無限大であると，この値は必ず正となり，瞬時的効果が定常均衡における効果を必ず上回る．k' が無限大であると，金利平価条件が瞬時に成立する．すると，オーバーシューティングが必ず生じる．逆に，k' が十分に小さいと，定常均衡における効果が瞬時的効果を上回る可能性がある．これは，為替相場のアンダーシューティング現象が生じていると言える．つまり，資本収支の内外利子率格差に対する感応性が高まれば高まるほど，為替相場のオーバーシューティングの可能性が高まり，それが低ければ低いほど，アンダーシューティングの可能性が高まると言える．

　金利平価条件が瞬時に成立しなければ，貨幣市場の瞬時的均衡だけでは，調整過程でオーバーシューティングが生じるかどうかはわからない．k' の大きさが，この可能性を決めていると言える．同時に，アンダーシューティングの可能性はそれが相対的に低い場合である．金融緩和政策の波及経路は，この2つの類型がある．それは同時に不均衡の調整過程の特徴でもある．

　アンダーシューティングの可能性を論じた論文に，次のものがある．

　Frenkel, J. A. and Rodriguez, C. A., "Exchange Rate Dynamics and the Overshooting Hypothesis," *IMF Staff Papers*, Vol.29, No.1, March 1982.

　為替相場のオーバーシューティングに対して，アンダーシューティングの可能性について，かなり早くから指摘されていたのである．この2つの可能性については，金融資産価格すべてについて分析することが重要であると考える．本書は，資本収支の内外利子率格差に対する感応性ばかりでなく，瞬時的均衡

を証券市場の均衡（条件）で構成するか貨幣市場の均衡条件で構成するかによって，まったく異なった不均衡調整モデルとなり，その調整経路も定常均衡（場合によっては，長期均衡）に対して，オーバーシュートするかアンダーシュートするかに分岐すると主張している．

[I.3] マンデル＝フレミング・モデルを定常均衡とした場合の不均衡調整モデルと為替相場のオーバーシューティングおよびアンダーシューティング

　以上の議論を踏まえて，(9)式で示された標準的なマンデル＝フレミング・モデルの不均衡調整モデルの1つの試論的なものを提示しておこう．瞬時的に金利平価条件は成立しない．定常均衡で為替相場の予想変化率がゼロとなるように，つまり，一義的に，マンデル＝フレミング・モデルの均衡となるように，為替相場予想の適応的仮説を仮定する．

　ただ，資本収支の変化が，外国証券の収益率の構成要素である予想為替相場／為替相場・比率に依存し，それが資本収支の大きさを変え，外国為替市場を通じて為替相場を変化させて，さらにこの比率を変化させることになる．そして，為替相場の予想もこの比率に依存し，その調整構造いかんによっては，為替相場予想が相対的に大きく変化し，外国証券の収益率を相対的に大きく変化させ，資本収支を相対的に大きく変化させる．この調整構造が，この場合，単純に，パラメータ β で示されている．ここでは，安定的な係数を想定し，1より小さいと仮定している．

(24) 　$\dot{Y}=\alpha[C(Y)+I(i)+T(Y,e)+G-Y]$, 　$\alpha>0$
　　　　$\dot{K}=k[(i-(i^*+(e^E-e)/e))]$, 　$k'>0$, 　$k(1)=0$
　　　　$\dot{e}^E=\beta(e-e^E)$, 　$1>\beta>0$

　　　　$M=L(Y,i)$
　　　　$T(Y,e)+k(i-(i^*+(e^E-e)/e)+K=0$

(24)式の不均衡調整モデルでは，財市場の調整変数が所得であるとされている．資本収支と為替相場予想の調整過程は，[I.2]と同じである．下線の上が，動学方程式であり，下線の下が，貨幣市場と外国為替市場の瞬時的均衡を表す．

　(24)式のモデルで，自国証券市場は，財市場とは逆の不均衡状態にある．瞬

時に均衡するのは,貨幣市場である.自国証券市場の不均衡は常にワルラス法則により,消去される.瞬時に均衡するのは,自国証券市場であって,貨幣市場は,瞬時には不均衡であるとするモデルも並行的に考えられることは,これまでと同様である.そして,それらのモデルが同じ定常均衡を持つが不均衡調整過程はまったく異なるという論点については,上記のモデルや,第5章第2節と,まったく同じである.

(24)式の不均衡調整過程を(9)式の定常均衡の近傍で分析する.最初に,為替相場と利子率の瞬時的均衡解を求めておこう.それは,次のように表される.ただし,外国証券利子率については,当面の議論と無関係なので,省略する.

(25) $i = H(Y, K, e^E; M), \quad e = V(Y, K, e^E; M)$

瞬時的均衡の性質は,為替相場の回帰的予想を想定した場合とほぼ同様である.

(26) $H_Y = -\dfrac{L_Y}{L_i} > 0, \quad H_K = H_{e^E} = 0, \quad H_M = \dfrac{1}{L_i} < 0$

$$V_Y = \frac{k'L_Y - T_Y L_i}{\{T_e + k'(e^E/e^2)\}L_i} \lessgtr 0$$

$$V_K = \frac{-1}{T_e + k'(e^E/e^2)} < 0$$

$$V_M = \frac{-k'}{\{T_e + k'(e^E/e^2)\}L_i} > 0$$

$$V_{e^E} = \frac{k'/e}{T_e + k'(e^E/e^2)} > 0$$

定常均衡の安定性を検討する.そのために,瞬時的均衡解を考慮して,上記の動学方程式を変形すると,下記の3元連立微分方程式となる.

(27) $\dot{Y} = \alpha[C(Y) + I(H(Y)) + G + T(Y, V(Y, K, e^E)) - Y]$
$\dot{K} = k[H(Y) - \{i^* + (e^E/V(Y, K, e^E)) - 1\}]$
$\dot{e}^E = \beta(V(Y, K, e^E) - e^E)$

この連立微分方程式を定常均衡の近傍で1次近似し,3次の係数行列(J)の性質を求めると,次のようになる.(26)式が考慮される.

(28) $\dfrac{\partial \dot{Y}}{\partial Y} = \alpha[(C'-1) + T_Y] + I'H_Y + T_e V_Y] < 0$

第5章　開放経済におけるマクロ不均衡調整モデル　183

$$\frac{\partial \dot{Y}}{\partial K} = \alpha(T_e V_K) < 0$$

$$\frac{\partial \dot{Y}}{\partial e^E} = \alpha(T_e V_{e^E}) > 0$$

$$\frac{\partial \dot{K}}{\partial Y} = k'\{H_Y + (1/e)V_Y\} \gtreqless 0$$

$$\frac{\partial \dot{K}}{\partial K} = (k'/e)V_K < 0$$

$$\frac{\partial \dot{K}}{\partial e^E} = (k'/e)(V_{e^E} - 1) < 0$$

$$\frac{\partial \dot{e}^E}{\partial Y} = \beta V_Y \gtreqless 0$$

$$\frac{\partial \dot{e}^E}{\partial K} = \beta V_K < 0$$

$$\frac{\partial \dot{e}^E}{\partial e^E} = \beta(V_{e^E} - 1) < 0$$

　この性質を導出する際に使った関係は，次のようなものである．(26)式の瞬時的均衡解の性質を定常均衡近傍で再評価して使用している．

(29)　$T_Y + T_e V_Y = \dfrac{T_Y L_i(k'/e) + k' L_Y T_e}{(T_e + (k'/e))L_i} < 0$

$V_{e^E} - 1 = \dfrac{-T_e}{T_e + (k'/e)} = T_e V_K < 0$

　また，後述する安定性の分析において，次の関係の成立にも注意を要する．

(30)　$(k'/e)V_K = -V_{e^E} < 0$

$\left(\dfrac{\partial \dot{K}}{\partial K}\right)\left(\dfrac{\partial \dot{e}^E}{\partial e^E}\right) - \left(\dfrac{\partial \dot{K}}{\partial e^E}\right)\left(\dfrac{\partial \dot{e}^E}{\partial K}\right)$

$= \beta k' \left[\left(\dfrac{V_K}{e}\right)(V_{e^E} - 1) - \left(\dfrac{V_K}{e}\right)(V_{e^E} - 1)\right] = 0$

　(28)式は，定常均衡近傍での連立微分方程式の係数行列 (3,3) の構成要素である．ただし，定常均衡近傍で評価している．係数行列 (J) の特性方程式を導出すると，次のようになる．

(31)　$\sigma^3+(-1)\mathrm{tr}(J)\sigma^2+\gamma\sigma+(-1)\det(J)=0$

ここで，γ：特性方程式の1次の係数，とする．

定常均衡が安定であるための必要条件は，特性方程式の各係数が，正でなければならない．そのためには，下記の関係が成立しなければならない．

(32)　$\mathrm{tr}(J)<0,\ \gamma>0,\ \det(J)<0$

それぞれ，求めると次のようになる．

(33)　$\mathrm{tr}(J)=\alpha[(C'-1)+T_Y+I'H_Y+T_eV_Y]$
$\qquad +(k'/e)V_K+\beta(V_{e^E}-1)<0$
$\gamma=-[\alpha k'(T_eV_KH_Y)+\alpha\beta\{T_eV_Y-(V_{e^E}-1)T_Y\}$
$\qquad -\alpha\{(C'-1)+I'H_Y)\}\{(k'/e)V_K$
$\qquad +\beta(V_{e^E-1})\}-\alpha(k'/e)T_YV_K]>0$
$\det(J)=\alpha\beta k'(T_eV_KH_Y)<0$

特性方程式の1次の係数（γ）の符号については，次の関係が成立することが考慮されている．

(34)　$T_eV_Y-(V_{e^E}-1)T_Y=\dfrac{k'L_YT_e}{(T_e+k'/e)L_i}<0$

(33)式の条件により，定常均衡としてのマンデル＝フレミング・モデルの均衡の安定性のための必要条件は充たされている．

十分条件は，下記の条件が成立することである．

(35)　$\gamma(-1)\mathrm{tr}(J)-(-1)\det(J)>0$

(35)式の条件を証明していくために，次のように変数を集約的に再定義する．

(36)　$\alpha[(C'-1)+T_Y+I'H_Y+T_eV_Y]=X_1<0$
$\qquad \alpha\beta\{T_eV_Y-(V_{e^E}-1)T_Y\}-\alpha\{(C'-1)$
$\qquad\qquad +I'H_Y\}\{(k'/e)V_K+\beta(V_{e^E}-1)-\alpha(k'/e)T_YV_K=X_2<0$

上記の再定義により，γは次のように変形される．

(37)　$-\gamma=\alpha k'T_eV_KH_Y+X_2<0$

したがって，(35)式は，次のように求められる．

(35)′　$\gamma(-1)\mathrm{tr}(J)-(-1)\det(J)$
$\qquad =X_2\mathrm{tr}(J)+X_1(\alpha k'T_eV_KH_Y)+\alpha(\beta-1)k'T_eV_KH_YV_{e^E}>0$

安定性の十分条件も成立する．したがって，(24)式の不均衡調整モデルは，一試論にすぎないが，(9)式で示されたマンデル＝フレミング・モデルの不均

衡調整モデルとしての資格があるということになる．ここでは，為替相場のオーバーシューティングという性質が，最終的な均衡としてマンデル＝フレミング・モデルの均衡を持つ場合，存在するのかどうかを検討している試論なのである．

さて，この不均衡調整モデルが為替相場のオーバーシューティングを特徴として持っているかどうかである．それは，金融（緩和）政策の為替相場への瞬時的な影響と定常均衡における効果とを比較すればよい．

(9)式より，定常均衡における効果は，周知のように，次のように求められる（第5章第4節，(5.4.27)式，参照）．

$$(39) \quad \left(\frac{\partial e}{\partial M}\right)_U = \frac{1 - C' - T_Y}{T_e L_Y} > 0$$

金融政策の瞬時的な影響は，(25)(26)式で与えられている．

$$(40) \quad V_M - \left(\frac{\partial e}{\partial M}\right)_U = \frac{-(T_e L_Y) - (1 - C' - T_Y)\{(T_e/k') + (1/e)L_i\}}{\{(T_e/k') + (e^E/e^2)\}L_i T_e L_Y} \gtreqless 0$$

為替相場のオーバーシューティングを特徴として持つどうかは不確定である．k' が十分に大きい，すなわち $(T_e/k') \fallingdotseq 0$ としても，この符号は一義的には確定しない．オーバーシューティング，アンダーシューティング，のいずれも起こりうる．

金利平価条件が瞬時に成立しない場合でも，貨幣市場が瞬時に均衡することは可能で，それが瞬時に均衡していたとしても，為替相場のオーバーシューティングが必ず生じるとは，少なくともこのモデルでは言えない．アンダーシューティングの可能性も，論理的には対等に残されている．金利平価条件が瞬時に成立する場合は，本書の第5章で詳細に分析されている．

第6章
市場の均衡および不均衡における信用創造と貨幣供給

　過度の信用膨張と収縮は，景気過熱（もしくはバブル）とその崩壊による金融危機と対応していることがよく指摘される．因果関係は歴史上の論争の対立点でもあり，理論的には未解決の問題を含むが，それは別として，信用量/GDP・比率（信用量/国内所得・比率）の現実の運動によって，このことを実証することができる．この比率の急激な上昇と下落が，過度の信用膨張と収縮に対応し，それが景気過熱とその崩壊による金融危機に対応していることは明白である．1929年の大恐慌まで遡る必要はなくて，1997年の東アジアの金融危機とその後の不況，2008年のリーマン・ショック以前とその後の不況など数多くの実例がそれを示している．[1]

　信用量/GDP・比率の運動を理論的に分析するために，まず基礎的には，信用量とGDPを同時に決定するマクロ金融経済モデルが必要であることは明白である．このような理論モデルを出発点にして，中期的な循環モデルや成長モデルへと発展させることができる．このモデルをもっとも基礎的なレベルで構築するためには，以下の基本問題を考慮するべきである．信用創造は同時に貨幣創造の側面を持ち，貨幣および流動性の定義に対応して，（中央銀行信用を含む）銀行信用はそれぞれの貨幣供給・流動性に一致するという等価性を制約として，マクロ金融経済モデルを定式化する必要がある．この銀行部門の制約に，民間非金融部門などの制約を考慮して，金融経済のワルラス法則を導出してそれを制約としてモデルを定式化する必要がある．信用量とGDPの同時決定モデルは，（貨幣供給・流動性）/GDP・比率（この逆数が流通速度）を，内生変数の決定と同時に決定していることを明確にする必要がある．[2]

---

1) その現れ方が，国によって現象によって異なることを，無視してよいということにはならない．

これらの制約にかかわる問題に加えて，解決するべき以下のような問題が存在することを明確にする必要がある．その1つは，市場均衡と信用創造の関係である．つまり，信用創造はどの市場の均衡と結合しているのかという問題である．そのことが，モデルの不均衡調整過程の定式化に決定的な影響を及ぼしていると考えられる．[3]

もともと，信用創造を明確に含まないマクロ金融経済モデルにおいても，マクロ不均衡調整モデルには，次のような基本的な問題が存在する．それは，証券利子率がどの市場の不均衡の調整変数であるのかという問題である．つまり，貨幣市場であるのか証券市場であるのか，ということで，このことによって，不均衡調整モデルは異なったモデルとなる．これは，貨幣保有の機会費用となる金融変数がモデルに存在する場合には，常に生じる問題である．

開放マクロ経済モデルでは，さらに困難な問題となる．自国投資家にとって外国証券と自国証券が不完全代替で不完全資本移動が仮定される場合は，閉鎖経済モデルと同じ問題が，不均衡調整過程の定式化に引き継がれる．

自国投資家にとってそれらが完全代替で完全資本移動の場合は，内生変数の均衡値の決定に貨幣市場の均衡がかかわる．この点は，不均衡調整過程に影響を及ぼす．不均衡調整モデルは，財市場と貨幣市場の不均衡によって構成されるが，その1つはワルラス法則によって独立ではない．この場合の不均衡調整モデルとはどのようなものであるのか．

このようなもともと存在する問題に，マクロ信用創造モデルの均衡および不均衡調整過程の定式化は，新たな論点を追加して，問題を展開させているのかどうかが明らかにされなければならない．これが筆者の根底にある理論的問題意識である．内生変数の均衡同時決定だけが存在して均衡への不均衡調整過程が存在しないモデルは，単に均衡値が計算されるに過ぎないモデルである．[4]

---

2) ケインジアン的仮定で，これ自体が1つの定式化である．
3) この論点については，『金融経済研究』第32号，2011年4月，所収の拙稿「マクロ的枠組みの下での貨幣と銀行信用の基本問題について」で，すでに明らかにしている．本書の第3章では，そのモデルをさらに単純化して，信用創造および貨幣創造をマクロ均衡同時決定モデルに結合する方法によって不均衡調整過程およびそのモデルが特定化されるというこの本質的問題を解明した．

第1節　マクロ均衡同時決定モデルと不均衡調整モデル

　信用創造・貨幣創造の分析に関しては，第3章で明らかにしたように伝統的な信用乗数および貨幣乗数のモデルがそれぞれ独立に存在する．それらは，信用乗数・貨幣乗数の説明をするための部分的な道具にしかすぎない．信用量と生産量（所得）とを同時に決定するマクロ信用創造モデルを定式化するためには，これらの部分的な信用創造・貨幣創造のモデルをマクロ均衡同時決定モデルに結合しなければならない．どのようにマクロ均衡同時決定モデルに結合するかについては，筆者は，3つの方法があると考えている．貨幣乗数に関するフィッシャー＝フリードマンの定式化による方法が，その1つである．これは，現在では標準的な方法となっている．さらに，これは筆者の考案する方法であるが，民間銀行部門の預金供給に関する受動的行動態度（passive behavior pattern）を仮定する方法である．[5]

　最後に資産としての預金と現金の完全代替を仮定して信用創造・貨幣創造の部分的モデルの一般化を図る方法である．このモデルは，序論で展開されている．この章では，最初の標準的な方法を中心にモデルを定式化していく．

　すでに第3章で明らかにしたように，マクロ均衡同時決定モデルへのこれらの結合の方法によって，均衡の性質ばかりでなく，不均衡調整過程がどのような影響を受けるのか，これが最大かつ基本的な問題である．これらの問題は，閉鎖経済では，不十分ではあるが，筆者の論考によって分析されている．

---

4) ある分析対象の理論的モデル群は階層構造を持つ．より複雑な現実に近いモデルで予測を可能とするためには，多くの内生変数を含みしかも確率的なモデルでなければならないであろう．分析対象にとって本質的なモデルは，近似的に決定論的なモデルでありうるし，含まれる内生変数はきわめて限定的であると考えられる．しかしながら，より現実に近い複雑なモデルが整合性を持ち成功をおさめるためには，相対的に単純な本質的モデルで問題を解決しておくことは有益であるし，必要不可欠な理論的作業である．本書のような本質的なモデルの存在意義は，ここにある．

5) この方法による完結したマクロ均衡同時決定モデルは，すでに定式化されている．下記の文献を参照．
　　拙著『マクロ金融経済の基礎理論』晃洋書房，2013年，第6章．
　　拙稿「マクロ的枠組みの下での貨幣と銀行信用の基本問題について」『金融経済研究』第32号，2011年4月．

筆者にとっては，これらの問題は，貨幣と銀行信用に関する基本問題であると考えられるが，必ずしもその重要性が明らかになっているとは考えられない．この章では，この基本問題を，開放マクロ経済の枠組みの中で解決していきたいと考えている．[6]

　ワルラス法則を制約とするマクロ経済モデルには，もともと不均衡調整モデルの基本問題が存在する．それは，信用創造・貨幣創造を含まない，*IS-LM* モデル，総需要・総供給モデルなどの代表的な貨幣的マクロ経済モデルで，財市場の不均衡調整過程を必須の条件とした不均衡調整モデルは少くとも2種類存在し，それぞれ異なったモデルであるという問題である．1つは，貨幣市場の不均衡の調整変数として証券利子率を取り上げたモデルである．もう1つは，証券市場の不均衡の調整変数として証券利子率を取り上げたモデルである．これら2つのモデルは，まったく異なったモデルである．均衡においては，同値であることはいうまでもない．不均衡においてモデルが異なるのは，市場不均衡と調整変数の因果関係が存在するからである．[7]

　これらの2つのモデルの系として，次のような不均衡調整モデルが存在する．財市場との比較で相対的に市場の調整スピードが速く瞬時に均衡する市場は何かを選択してその市場の瞬時的均衡を仮定するモデルである．

　1つは，貨幣市場の瞬時的均衡を仮定するモデルである．このモデルでは，証券市場は不均衡で，その不均衡は財市場の不均衡の正確な反映となる．つまり，鏡像である．もう1つは，証券市場の瞬時的均衡を仮定して不均衡調整モ

---

6) 拙稿「マクロ的枠組みの下での貨幣と銀行信用の基本問題について」『金融経済研究』第32号，2011年4月，では，下記の4つの問題が設定されている．
　（ⅰ）部分的モデルとしての信用・貨幣創造モデルを均衡同時決定モデルに結合することによって，市場均衡および不均衡調整過程はどのような影響を受けるのか
　（ⅱ）信用乗数・貨幣乗数は市場均衡および不均衡調整過程の性質にどのように関係しているのか
　（ⅲ）民間銀行部門の預金需要を受動的に受け入れて預金供給を行うという仮定を採用したモデルとフィッシャー＝フリードマンの仮定を採用した標準モデルとの相違，とりわけ不均衡調整過程について．
　（ⅳ）貸出市場の不完全性を仮定したモデルでは，この問題はどのようになるか．
　上記論文では，銀行貸出と証券の不完全代替が仮定されて分析されているので，複雑となっている．完全代替を仮定したモデル（第3章）でも，枠組み自体としては同様の問題が存在するし，大筋の議論としてまったく変わりはない．

デルを定式化したモデルである．このモデルでは，貨幣市場は不均衡であり，それは財市場の不均衡の正確な反映である．このように市場の調整スピードを考慮して不均衡調整モデルを定式化した場合も，2つのモデルはまったく異なったモデルである．したがって，これらのモデルでは，1つのチャネル変数について金融政策の波及プロセスもまったく異なったものとなり，この不均衡調整過程の問題が現実的にも重要性を持つことは明らかである．

開放マクロ経済モデルでも，不均衡調整モデルについて，同様の問題が存在する．不完全資本移動で，自国証券と外国証券が不完全代替の場合は，閉鎖経済の場合と基本的には同じ問題である．では，完全資本移動で自国投資家にとって自国証券と外国証券が完全代替の場合も問題は同じであるのか．この場合，不均衡調整過程とそのモデルにどのような影響が生じるのか．これらの点が明らかにされなければならない．そして，これこそが，前章の主要な問題であり，すでにその整合的な解決がなされ，不均衡調整モデルが定式化され，その政策的含意も明らかにされてきた．

本章では，前章のこの基本問題の解決方法を踏襲して，完全資本移動と自国証券と外国証券が完全代替であることを仮定した開放マクロ経済の枠組みの中で，信用創造及び貨幣創造を結合した開放マクロ経済モデルのマクロ均衡同時決定モデルと不均衡調整モデルの両方を定式化し，その政策的含意を分析する．

第2節　貨幣創造および信用創造と開放マクロ経済モデル

この章では，自国証券と外国証券の完全代替，完全資本移動を仮定する標準的な開放マクロ経済モデルを取り上げる．この標準的なモデルは，もっとも単

---

7) 内生変数に関して，均衡で同時に決定されるモデルをマクロ均衡同時決定モデルと定義しているのであるが，このモデルにおいては，均衡で内生変数間の因果関係は存在しない．存在する因果関係は外生変数や先決変数および状態変数との関係である．マクロ・モデルには，内生変数間に時間差を置く，均衡動学モデルも存在する．このモデルの一時均衡においては，内生変数間の因果関係が存在する．内生変数は一時均衡において同時に決定されることはない．

後者のモデルについては，下記の文献を参照．

拙著『マクロ経済分析における貨幣と証券』千倉書房，1988年，第2章．

拙著『為替レートと対外不均衡の経済学』東洋経済新報社，1999年，第5章．

純には，以下のように定式化されている．

(6.2.1) $Y = Y^d(Y, i) + T(Y, e)$

(6.2.2) $M = L(Y, i)$

(6.2.3) $i = i^* + \dfrac{e^E - e}{e}$

Y：自国所得，Y^d：財の需要，T：（自国財価格で測った）貿易収支，i：自国証券利子率，e：（自国通貨建て）為替相場，e^E：予想為替相場，M：自国貨幣供給，L：自国貨幣需要，Y^*：外国所得，i^*：外国証券利子率，とする．

このモデルの詳細な説明は不要であろう．(6.2.3) 式がこれから主たる問題となる金利平価条件で，これが瞬時に成立するためには，自国証券と外国証券が完全代替で規制・障壁のない完全資本移動が保証されていることが必要である．さしあたり，予想為替相場は先決変数であるが，この内生化については，いくつかの仮説が存在する．[8]

これから，この標準的な開放マクロ経済モデルに，部分的な信用創造・貨幣創造モデルを結合する．その際，標準的なフィッシャー＝フリードマンの方法を採用する．このことによって，不均衡調整過程は特定化される．つまり，標準的な開放マクロ経済モデルを標準的なマクロ信用創造モデルに結合し，後者を開放経済に拡張した場合の基本的な問題を検討するのが，本章の目的であると言える．

1. 預金供給の非決定性とマクロ均衡同時決定モデル

単純化のために以下のような仮定をおく．財政的側面は一切，取り上げない．想定される自国の経済主体は，民間非金融部門，民間銀行部門，中央銀行，とする．自国の外国証券投資は，民間非金融部門が行い，民間銀行部門は運用として専ら自国証券投資と貸出を行い，外国への融資は行わない．さらに，海外からの自国証券への投資は存在しないと仮定し，自国非民間金融部門の証券投資にとって，自国証券と外国証券は完全代替の金融資産であると仮定する．中央銀行は，民間非金融部門の供給する自国証券の需要を通じて，ベース・マネーを供給する．

---

8) 静学的予想仮説，適応的予想仮説，回帰的予想仮説，合理的予想仮説などである．

まず,このような仮定に基づいて,各経済主体の制約から,明らかにしていく.

(6.2.4)　　$D^S \equiv Z^b + R^d$

(6.2.5)　　$Z^b \equiv L^S + E^b$

ここで,D^S:預金供給,Z^b:民間銀行部門の本源的証券需要(民間銀行信用),R^d:準備需要,L^S:貸出供給,E^b:民間銀行部門の自国証券需要,M^S:貨幣供給,M^d:貨幣需要,とする.

(6.2.4)式は,中央銀行からの貸付が存在しないもとで,民間銀行部門は,預金を供給して資金を調達し,民間非金融部門が供給する本源的証券を需要する.本源的証券は,自国証券と銀行貸出に対応する借入証書によって構成される.(6.2.5)式は定義式で,(6.2.4)式が民間銀行部門の制約である.

中央銀行の制約は,次のようになる.

(6.2.6)　　$CU^S + R^d \equiv E^C$

ただし,CU^S:現金通貨供給,E^C:中央銀行の自国証券需要,とする.

(6.2.4),(6.2.6)式を合体すれば,統合された銀行部門の制約が明らかとなり,貨幣供給の定義を考慮すれば,貨幣供給と銀行信用の等価性が明らかとなる.[9]

(6.2.7)　　$M^S \equiv CU^S + D^S$

(6.2.8)　　$M^S \equiv Z^b + E^C (\equiv L^S + E^b + E^C)$

民間銀行部門は外国証券も需要しないし外国への貸出も行わないので,その機能は閉鎖経済の場合とまったく変わらない.

それに対して,民間非金融部門の制約は,次のようになる.

(6.2.9)　　$L^d + B^S + Y \equiv Y^d + E^P + CU^d + D^d - K$

L^d:貸出需要,B^S:自国証券供給,E^P:自国証券需要,CU^d:現金需要,D^d:預金需要,K:自国通貨建て資本収支,とする.これらの変数は,すべて自国非金融部門の変数である.

(6.2.9)式は,次のことを意味する.民間非金融部門にとって,外部資金調

---

[9]　中央銀行は民間銀行部門の準備預金需要を受動的に受け入れることを仮定している.(6.2.1)〜(6.2.3)式のモデルの貨幣供給 M は,現金通貨供給 (CU^S) が想定されている.それと区別するために,ここでは M^S としている.

達の手段である貸出需要と自国証券供給は代替的な手段であると仮定している．これらの手段によって資金を調達し所得と併せた総収入をもとにして，財が需要され，金融資産として，現金，預金，自国証券，外国証券が需要される．この場合，資本収支は外国証券需要の追加的な減少を意味するので，$-K$が，その追加的需要ということになる．

(6.2.8) 式を (6.2.7) 式の定義式を考慮して，(6.2.9) 式と統合し，貿易収支で調整すれば，経済全体の制約であるワルラス法則が得られる．

(6.2.10) $\{Y-(Y^d+T)\}+(L^d-L^S)+\{B^S-(E^P+E^b+E^C)\}$
$+(K+T)+(CU^S-CU^d)+(D^S-D^d)\equiv 0$

市場均衡は，次のようになる．

(6.2.11) $Y=Y^d+T$ （財市場の均衡）
$L^S=L^d$ （貸出市場の均衡）
$B^S=E^P+E^b+E^C$ （自国証券市場の均衡）
$K+T=0$ （外国為替市場の均衡）
$CU^S=CU^d$ （現金需給の均衡）
$D^S=D^d$ （預金需給の均衡）

(6.2.11) 式の均衡の中で，任意の1市場の均衡は独立ではない．

各経済主体の行動方程式を定式化しておこう．まず，民間銀行部門である．

(6.2.12) $R^d=(\tau+\varepsilon(i)(1-\tau))D^S$,
$1>\tau>0$, $1>\varepsilon>0$, $\varepsilon'<0$

(6.2.12) 式は，準備需要関数である．法定準備プラス超過準備である．法定支払準備率は，τ，である．預金から法定準備を差し引いた余剰 $((1-\tau)D^S)$ が運用資金である．この資金余剰に対する超過準備の比率を，ε，と定義していて，超過準備は本源的証券の保有と代替的である．準備預金金利は固定されていると仮定する．この比率は，自国証券利子率の減少関数であると仮定されている．

同様にして，貸出供給関数，自国証券需要関数も定式化される．民間銀行部門にとって貸出と自国証券は代替的運用資産である．それらの資金余剰に対する配分比率をそれぞれ，λ, b とする．

(6.2.13) $L^S=\lambda(\rho,\ i)(1-\tau)D^S$
$E^b=b(\rho,\ i)(1-\tau)D^S$

(6.2.14) $1>\lambda>0$, $\lambda_\rho>0$, $\lambda_i<0$, $1>b>0$, $b_\rho<0$, $b_i>0$

(6.2.4) 式の制約から,次のような制約条件が存在することは明白である.

(6.2.15) $\lambda+b+\varepsilon\equiv 1$, $\lambda_\rho+b_\rho\equiv 0$, $\lambda_i+b_i+\varepsilon'\equiv 0$

民間非金融部門の行動方程式を,単純に次のように定式化しておこう.

(6.2.16) $Y^d=Y^d(Y, \rho, i)$
$T=T(Y, e)$
$L^d=L^d(Y, \rho, i)$
$B^S=B^S(Y, i, \rho)$

(6.2.17) $D^d=D^d(Y, i)$, $CU^d=CU^d(Y, i)$

(6.2.18) $1>Y^d>0$, $Y^d_\rho<0$, $Y^d_i<0$, $T_Y<0$, $T_e>0$,
$L^d_Y>0$, $L^d_\rho<0$, $L^d_i>0$, $B^S_Y>0$, $B^S_i<0$, $B^S_\rho>0$,
$(E^P_Y>0$, $E^P_i=+\infty$, $-E^P_r=+\infty$, $K_i=+\infty$, $-K_r=+\infty)$,
$D^d_Y>0$, $CU^d_Y>0$, $D^d_i<0$, $CU^d_i<0$

(6.2.19) $r=i^*+\dfrac{e^E-e}{e}$

ここで,r:外国証券の収益率とする.

(6.2.16) 式の財の需要関数は,貸出利子率の減少関数となっている.資金調達手段として,貸出と自国証券は代替的手段であるので,(6.2.16) 式のように定式化されている.所得が増加すれば,外部資金需要も増大すると仮定されている.預金と現金は貨幣であり,自国証券と代替的資産であると仮定されているので,(6.2.17) 式のように定式化されている.[10]

自国証券と外国証券が完全代替で完全資本移動の開放マクロ経済モデルは,以下のように定式化される.この仮定のもとでは,外国為替市場は常に均衡しており,したがって国際収支は常に均衡している.自国証券市場も常に均衡している.単にこれらの市場が常に均衡しているだけでなく,金利平価条件が成立している.

(6.2.20) $i=i^*+\dfrac{e^E-e}{e}$

---

[10] ここでの預金は貨幣の一部であり,預金利子率は取引コストをカバーするものでしかなく,預金需要がこれに依存するとは考えられない.

(6.2.21) $Y = Y^d(Y, \rho, i) + T(Y, e)$
(6.2.22) $\lambda(\rho, i)(1-\tau)D^S = L^d(Y, \rho, i)$
(6.2.23) $CU^S = CU^d(Y, i)$
(6.2.24) $D^S = D^d(Y, i)$

(6.2.21) 式は，財市場の均衡条件である．(6.2.22) 式は，貸出市場の均衡条件である．(6.2.23) 式は，現金需給の，(6.2.24) 式は預金需給の，それぞれ均衡条件である．このモデルでは，国際収支は常に均衡しており，金利平価条件がそれを表わしている．自国証券市場も常に均衡しているが，ここでは，自国証券市場の均衡条件は，ワルラス法則によって消去することが可能である．

(6.2.20)〜(6.2.24) 式によって構成されるモデルは，中央銀行の政策変数が，自国証券需要(E^c)を通じたベース・マネーの供給であり，預金供給が非決定であり，過少決定の性格を持たざるをえない．つまり，内生変数が，所得，自国証券利子率，貸出利子率，為替相場，預金供給，現金供給の6個であり，方程式は5個であり，過少決定となる．

第3章でも分析したように，理論的には，この問題を回避する標準的方法は，閉鎖経済の場合と同様に，フィッシャー＝フリードマンの仮説である．

(6.2.25) $\dfrac{CU^d}{D^d} = cu = \text{const.}, \qquad cu > 0$

(6.2.25) 式は，預金需要に対する現金需要の比率が常に一定であるという仮定である．これは，現実経済では支払決済上，慣習的に認められる傾向であると思われているかもしれないが，そうではない．金融・銀行危機などの状況では，著しく変動することは明らかである．そのような状況を分析するためには，本来，これを外生変数とすることはできないはずである．このことに注意しながら，ここではモデルを完結するために，この方法を踏襲する．[11]

(6.2.25) 式だけでは，預金供給の非決定性は解決しない．現金需給，預金需給が常に均衡し，したがって全体としての貨幣市場も常に均衡し，この需要比率が正確に供給サイドに写像されなければならない．

---

11) 通常の貨幣乗数の定式化もこれを踏襲している．貨幣乗数の導出方法は，これだけではない．派生預金供給を定式化して，信用乗数を経由して貨幣乗数を導出する方法もある．

(6.2.26) $CU^s = CU^d$, $D^s = D^d$ $(\Rightarrow M^s = M^d)$

(6.2.26) 式の均衡が成立すれば，次の条件が成立する．

(6.2.27) $\dfrac{CU^s}{D^s} = cu = \text{const.,}$ $(M^s = (1+cu)D^s)$

この条件を，中央銀行の制約式である (6.2.6) 式に代入し，(6.2.12) 式の民間銀行部門の準備需要関数を考慮すれば，次のように預金供給が決定される．

(6.2.28) $D^s = \dfrac{1}{cu + \tau + (1-\tau)\varepsilon(i)} E^c$

したがって，貨幣供給は次のように決定される．

(6.2.29) $M^s = m(i) E^c$, $m' > 0$

$$m(i) = \dfrac{1+cu}{cu + \tau + (1-\tau)\varepsilon(i)},$$

$$m - 1 = \dfrac{(1-\tau)(1-\varepsilon(i))}{cu + \tau + (1-\tau)\varepsilon(i)} > 0 \ (m > 1)$$

ここで，m：貨幣乗数，とする．

(6.2.25)～(6.2.27) 式の預金供給の決定方法は，次のような信用乗数モデルを仮定することに他ならない．

(6.2.30) $D^s = \dfrac{1}{1+cu}(Z^b + E^c)$

(6.2.12) $R^d = (\tau + \varepsilon(i)(1-\tau))D^s$

(6.2.4) $D^s \equiv Z^b + R^d$

この部分モデルから，民間銀行部門の本源的証券需要（銀行信用）とベース・マネーの関係性である信用乗数（κ）が導出される．このような部分モデルが潜在的に内包されているのである．

(6.2.31) $Z^b = \kappa(i) E^c$, $\kappa = \dfrac{(1-\tau)(1-\varepsilon(i))}{cu + \tau + (1-\tau)\varepsilon(i)} = m - 1$, $\kappa' > 0$

この方法によって，預金供給および貨幣供給は内生的に決定される．貨幣市場の均衡条件は，次のようになり，常に均衡する．

(6.2.32) $M^s \equiv m(i) E^c$, $M^d \equiv (1+cu)D^d(Y, i) \equiv M^d(Y, i)$

$m(i) E^c = M^d(Y, i)$

2．マクロ均衡同時決定モデルの全体像

以上の検討により，預金供給および貨幣供給が決定されたので，完結したモデルは，集約的に次のように提示することができる．

(6.2.33) $Y = Y^d(Y, i, \rho) + T(Y, e)$

$M^d(Y, i) = m(i)E^c,$

$i = i^* + \dfrac{e^E - e}{e}$

$\lambda(\rho, i)\dfrac{1-\tau}{1+cu}m(i)E^c = L^d(Y, \rho, i)$

(6.2.33) 式のモデルでは，預金需要と現金需要は貨幣需要に合体されている．常に（需要も供給も同じ）一定比率で振り分けられている．すでに述べたように，自国証券市場はワルラス法則によって消去されている．この集約されたモデルでは，内生変数が，自国所得，自国証券利子率，貸出利子率，為替相場の4つであり，方程式が4式であるので，連立方程式モデルとして完結している．上から，順に，財市場の均衡条件，貨幣市場の均衡条件，金利平価条件（外国為替市場の均衡条件），貸出市場の均衡条件である．中央銀行の政策変数は1つで，ベース・マネーの供給は自国証券の需要 (E^c) を通じて行う．

このモデルで，資本収支，つまり，外国証券の追加的需要は，下記の国際収支の均衡条件によって，貿易収支に対応して内生的に決定される．

(6.2.34) $T(Y, e) + K = 0$

(6.2.33) 式のモデルで，均衡所得と均衡為替相場が決定されれば，(6.2.34) 式の国際収支の均衡条件で資本収支が決定される．[12]

同時に，外国証券と代替的な民間非金融部門の自国証券の需要 (E^P) は，自国証券市場の均衡によって決定される．

(6.2.35) $B^s(Y, i, \rho) = b(\rho, i)\dfrac{1-\tau}{1+cu}m(i)E^c + E^P + E^c$

(6.2.33) 式のモデルで，均衡所得，均衡自国証券利子率，均衡貸出利子率が決定されれば，民間非金融部門の自国証券供給，銀行部門の自国証券需要も

---

12) この問題に対する取扱いに関しては，第4章，第5章を参照．

決定され，民間非金融部門の自国証券需要が，(6.2.35) 式の自国証券市場の均衡で受動的に決定される．

以上で，自国証券と外国証券が完全代替で完全資本移動の場合の開放マクロ経済モデルに信用および貨幣の創造を結合することができた．しかしながら，この均衡が意味あるものとなるためには，不均衡調整過程が安定的なものでなければならない．次に，このモデルの不均衡調整過程を定式化する．しかしながら，この問題は，基本的に未解決の問題でもあり，一定の解決策を得ることでさえきわめて困難な問題でもある．

3．自国証券と外国証券が不完全代替の場合

そこで，次のような問題を検討しておくことは，大変意味のあることであると考える．この瞬時に金利平価条件が成立するマクロ均衡同時決定モデルは，自国証券と外国証券が不完全代替で不完全資本移動のモデルとどのような関係にあるかを見なければならない．それは，1つのモデルで表された経済を見るのにそれと理論的に繋がったもう1つの経済とそのモデルを見ることによって理解するというような分析方法をとるということである．

自国証券と外国証券が不完全代替で不完全資本移動であるので，資本収支関数は，次のように定式化されなければならない．

$$(6.2.36) \quad K = K\left(i,\ i^* + \frac{e^E - e}{e}\right),\ K_i > 0,\ K_r < 0$$

それに対応して，民間非金融部門の自国証券需要を，次のように定式化しておこう．

$$(6.2.37) \quad E^P = E^P\left(Y,\ i,\ i^* + \frac{e^E - e}{e}\right),\ E_Y^P > 0,\ E_i^P > 0,\ E_r^P < 0$$

(6.2.36) 式の資本収支関数にも説明変数として所得が考慮されるべきであるが，単純化のために無視することにする．

民間非金融部門の制約は，貨幣需要の統合を考慮すれば，次のようになる．以下では，行動方程式を代入して示しておく．

$$(6.2.9)' \quad L^d(Y, \rho, i) + B^s(Y, \rho, i) + Y$$
$$= Y^d(Y, i, \rho) + E^P(Y, i, r) + M^d(Y, i) - K(i, r)$$

これを内生変数で偏微分して，行動方程式間の制約として示しておこう．

(6.2.38)　$L_\rho^d + B_\rho^S \equiv Y_\rho^d \quad (<0)$

　　　　$L_i^d + B_i^S \equiv Y_i^d + E_i^P + M_i^d - K_i$

　　　　$K_r \equiv E_r^P \quad (<0)$

　　　　$L_Y^d + B_Y^S + (1 - Y_Y^d) \equiv E_Y^P + M_Y^d$

(6.2.36), (6.2.37) 式を考慮して, 不完全代替の場合のマクロ均衡同時決定モデルを集約的に提示すれば, 次のようになる.

(6.2.39)　$Y = Y^d(Y, i, \rho) + T(Y, e)$

　　　　$M^d(Y, i) = m(i) E^C,$

　　　　$T(Y, e) + K\left(i, i^* + \dfrac{e^E - e}{e}\right) = 0$

　　　　$\lambda(\rho, i) \dfrac{1-\tau}{1+cu} m(i) E^C = L^d(Y, \rho, i)$

　　　　$\left[b(\rho, i) \dfrac{1-\tau}{1+cu} m(i) E^C + E^P\left(Y, i, i^* + \dfrac{e^E - e}{e}\right) + E^C = B^S(Y, i, \rho)\right]$

(6.2.39) 式の最初の条件が, これまでと同様に, 財市場の均衡条件である. 次が, 貨幣市場の均衡条件である. その次が, 国際収支の均衡条件であり, 金利平価条件は一般的には成立しない. 最後が, 貸出市場の均衡条件である.

この不完全代替のモデルと完全代替のモデルの関係が問題である. (6.2.39) 式の不完全代替のモデルでは, 自国証券市場の均衡条件がワルラス法則により消去されている. 貨幣需要が統合されているので, ワルラス法則は, 次のように表される.

(6.2.10)′　$\{Y - (Y^d + T)\} + (L^d - L^S) + \{B^S - (E^P + E^b + E^C)\}$

　　　　　$+ (K + T) + (M^S - M^d) \equiv 0$

(6.2.39) 式のモデルでは, 内生変数が決定されると, 資本収支や自国証券需要も同時に決定されていることは自明である. この不完全代替のモデルで, 次のように仮定してみよう.

(6.2.40)　$-K_r = -E_r^P = +\infty, \quad K_i = +\infty, \quad E_i^P = +\infty$

(6.2.40) 式の仮定は, (6.2.38) 式の制約と矛盾がなく整合的である. (6.2.40) 式の資本収支関数の特定化は, 資本収支の自国証券利子率に対する感応性や外国証券収益率に対する感応性が限りなく大きいことを意味し, (近似的に) 金利平価条件が成立することを意味する.

資本収支関数に置かれた仮定は，(6.2.38) 式の制約から，自国証券需要についても同様の仮定が置かれないと矛盾する．そのことから，自国証券市場においても金利平価条件が近似的に成立する．すなわち，(6.2.33) 式の完全代替を仮定した完全資本移動のモデルは，均衡においては，(6.2.39) 式のモデルで，資本収支関数と民間非金融部門の自国証券需要関数に (6.2.40) 式の仮定を置けば，(6.2.33) 式のモデルと同値となることを証明することができる．

この点は，民間銀行信用と貸出市場を含まない開放マクロ経済モデルでは，すでに証明されていることである．つまり，(6.2.33) 式の完全代替を仮定したモデルは，(6.2.40) 式の仮定で，(6.2.39) 式の不完全代替を仮定したモデルと繋がっているのである．(6.2.40) 式の仮定は完全代替を意味していると理解してよいわけである．[13]

第3節　開放マクロ経済モデルの不均衡調整モデルと均衡

さてこれから，本章の主要な課題である不均衡調整モデルの構築にとりかかる．民間非金融部門にとって自国証券と外国証券が完全代替であることが仮定された (6.2.33) 式の完全資本移動のモデルの不均衡調整モデルを整合的に定式化するためには，均衡・不均衡の相互関係に関して，ワルラス法則に基づいた正確な理解が必要である．[14]

1. 不均衡調整モデル

まず最初に，次のような財市場の所得による不均衡調整過程を仮定することにしよう．

(6.3.1) 　　$\dot{Y} = \alpha [Y^d(Y, i, \rho) + T(Y, e) - Y], \quad \alpha > 0$

---

[13] 通常の開放マクロ経済モデルで，このことの証明については，次の文献を参照．拙著『為替レートと対外不均衡の経済学』東洋経済新報社，1999年．第3節3.を参照．

[14] 不完全代替の場合である (6.2.39) 式のモデルの不均衡調整モデルは，基本的には閉鎖経済の場合と同様に定式化すればよいが，ここでは，貨幣乗数の導出で貨幣市場の均衡を仮定している．また，変動相場制であるので，国際収支は瞬時に均衡しているので，不均衡となりうる市場は，財市場，自国証券市場，貸出市場の，3市場である．ワルラス法則により，任意の1市場の不均衡は独立ではない．

(6.2.33) 式のモデルでは，信用創造・貨幣創造を定式化するために，現金需給と預金需給の均衡を仮定したので，貨幣市場は常に均衡している．また，金利平価条件が瞬時に成立することを仮定しているので，自国証券市場も国際収支も常に均衡している．このような仮定の下では，ワルラス法則により，貸出市場が不均衡でなければならない．しかも，財市場の不均衡が独立であると仮定すると，この市場の不均衡は独立ではない．財市場の不均衡が正確に反映している．しかし同じことであるが，貸出市場の不均衡を所得が調整すると考えても不均衡調整モデルはまったく同値となる．つまり，所得は財市場の調整変数として一義的に決まるわけではない．筆者は，市場不均衡と調整変数の問題に関して，第3章での議論と同様にこの場合も，因果律が消滅すると規定している．後述の証明でこのことを論証する．

$$(6.3.2) \quad \dot{Y} = \alpha \left[L^d(Y, \rho, i) - \lambda(\rho, i)\left(\frac{1-\tau}{1+cu}\right)m(i)E^C \right]$$

第5章第4節と同様に，(6.2.33) 式のマクロ均衡同時決定モデルが，(6.2.39) 式の不完全代替のモデルと (6.2.40) 式の仮定で繋がっているとすれば，つまり，この仮定が，不完全代替のモデルを完全代替の金利平価条件が仮定されたモデルに転換する条件であるとすれば，不均衡調整モデルにおいても同様に考えなければならないのではないか，という着想を取り上げることにする．この着想に基づけば，不均衡調整モデルは，以下のように定式化できる．

自国証券利子率，貸出利子率，為替相場の瞬時的均衡値は，貨幣市場，自国証券市場，外国為替市場（国際収支）によって構成される金融市場の同時均衡によって決定される．ただし，自国証券と外国証券は不完全代替ではなく完全代替であるので，(6.2.40) 式の仮定が置かれる．

$$(6.3.3) \quad -K_r = -E_r^P = +\infty, \quad K_i = +\infty, \quad E_i^P = +\infty$$

$$M^d(Y, i) = m(i)E^C$$

$$b(\rho, i)\frac{1-\tau}{1+cu}m(i)E^C + E^P\left(Y, i, i^* + \frac{e^E - e}{e}\right) + E^C$$
$$= B^S(Y, i, \rho)$$

$$K\left(i, i^* + \frac{e^E - e}{e}\right) + T(Y, e) = 0$$

(6.2.33) 式の完全代替を仮定した完全資本移動のモデルの，不均衡調整モ

デルの全体は，(6.3.1)，(6.3.2)，(6.3.3) 式によって構成される．(6.3.1)，(6.3.2) 式のいずれか1つは，ワルラス法則により独立ではない．この不均衡調整モデルの行き着く先の均衡が，完全に (6.2.33) 式のマクロ均衡同時決定モデルと同値とならなければならない．この証明がなされてはじめて，この不均衡調整モデルが，(6.2.33) 式のマクロ均衡同時決定モデルの不均衡調整モデルとなりうる．(6.3.3) 式のモデルは，金利平価条件の瞬時的成立とまったく矛盾しない．

　(6.2.33) 式のマクロ均衡同時決定モデルでは，以下で明らかにされるように，ワルラス法則により，自国証券市場が消去されて，均衡値が導出される．そこで，(6.3.3) 式の金融市場の瞬時的同時均衡モデルである上記のモデルにおいても，自国証券市場を，銀行信用と貨幣供給の等価性を示す統合された銀行部門の制約を使って，次のように変形してモデルを構成しておくことが重要である．

(6.3.4) 　 $M^S \equiv L^S + E^b + E^C \Rightarrow E^b + E^C \equiv M^S - L^S$

(6.3.4) 式および (6.2.13)，(6.2.29) 式を考慮すると，不均衡調整モデルは，以下のようになる．

(6.3.1) 　 $\dot{Y} = \alpha[Y^d(Y, i, \rho) + T(Y, e) - Y], \quad \alpha > 0$

(6.3.3)′ 　 $K_i = +\infty, \ E_i^P = +\infty, \ -K_r = -E_r^P = +\infty$

$$M^d(Y, i) = m(i)E^C$$

$$m(i)E^C - \lambda(\rho, i)\frac{1-\tau}{1+cu}m(i)E^C + E^P\left(Y, i, i^* + \frac{e^E - e}{e}\right) = B^S(Y, i, \rho)$$

$$K\left(i, i^* + \frac{e^E - e}{e}\right) + T(Y, e) = 0$$

(6.3.2) 　 $\dot{Y} = \alpha\left[L^d(Y, \rho, i) - \lambda(\rho, i)\left(\frac{1-\tau}{1+cu}\right)m(i)E^C\right]$

この不均衡調整モデルで，さしあたり，ワルラス法則により (6.3.2) 式を消去して考えるが，(6.3.1) 式の代わりに，(6.3.2) 式でモデルを解いても同値であることが証明されなければならない．

2．マクロ均衡同時決定モデルの均衡の性質

上記の不均衡調整モデルの分析を行う前に，(6.2.33) 式で表されたマクロ

均衡同時決定モデルの均衡解の性質について導出しておこう．

まず，貸出市場の均衡条件を，次のように変形しておこう．

(6.3.5) $\rho = \phi(i, Y ; E^C)$

$$\phi_i = \frac{L_i^d - \lambda_i((1-\tau)/(1+cu))mE^C - \lambda((1-\tau)/(1+cu))m'E^C}{\lambda_\rho((1-\tau)/(1+cu))mE^C - L_\rho^d} \gtreqless 0$$

$$\phi_Y = \frac{L_Y^d}{\lambda_\rho((1-\tau)/(1+cu))m'E^C - L_\rho^d} > 0$$

$$\phi_{E^C} = \frac{-\lambda((1-\tau)/(1+cu))m}{\lambda_\rho((1-\tau)/(1+cu))mE^C - L_\rho^d} < 0$$

(6.3.6)　$\phi_i > 0$

(6.3.6) 式の仮定は，次のことを意味する．民間銀行部門にとって，自国証券利子率が上昇すると相対的に貸出の方が不利となり，貸出供給は減少するが，一方，運用可能な資金余剰は貨幣乗数が上昇して増加するので，この面からは貸出供給は増加せざるをえない．そこで，前者の代替効果の方が大であり，この場合，貸出供給は減少すると仮定する．このように仮定すると，自国証券利子率と貸出利子率の関係が，(6.3.6) 式のように特定化される．

(6.3.6)′　$Y_i^d + Y_\rho^d \phi_i < 0$

この仮定は，ϕ_i の仮定である (6.3.6) 式が充たされていなくても総需要の利子率感応性（$|Y_i^d|$）が十分に大きくて，利子率が上昇した場合必ず総需要が減少することを意味している．

(6.3.6) 式もしくは，(6.3.6)′ 式を考慮して均衡解の性質を導出すると次のようになる．

(6.3.7)

$$\left(\frac{\partial Y}{\partial E^C}\right)_q = \frac{Y_\rho^d \phi_{E^C}(M_i^d - m'E^C)(e^E/e^2) - m\{T_e - (Y_i^d + Y_\rho^d \phi_i)(e^E/e^2)\}}{\Delta^q} > 0$$

$$\Delta^q = (1 - Y_Y^d - T_Y - Y_\rho^d \phi_Y)(M_i^d - m'E^C)(e^E/e^2)$$
$$- M_Y^d(T_e - (Y_i^d + Y_\rho^d \phi_i)(e^E/e^2)) < 0$$

$$\left(\frac{\partial i}{\partial E^C}\right)_q = \frac{-Y_\rho^d \phi_{E^C} M_Y^d(e^E/e^2) + m(1 - Y_Y^d - T_Y - Y_\rho^d \phi_Y)(e^E/e^2)}{\Delta^q} \gtreqless 0$$

$$\left(\frac{\partial e}{\partial E^C}\right)_q = \frac{Y_\rho^d \phi_{E^C} M_Y^d - m(1 - Y_Y^d - T_Y - Y_\rho^d \phi_Y)}{\Delta^q} \gtreqless 0$$

$$\left(\frac{\partial Y}{\partial i^*}\right)_q = \frac{T_e(M_i^d - m'E^C)}{\Delta^q} > 0, \quad \left(\frac{\partial i}{\partial i^*}\right)_q = \frac{-T_e M_Y^d}{\Delta^q} > 0$$

$$\left(\frac{\partial e}{\partial i^*}\right)_q = \frac{(1 - Y_Y^d - T_Y - Y_\rho^d \phi_Y)(M_i^d - m'E^C) + (Y_i^d + Y_\rho^d \phi_i)M_Y^d}{\Delta^q} > 0$$

$$\left(\frac{\partial Y}{\partial e^E}\right)_q = \frac{(T_e/e)(M_i^d - m'E^C)}{\Delta^q} > 0, \quad \left(\frac{\partial i}{\partial e^E}\right)_q = \frac{(-T_e/e)M_Y^d}{\Delta^q} > 0$$

$$\left(\frac{\partial e}{\partial e^E}\right)_q = \frac{(1/e)\{(1 - Y_Y^d - T_Y - Y_\rho^d \phi_Y)(M_i^d - m'E^C) + (Y_i^d + Y_\rho^d \phi_i)M_Y^d\}}{\Delta^q} > 0$$

(6.3.8) $\dfrac{dM^S}{dE^C} = (\Delta^g)^{-1}[-m'E^C Y_\rho^d \phi_{E^C} M_Y^d (e^E/e^2) + m(1 - Y_Y^d - T_Y - Y_\rho^d \phi_Y)M_i^d$

$- mM_Y^d(T_e - (Y_i^d + Y_\rho^d \phi_i)(e^E/e^2))] > 0$

　(6.3.7)式の性質で，注目すべきは，ベース・マネーの拡大の効果である．所得は増加させるが，必ずしも自国証券利子率を下落させるかどうかは確定しない．この点は，為替相場についても同様である．(6.3.8)式は，ベース・マネーの拡大が貨幣供給の増大をもたらすことを示している．この結論は，きわめて重要である．この関係が成立するかどうかは市場均衡の安定性に依存している．

3．不均衡調整モデルが示す市場均衡の安定性と，均衡の同値性，についての証明

　まず，自国証券利子率，貸出利子率，為替相場の瞬時的均衡解の性質を導出しておこう．均衡解を次のように表しておこう（(6.3.3)′式）．

(6.3.9) 　$i = \varphi^i(Y\,;\,E^C,\,i^*,\,e^E)$

$\rho = \varphi^\rho(Y\,;\,E^C,\,i^*,\,e^E)$

$e = \varphi^e(Y\,;\,E^C,\,i^*,\,e^E)$

　まず，φ_Y^i についてのみ，導出の方法を示す．それ以外も同様にして導出することができる．民間非金融部門の収支均等式から導出された，次の制約条件を考慮しなければならない（再び記しておく）．

(6.2.38)′ 　$L_\rho^d + B_\rho^S = Y_\rho^d < 0$

$L_i^d + B_i^S = Y_i^d + E_i^P + M_i^d - K_i$

$E_r^P = K_r < 0$

$$B_Y^S - E_Y^P = M_Y^d - L_Y^d - (1 - Y_Y^d)$$

まず，不完全代替の場合の瞬時的均衡の性質を求める．

(6.3.10) $\quad \dfrac{\partial i}{\partial Y} = \dfrac{M_Y^d(a_2 + Y_\rho^d)(T_e - K_r(e^E/e^2))}{\varDelta^P} > 0$

$$a_2 = \lambda_\rho \left(\dfrac{1-\tau}{1+cu}\right) mE^C - L_\rho^d > 0$$

$$a_1 = L_i^d - \lambda_i \left(\dfrac{1-\tau}{1+cu}\right) mE^C - \lambda \left(\dfrac{1-\tau}{1+cu}\right) m'E^C \gtreqless 0$$

((6.3.6) 式の場合は正)

$$\varDelta^P = -(M_i^d - m'E^C)(a_2 + Y_\rho^d)(T_e - K_r(e^E/e^2)) > 0$$

$$a_2 + Y_\rho^d = \lambda_\rho \left(\dfrac{1-\tau}{1+cu}\right) mE^C + B_\rho^S > 0$$

(6.3.10) 式の K_r に関して極限値を導出する．それが，完全代替の場合の均衡解の性質である．

(6.3.11) $\quad \lim\left(\dfrac{\partial i}{\partial Y}\right) = \dfrac{-M_Y^d}{M_i^d - m'E^C} = \varphi_Y^i$

同様にして，ρ, e に関しても導出することができる．

(6.3.12)

$$\varphi_Y^\rho = \dfrac{M_Y^d(a_1 - Y_i^d)(e^E/e^2) + M_Y^d T_e + (m'E^C - M_i^d)(e^E/e^2)(L_Y^d + (1 - Y_Y^d - T_Y))}{\varDelta^S}$$
$$\gtreqless 0$$
$$\varDelta^S = -(M_i^d - m'E^C)(a_2 + Y_\rho^d)(e^E/e^2) > 0$$

$$\varphi_Y^e = \dfrac{M_Y^d}{(M_i^d - m'E^C)(e^E/e^2)} < 0$$

(6.3.11)，(6.3.12) 式を，財市場の所得の数量調整方程式に考慮すれば，その安定条件は，次のようになる．

(6.3.13) $\quad \dfrac{d\dot{Y}}{dY} = \alpha[(Y_Y^d - 1) + Y_i^d \varphi_Y^i + Y_\rho^d \varphi_Y^\rho + T_Y + T_e \varphi_Y^e] = \alpha\left(\dfrac{a_2}{\varDelta^S}\right) \varDelta^q < 0$

(6.3.13) 式の安定条件が成立するためには，$\varDelta^q < 0$，であればよい．その十分条件が，(6.3.6) 式もしくは，(6.3.6)′ 式であった．

第6章 市場の均衡および不均衡における信用創造と貨幣供給　207

(6.3.6)　$\phi_i > 0$

以上の分析は，(6.3.2) 式の貸出市場の不均衡を使ってもまったく同値であることを証明しなければならない．つまり，筆者のいう因果律の消滅の問題である．それは下記にように証明される．

(6.3.2)′　$\dot{Y} = \alpha(L^d - L^S)$

$$= \alpha\Big(L^d(Y, \varphi^i(Y;\cdot), \varphi^\rho(Y;\cdot))$$

$$- \lambda(\varphi^\rho(Y;\cdot), \varphi^i(Y;\cdot))\frac{1-\tau}{1+cu}m(\varphi^i(Y;\cdot))E^C\Big)$$

$$\frac{d\dot{Y}}{dY} = \alpha\left(\frac{a_2}{\Delta^S}\right)\Delta^q < 0$$

次に，均衡解の同値性の証明である．この不均衡調整モデルの不均衡調整の行きつく先の市場均衡モデルは，この場合，次のように表すことができる．

(6.3.14)　$\dot{Y} = 0, \quad Y = Y^d(Y, i, \rho) + T(Y, e)$

$$i = \varphi^i(Y; E^C, i^*, e^E)$$

$$\rho = \varphi^\rho(Y; E^C, i^*, e^E)$$

$$e = \varphi^e(Y; E^C, i^*, e^E)$$

均衡の性質は，以下のようにして求められる．これらがすべて，マクロ均衡同時決定モデルの均衡の性質と完全に一致しなければならない．

(6.3.15)　$(Y^d - 1) + T_Y + Y^d_i \varphi^i_Y + Y^d_\rho \varphi^\rho_Y + T_e \varphi^e_Y = \left(\frac{a_2}{\Delta^S}\right)\Delta^q < 0$

$$\frac{\partial Y}{\partial E^C} = \frac{-Y^d_i \varphi^i_{E^C} - Y^d_\rho \varphi^\rho_{E^C} - T_e \varphi^e_{E^C}}{(a_2/\Delta^S)\Delta^q}$$

$$= \frac{Y^d_\rho \phi_{E^C}(M^d_i - m'E^C)(e^E/e^2) - m(T_e - (Y^d_i + Y^d_\rho \phi_i)(e^E/e^2))}{\Delta^q}$$

$$= \left(\frac{\partial Y}{\partial E^C}\right)_q \quad (\Rightarrow \quad 一致)$$

同様にして，i^*, e^E に関しても導出することができる．

(6.3.16)　$\dfrac{\partial Y}{\partial i^*} = \dfrac{-Y^d_i \varphi^i_{i^*} - Y^d_\rho \varphi^\rho_{i^*} - T_e \varphi^e_{i^*}}{(a_2/\Delta^S)/\Delta^q} = \dfrac{T_e(M^d_i - m'E^C)}{\Delta^q} = \left(\dfrac{\partial Y}{\partial i^*}\right)_q$

$$\frac{\partial Y}{\partial e^E} = \frac{-Y_i^d \varphi_{e^E}^i - Y_\rho^d \varphi_{e^E}^\rho - T_e \varphi_{e^E}^e}{(a_2/\Delta^S)/\Delta^q} = \frac{(T_e/e)(M_i^d - m'E^C)}{\Delta^q} = \left(\frac{\partial Y}{\partial e^E}\right)_q$$

(6.3.17) $\quad \dfrac{\partial i}{\partial E^C} = \varphi_Y^i \left(\dfrac{\partial Y}{\partial E^C}\right) + \varphi_{E^C}^i$

$$= \frac{-Y_\rho^d \phi_{E^C} M_Y^d(e^E/e^2) + m(1 - Y_Y^d - T_Y - Y_\rho^d \phi_Y)(e^E/e^2)}{\Delta^q}$$

$$= \left(\frac{\partial i}{\partial E^C}\right)_q$$

$\dfrac{\partial e}{\partial E^C} = \phi_Y^e \left(\dfrac{\partial Y}{\partial E^C}\right) + \varphi_{E^C}^e = \dfrac{M_Y^d Y_\rho^d \phi_{E^C} - m(1 - Y_Y^d - T_Y - Y_\rho^d \phi_Y)}{\Delta^q}$

$$= \left(\frac{\partial e}{\partial E^C}\right)_q$$

$\dfrac{\partial i}{\partial i^*} = \varphi_Y^i \left(\dfrac{\partial Y}{\partial i^*}\right) + \varphi_{i^*}^i = \dfrac{-M_Y^d T_e}{\Delta^q} = \left(\dfrac{\partial i}{\partial i^*}\right)_q$

$\dfrac{\partial e}{\partial i^*} = \varphi_Y^e \left(\dfrac{\partial Y}{\partial i^*}\right) + \varphi_{i^*}^e$

$$= \frac{(1 - Y_Y^d - T_Y - Y_\rho^d \phi_Y)(M_i^d - m'E^C) + M_Y^d(Y_i^d + Y_\rho^d \phi_i)}{\Delta^q}$$

$$= \left(\frac{\partial e}{\partial i^*}\right)_q$$

$\dfrac{\partial i}{\partial e^E} = \varphi_Y^i \left(\dfrac{\partial Y}{\partial e^E}\right) + \varphi_{e^E}^i = \dfrac{(-T_e/e) M_Y^d}{\Delta^q} = \left(\dfrac{\partial i}{\partial e^E}\right)_q$

$\dfrac{\partial e}{\partial e^E} = \varphi_Y^e \left(\dfrac{\partial Y}{\partial e^E}\right) + \varphi_{e^E}^e$

$$= \frac{(1/e)\{(1 - Y_Y^d - T_Y - Y_\rho^d \phi_Y)(M_i^d - m'E^C) + M_Y^d(Y_i^d + Y_\rho^d \phi_i)\}}{\Delta^q}$$

$$= \left(\frac{\partial e}{\partial e^E}\right)_q$$

以上で，すべて一致することが確認された．この不均衡調整モデルの示す均衡は，(6.2.33) 式で定式化された完全代替のモデルの均衡と完全に同値であることが証明されている．つまり，この不均衡調整モデルは，(6.2.33) 式で

定式化された金利平価条件を仮定したモデルの不均衡調整モデルであることが証明された．瞬時的に金利平価条件の成立を仮定する限り，筆者はこの不均衡調整モデルは，(6.2.33)式のマクロ均衡同時決定モデルの整合的な不均衡調整モデルであると考えている．

4．ベース・マネーの為替相場への効果

ベース・マネーを拡大させる金融緩和政策が，為替相場にどのような影響を与えるかを分析しておこう．とりわけ，オーバーシューティングの問題が重要である．瞬時的均衡における効果＞最終市場均衡における効果，であれば，為替相場のオーバーシューティングの可能性があるということが示される．

$$(6.3.18) \quad \varphi_{E^C}^e = \frac{-m}{(M_i^d - m'E^C)(e^E/e^2)} > 0$$

$$(6.3.19) \quad \varphi_{E^C}^e - \left(\frac{\partial e}{\partial E^C}\right)_q$$

$$= \frac{mM_Y^d(T_e - (Y_i^d + Y_\rho^d\phi_i)(e^E/e^2)) - Y_\rho^d\phi_{E^C}M_Y^d(M_i^d - m'E^C)(e^E/e^2)}{\Delta^q(M_i^d - m'E^C)(e^E/e^2)} > 0$$

この不均衡調整モデルとマクロ均衡同時決定モデルで得られた結論は，次のようなものである．金融緩和政策が実施されれば，瞬時に為替相場は減価する．最終の市場均衡で為替相場が減価している場合，瞬時における効果の方が大きいのでオーバーシューティングする可能性がある．最終市場均衡において増価する場合もありうる．その場合は，瞬時均衡と効果が逆転するという問題である．

これらの結果は，市場均衡の安定性が，保証されていることが前提である．

第4節　結　論

信用創造・貨幣創造を含み，金利平価条件の瞬時の成立を仮定して，開放マクロ経済モデルを，マクロ均衡同時決定モデルとその不均衡調整モデルの両面から整合的に定式化した．それはマクロ信用創造モデルの開放経済への適用という単なる演習問題ではなかった．第5章の場合と異なり，民間銀行部門の導入と新たに貸出市場が構成要素として付け加えられた．フィッシャー＝フリー

ドマンの貨幣乗数の定式化を採用した標準的モデルに準拠しているので，貨幣市場は常に均衡している．金利平価条件の成立を仮定しているので，自国証券市場および国際収支も瞬時に均衡している．市場の不均衡は財市場と貸出市場の不均衡によって構成される．マクロ均衡同時決定モデルと整合的な不均衡調整モデルは，無条件に安定とはならない．安定である1つの場合は，民間銀行部門にとって貸出供給と自国証券需要の代替効果が十分に大きく，貨幣乗数による量的効果が貸出供給に及ぼす影響を圧倒する場合である．この効果が充たされない場合，総需要の利子率感応性が，十分に大きくなければならない．

　本章では，信用創造・貨幣創造を含み，貸出と自国証券が代替的資産であり，代替効果が預金供給に与える貨幣乗数の効果よりも大きいこと，もしくは総需要の利子率感応性が十分に大きいことを仮定したので，為替相場のオーバーシューティングの可能性があることも証明することができた．ただし，金融緩和政策が為替相場を増価させる可能性もある．第5章の場合と異なってオーバーシューティングの可能性があるのは，ドーンブッシュ・モデルと同じようにこの不均衡調整モデルが貨幣市場の瞬時的均衡を含みうるからである．しかしながら，不均衡調整モデルにおける貨幣市場の瞬時的均衡という構成は，R.ドーンブッシュやそのモデルを支持した人々の想像をはるかに越えて，信用創造という世界からやってきたのである．

　第3章で定式化した筆者の代替モデルを瞬時に金利平価条件の成立を仮定した開放マクロ経済モデルの「標準モデル」に拡張することは，十分に可能である．この代替モデルは貸出市場の不完全性を仮定した場合により重要なモデルとなるので，第7章で分析することにする．

第7章
貸出市場の不完全性による信用割当とマクロ信用創造モデル

　貸出市場の不完全性を導入した場合，これまで（第3章，第6章）の議論がどのように変わるかを明らかにすることが，この章の問題である．これまで，貸出市場は，貸出利子率（を含む貸出需給が依存しているすべての変数）の変化により，最終的には，他の市場とともに均衡に至るという効率的な市場を想定してきた．ところが，貸出市場が不完全性を持つ場合，貸出利子率が貸出需給を調整する機能は失われ，信用割当がその市場の常態となる．このような貸出市場の不完全性を導入しても部分的な信用創造・貨幣創造モデルは，整合的にマクロ一般均衡モデルに結合することが可能である．その意味で，市場の不完全性は，重要な問題ではあるが，信用創造・貨幣創造のマクロ・モデルの枠組みにとって本質的要素ではない．

　マクロ信用創造一般均衡モデルは，内生変数の同時決定モデルとして市場均衡の下で整合的に構築することが可能である．貸出市場の不完全性は必須の条件ではない．また，部分的信用創造モデルと矛盾しないフィッシャー＝フリードマンの貨幣乗数の定式化を導入することも，このための唯一の方法ではない．すでに明らかにしたように，この定式化を採用すれば，不均衡調整過程において貨幣市場の瞬時的均衡を仮定しなければならない．そのことは証券利子率の運動を特定化する．つまり，貨幣市場の均衡曲線上の運動となる．

　預金供給の決定について，民間銀行部門の預金需要に対する受動的行動態度を仮定して，伝統的な部分的信用創造モデルをマクロ均衡同時決定モデルに結合する代替的方法とその代替的モデルを，すでに第3章で提示してきた．その際，議論の単純化のために貸出と証券の完全代替を仮定したが，この章では，不完全代替のより一般的なモデルとして展開する．そのためには，証券市場の瞬時的均衡を仮定しなければならない（貸出市場は信用割当が成立）．このことが，不均衡調整過程に決定的な影響をもたらす．不均衡が仮定される市場は

財市場と貨幣市場であるが,ワルラス法則が成立する下では,いずれか1つの市場の不均衡は独立ではない.不均衡調整過程は,財市場で考えられても貨幣市場で分析されてもまったく同値である.不均衡調整過程の証券利子率と所得の運動は,これらの市場の均衡と不可分であり,証券市場の均衡曲線上の運動となる.

部分的な信用創造モデルを一般均衡同時決定モデルに結合する場合,その方法いかんによって,影響を受けるのは均衡の性質ばかりでなく,その前提となる不均衡調整過程が決定的な影響を受けることに注意が払われなければならない.第6章とこの章で,この論点が明確に分析される.

不均衡調整過程が安定的に均衡に向かうための条件(安定条件)が,同時に均衡の性質に決定的な影響をもたらすことになるが,モデルを開放経済に拡張する場合に,この論点はとりわけ重要となることを明らかにする.開放マクロ経済モデルの標準モデルは,金利平価条件の瞬時的成立を仮定している.この開放マクロ経済モデルに,部分的な信用創造・貨幣創造のモデルを,フィッシャー=フリードマンの定式化に沿って結合すると,金利平価条件の瞬時的成立を仮定する限り,不均衡調整モデルは存在し得ないという重要な結論に至る.不均衡調整モデルが存在しない均衡モデルは単に均衡値を計算することができるにすぎないモデルとなってしまう.さらに均衡の性質も一義的に確定しない可能性がある.本書で明らかにした筆者の代替モデルでは,閉鎖経済と開放経済の両方において,貸出市場の不完全性を仮定して,マクロ均衡同時決定モデルおよびその不均衡調整モデルを矛盾なく整合的に構成することができる.まず,閉鎖経済のモデルを定式化しそれを開放マクロ経済モデルに変形して議論する.

第1節 貸出市場の不完全性と標準モデル

1. 標準モデル

標準モデルに,貸出市場の不完全性を導入したモデルは,次のようなモデルである.[1]

(7.1.1) $\quad Y = Y^d(Y, i, L^S), \quad 1 > Y_Y^d > 0, \quad Y_i^d < 0, \quad Y_{L^S}^d > 0$

$\qquad\qquad L^S = \lambda(i\,;\theta)(1-\tau)D^S, \quad 1 > \lambda > 0, \quad \lambda_i < 0, \quad \lambda_\theta < 0,$

第7章　貸出市場の不完全性による信用割当とマクロ信用創造モデル

$$\theta = \text{const.}, \quad 1 > \tau > 0$$

$$M^S = M^d(i, Y), \quad M_i^d < 0, \quad M_Y^d > 0$$

$$D^S = \left(\frac{1}{1+cu}\right) M^S, \quad cu = \text{const.}, \quad cu > 0$$

$$M^S = m(i) E^c, \quad m > 1, \quad m' > 0, \quad E^c = \text{const.}$$

ここで，θ：貸出市場の不完全性の程度を表すパラメータ，とする．各変数の定義は第6章と同様である．

この簡略化されたモデルは，内生変数が，Y, i, L^S, D^S, M^Sの5個であり，方程式も5個あるので，形式的には，完結している．証券市場の均衡条件は，ワルラス法則によって，均衡を分析する限り独立ではないので消去されていると考えられる．貸出市場とその財の需要への影響が，これまでのモデルとは異なる．不完全性をもつ貸出市場では，貸出利子率の調整による均衡の成立は仮定されない．つまり，貸出利子率の調整機能は存在せず，この市場では信用割当が一般的であり，有効な貸出量は民間銀行部門の貸出供給であると仮定される．[2] したがって，貸出利子率ではなく，民間銀行部門の貸出供給そのものが財の需要（たとえば，投資需要）に影響を与え，それは貸出供給の増加関数となる．貸出の実効利子率は，市場の不完全性の程度に対応して民間銀行部門によって決定され，不完全性の程度が高まれば，その実効利子率も上昇する．さしあたり，市場の不完全性の程度は外生変数であり，したがって，貸出利子率

---

[1]　貸出市場の不完全性を仮定した貨幣創造同時決定モデルについては，下記の論文を参照．本書では，貨幣創造モデルは同時に信用創造プロセスを内包していることを明らかにしている．
　　二木雄策，前掲『マクロ経済学と証券市場』，181-186ページ．
　　星岳雄「金融政策と銀行行動——20年後の研究状況」（福田慎一・堀内昭義・岩田一政編『マクロ経済と金融システム』東京大学出版会，2000年，第2章所収）．
　　信用割当のモデルとしては，下記の論文を参照．
　　　Blinder, A. S., "Credit Rationing and Effective Supply Failures," *The Economic Journal*, Vol.97, No.386, June, 1987.
　　貸出供給の財の需要への影響については，これらの文献の成果であり，これらから，多くのことを学んだ．

[2]　前掲の星論文では，これは，通常のマクロ経済モデルの労働市場の取扱いと形式的には類似していると説明される．マクロ・モデルでは，労働市場で決定される有効な雇用量とは，企業の労働需要であり，労働の需給が調整され均衡するとは考えられていない．

も外生変数である.

民間銀行部門の貸出供給は,(7.1.1)式のモデルの2番目のように定式化される.民間銀行部門の運用に回される資金は,預金供給から法定準備預金を差し引いた値である.これに対する貸出量の比率が,λ である.民間銀行部門にとって,貸出と証券は運用資産として不完全代替であるので,運用に回される資金に対する貸出量の比率は,証券利子率の減少関数である.貸出市場の不完全性の程度は数量化され,パラメータ θ で表され,外生変数として扱われる.不完全性の程度が増大すれば,貸出量は減少する.民間非金融部門の貸出需要は存在するとしても貸出市場の均衡が仮定されないのであるから,分析的にはまったく無視される.

貨幣市場の均衡とその構成要素の定式化は,貸出市場の不完全性がない場合とまったく同じである.

(7.1.2) $M^S = CU^S + D^S$

$$\frac{CU^d}{D^d(i, Y)} = cu = \text{const.}, \quad cu > 0, \quad D_i^d < 0, \quad D_Y^d > 0,$$

$$CU^S = CU^d (= cuD^d(i, Y)), \quad D^S = D^d(i, Y)$$

$$(M^S = (1+cu)D^d(i, Y)(= M_d(i, Y)))$$

$$CU^S + R^d \equiv E^C$$

現金供給・預金供給比率はそれらの需要比率と一致するので,民間銀行部門の準備需要を以下のように定式化することにより,貨幣乗数が導出される.

(7.1.3) $R^d = \tau D^S + \varepsilon(i)(1-\tau)D^S$, $1 > \varepsilon > 0$, $\varepsilon' < 0$

$$D^S = \left(\frac{1}{cu + \tau + \varepsilon(i)(1-\tau)} \right) E^C$$

$$m = \frac{1+cu}{cu + \tau + (1-\tau)\varepsilon(i)} \ (= m(i))$$

$$M^S = m(i) E^C$$

モデルを完結させるために重要な性質は,貨幣乗数の性質である.

(7.1.4) $m - 1 = \dfrac{(1-\tau)(1-\varepsilon)}{cu + \tau + \varepsilon(1-\tau)} > 0, \quad m' = \dfrac{-\varepsilon'(1-\tau)(1+cu)}{(cu + \tau + \varepsilon(1-\tau))^2} > 0$

2. 均衡の性質

均衡の性質を導出しておこう．このモデルの本質的特徴は，民間銀行部門の貸出供給の性質と，それが財需要を通じて財市場の均衡の性質に影響を及ぼすことにある．均衡の性質の分析では，この影響が論じられなければならない．

そこで，貨幣供給と預金供給を貸出供給に代入し，民間銀行部門の貸出量が，究極的に何に依存しているかを，まず明らかにしておこう．

(7.1.5) $\quad L^S = \lambda(i ; \theta)(1-\tau)\left(\dfrac{m(i)}{1+cu}\right)E^c = \phi(i ; E^c, \theta)$

$$\phi_i = \left(\dfrac{1-\tau}{1+cu}\right)\lambda m E^c \left(\dfrac{\lambda_i}{\lambda} + \dfrac{m'}{m}\right) \gtreqless 0$$

$$\phi_\theta = \lambda_\theta (1-\tau)\left(\dfrac{m}{1+cu}\right)E^c < 0$$

$$\phi_{E^c} = \lambda(1-\tau)\left(\dfrac{m}{1+cu}\right) > 0$$

貨幣供給と預金供給は固定的な比率で結合され，貨幣乗数が証券利子率の増加関数であるので，預金供給は証券利子率の増加関数となる．この関係があるので，貸出と証券は，民間銀行部門の運用資産として代替的であるとしても，一般的には，貸出量が証券利子率の減少関数であるとは言えない．つまり，貨幣乗数の影響があるので，この影響が小さい場合には，貸出量は証券利子率の減少関数となる．そのためには，他の条件が同じであれば，貨幣乗数の利子率弾力性が相対的に小さくなければならない．この関係は，貸出市場の不完全性を導入したにもかかわらず，バーナンキ＝ブラインダー・モデルと類似した性質であると言える．それは，これらのモデルでは，共通して，預金供給が貨幣乗数のプラスの影響を受けるからである．以下では，全体として有効な貸出量は証券利子率の減少関数であると仮定する．[3]

---

3) (7.1.5)式は，貨幣乗数自体の大きさによって影響を受ける．
$\dfrac{m'}{m} = \left(\dfrac{-\varepsilon'(1-\tau)}{1+cu}\right)m > 0, \quad m < \left(\dfrac{-\lambda_i}{\lambda}\right) \Big/ \left(\dfrac{-\varepsilon'(1-\tau)}{1+cu}\right) \quad (>0)$
（均衡）貨幣乗数がこの条件を充たせば，証券利子率の上昇は必ず貸出量を減少させる．

貸出市場の不完全性の程度が高まれば，貸出供給は減少するが，その程度は貨幣乗数の大きさに依存している．つまり，貨幣乗数の大きな値を持つ経済は，それだけ貸出市場の不完全性の影響は大である．

(7.1.6)　$\phi_i < 0$ [4)]

(7.1.6) 式の仮定の本質的な意味は，市場均衡の安定性にある．これは，後に分析することにする．貸出市場の不完全性の程度が高まれば，当然のことながら貸出量は減少する．中央銀行がハイパワード・マネーの供給を増加させるという金融緩和政策を実施すれば貨幣供給が増加しそれと固定的な関係にある預金供給が増加し貸出量は増加する．

(7.1.5) 式を考慮して，市場均衡条件でモデルを集約的に示せば，次のようになる．

(7.1.1)′　$Y = Y^d(Y, i, \phi(i; E^c)), \quad m(i)E^c = M^d(i, Y)$,

このモデルの本質的特徴は，民間非金融部門の財の需要が貸出利子率を通じてではなく，有効貸出量（すなわち，貸出供給）の直接的影響を受けることにある．したがって，均衡の性質の分析ではこの論点に焦点が当てられなければならない．

均衡の性質を導出しておこう．

(7.1.7)　$$\frac{\partial Y}{\partial E^c} = \frac{Y^d_{L^S}\phi_{E^c}(M^d_i - m'E^c) + m(Y^d_i + Y^d_{L^S}\phi_i)}{\Delta_1} > 0$$

$$\frac{\partial i}{\partial E^c} = \frac{m(1 - Y^d_Y) - M^d_Y Y^d_{L^S}\phi_{E^c}}{\Delta_1} \gtreqless 0$$

$$\Delta_1 = (1 - Y^d_Y)(M^d_i - m'E^c) + (Y^d_i + Y^d_{L^S}\phi_i)M^d_Y < 0$$

(7.1.7) 式からわかるように，中央銀行が金融緩和政策によりハイパワード・マネーの供給を増加させれば，所得は増加するが，証券利子率の変化については一義的には確定しない．[5)]

均衡の性質について，図解しておこう．この図解は，貸出市場の均衡が存在しないので，IS-LM モデルの場合と類似している．金融緩和政策により，財市場の均衡曲線 (IS) は右上方にシフトする．他方，貨幣市場の均衡曲線 (LM) は右下方にシフトする．したがって，所得が増加することは明らかで

---

4)　ϕ 関数は，ここでは，貸出供給関数であることに注意．

図 7-1

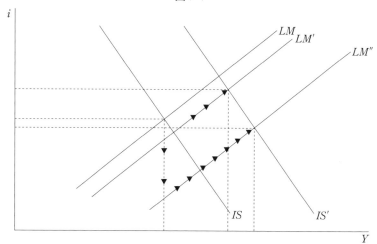

あるが，証券利子率の変化については，その相対関係で決まる．

すでに説明したように，このモデルの本質的特徴は，民間銀行部門の貸出量が直接，財の需要を増加させる．その反応が大きければ大きいほど，他の構造的条件が与えられた下で，所得の増加はそれだけ大きくなることがわかる．[6]

$$(7.1.8) \quad \frac{\partial}{\partial Y_{L^S}^d}\left(\frac{\partial Y}{\partial E^C}\right)$$

$$= \frac{(M_i^d - m'E^C)\{(1-Y_Y^d)(\phi_{E^C}(M_i^d - m'E^C) + m\phi_i) + \phi_{E^C}Y_i^d M_Y^d\}}{\Delta_1^2} > 0$$

---

5) この性質の論理的把握は，次のようにしてなされる．金融緩和政策により，中央銀行の証券保有が増加したとする．その場合，新しい均衡では，所得が減少するもしくは不変であると仮定する．この仮定の下では，貨幣市場は超過供給になるので，均衡では証券利子率が下落して貨幣需要が増加しなければならない．他方，貸出量の増加により財市場は超過需要となるので，均衡するためには利子率が上昇して財の需要を減少させなければならない．証券利子率の相反する変化はありえないので，所得が減少するか不変であるという仮定は棄却される．したがって，新しい均衡では所得は増加する．新しい均衡では所得が増加しているので，両市場の状態は一義的には確定せず，証券利子率についてはいずれの場合も矛盾しない．

6) 標準モデルが証券市場や信用創造についてどのような定式化を内包しているかを明らかにし，その全体像を明確に提示したのは本書の重要な貢献であると考えている．

3. モデルの制約の下での証券市場とモデルの全体像
[1] 証券市場の均衡条件とワルラス法則

ワルラス法則が経済全体の制約である．以下で，民間銀行部門，民間非金融部門の，それぞれのバランス式（収入支出の均等式）を明示しておこう．

(7.1.9) $D^S \equiv L^S + E^b + R^d$

すでに，貸出供給関数，準備需要関数は定式化されているので，民間銀行部門の証券需要関数は整合的に決定されている．それは，次のようになる．

(7.1.10) $E^b = b(i;\theta)(1-\tau)D^S,\ 1>b>0,\ b_i>0,\ b_\theta>0$

(7.1.10) 式は，証券と貸出が代替的な運用資産であるので，運用可能な資金量が与えられれば，それに対する証券需要の比率は，証券利子率の増加関数である．証券市場が証券利子率によって調整される効率的な市場であり，貸出市場の不完全性と連動しないならば，貸出市場の不完全性の程度が高まり，貸出が減少すれば，代替的な運用資産である証券需要が増加すると考えられる．

(7.1.9) 式の制約にそれぞれを代入し，制約条件（関数の形状の相互関係）を導出しておこう．

(7.1.11) $\lambda + b + \varepsilon \equiv 1,\ \lambda_i + b_i + \varepsilon' \equiv 0,\ \lambda_\theta + b_\theta \equiv 0$

次に，民間非金融部門の制約とその証券に関する行動方程式を定式化しておこう．民間非金融部門の制約は，次のようになる．

(7.1.12) $L^S + B^S + Y \equiv Y^d + E^P + M^d$

民間非金融部門の証券供給と証券需要は，次のような定式化を採用する．

(7.1.13) $B^S = B^S(i, Y, L^S),\ B_i^S<0,\ B_Y^S>0,\ B_{L^S}^S<0$
$E^P = E^P(i, Y),\ E_i^P>0,\ E_Y^P>0$

(7.1.13) 式の性質を簡単に説明しておこう．資金不足部門である民間非金融部門にとって資金調達手段は証券と貸出であり，これらの債務は代替的である．したがって，証券利子率が上昇すれば，他の条件が与えられた下で，証券供給を減少させ貸出需要を増加させようとする．貸出市場は不完全であり，この貸出需要の増加は有効ではない．有効貸出量（貸出供給）が増加すれば，それだけ資金不足は解消するので，証券供給を減少させる．貸出と証券は，民間非金融部門にとっては補完的ではない．所得が増加し，資金需要が増大すれば，証券供給を増加させてこれを充たそうとするが，他方，民間非金融部門の証券

需要も資産選択の観点から増大すると考えられる．貨幣と証券は代替的な資産である．証券形態に関して，ネットの資金不足が増加するかどうかは，$B_Y^S - E_Y^P$ によって決定される．ここでは，この符号条件についてはいずれもありうると仮定されている．

(7.1.13) 式の制約に，行動方程式を代入しその形状についての相互関係を明らかにしておこう．

(7.1.14) $B_Y^S + (1 - Y_Y^d) \equiv E_Y^P + M_Y^d$ （>0）

$B_{L^S}^S \equiv Y_{L^S}^d - 1$ （<0）

$B_i^S - E_i^P \equiv Y_i^d + M_i^d$ （<0）

(7.1.14) 式は，証券市場を構成する行動方程式の性質が，財と貨幣についての行動方程式におかれたこれまでの仮定と矛盾しないことを示している．

各経済主体の制約を集計すれば，ワルラス法則が導出される．

(7.1.15) $(Y - Y^d) + (M^S - M^d) + \{B^S - (E^P + E^b + E^c)\} \equiv 0$

市場均衡条件は，次のようになる．

(7.1.16) $Y = Y^d, \ M^S = M^d, \ B^S = E^P + E^b + E^C$

ワルラス法則は，これらの市場均衡条件の中で任意の1つの市場は独立ではないので，均衡を分析する限り，消去して差し支えない．これまで，証券市場の均衡条件を消去してモデルを完結させている．背後に想定されている証券市場の均衡条件は，次のようなものであると考えられる．

(7.1.17) $B^S(i, \ Y, \ L^S) = E^P(i, \ Y) + b(i \ ; \theta)(1 - \tau)D^S + E^C$

［2］ 信用創造モデルと信用乗数および貨幣乗数

このモデルが仮定する部分的な信用創造モデルを明らかにしておこう．そのために，銀行部門全体の制約を導出しなければならない．

(7.1.18) $M^S \equiv Z^b + E^C, \ (Z^b \equiv L^S + E^b)$

預金供給と銀行信用の関係が導出される．

(7.1.19) $D^S = \left(\dfrac{1}{cu+1}\right)(Z^b + E^C)$

(7.1.19) 式が，派生預金供給に相当する．(7.1.19) 式を考慮すれば，このモデルが想定する部分的信用創造モデルは，次のようなものであると推定される．

(7.1.20) $D^S \equiv Z^b + R^d$

$R^d = (\tau + \varepsilon(i)(1-\tau))D^S$

$D^S = \left(\dfrac{1}{cu+1}\right)(Z^b + E^C)$

(7.1.20) 式の部分的モデルから，下記のように信用乗数（κ）および貨幣乗数（m）との関係が導出される．

(7.1.21) $Z^b = \kappa E^C$

$$\kappa = \frac{(1-\tau)(1-\varepsilon(i))}{cu+\tau+\varepsilon(i)(1-\tau)} \quad (= m-1 > 0)$$

現金と預金の需給の瞬時的均衡を仮定することにより，現金需要・預金需要比率は，それらの供給比率に正確に写像され，派生預金供給の性質によりそれらの供給比率が固定している部分的信用創造モデルと整合的に結合するのである．これらの結果は，貸出市場の不完全性が存在するモデルでも成立する．それは，貸出市場の不完全性が貸出供給が有効であり，民間銀行部門が決定する変数であるとしているからである．[7]

4．不均衡調整過程

フィッシャー＝フリードマンの貨幣乗数の定式化を採用したこの標準的モデルでは，貸出市場の不完全性がある場合でも，不均衡調整過程の枠組みはまったく変わらない．不均衡調整過程においても，貨幣市場の瞬時的均衡によって証券利子率が決定されなければならない．貨幣市場が均衡しているので，財市場の不均衡と証券市場の不均衡のいずれか1つは，ワルラス法則により，独立ではない．所得の調整過程はいずれの市場の不均衡で定式化されても同値である．

(7.1.22) $\dot{Y} = \alpha[Y^d(i, Y, \phi(i; E^C)) - Y]$,

$$\left(= \alpha\left[B^S(i, Y, \phi(i; E^C)) - E^p(i, Y) - b(i; \theta)\left(\frac{1-\tau}{1+cu}\right)m(i)E^C - E^C\right]\right)$$

$\alpha > 0$

---

[7] もし，貸出需要の不完全性が，民間非金融部門の貸出需要が有効であるということを意味するとすれば，部分的な信用創造モデルと整合的にはならない．

$$M^d(i, Y) = m(i)E^c$$

証券利子率の運動は，貨幣市場を均衡させるように所得の運動によって生じる．たとえば所得が増加し，潜在的に超過需要圧力が生じる場合，瞬時に証券利子率が上昇してこの超過需要圧力を取り除き均衡を維持する．

(7.1.23) $i = l(Y ; E^c)$,

$$l_Y = \frac{M_Y^d}{m'E^c - M_i^d} > 0, \quad l_{E^c} = \frac{-m}{m'E^c - M_i^d} < 0$$

安定条件を求めると次のようになる．

(7.1.24) $\dfrac{d\dot{Y}}{dY} = \alpha[(Y_Y^d - 1) + (Y_i^d + Y_{L^s}^d \phi_i) l_Y] < 0$

したがって，次の条件が充たされればよい．

(7.1.25) $(1 - Y_Y^d)(M_i^d - m'E^c) + (Y_i^d + Y_{L^s}^d \phi_i) M_Y^d \quad (= \Delta_1) < 0$

(7.1.6) 式は，(7.1.25) 式の条件の十分条件である．中央銀行がハイパワード・マネーの供給を増加させたとしよう．その運動経路は，図7-1によって示されている．新しい均衡では，証券利子率が上昇する場合と下落する場合が描かれている．いずれにしても，証券利子率は瞬時にジャンプして下落する．その後，所得が上昇する過程で，証券利子率も上昇していく．この運動の特徴は，貸出市場の不完全性が存在せずその瞬時的均衡が仮定されている場合とまったく同一である．これは，貸出市場の不完全性が仮定されたモデルにおいても，そうでない場合と同様にフィッシャー＝フリードマンの貨幣乗数の定式化で，信用創造・貨幣創造をマクロ均衡同時決定モデルに結合したことによる．

第2節　民間銀行部門の預金供給の受動的行動態度を仮定したモデルと貸出市場の不完全性

民間銀行部門が預金需要を受動的に受け入れて預金を供給する場合のマクロ信用創造一般均衡モデルを，単純化のために貸出と証券が完全代替であることを仮定して，第3章で定式化してきた．そこでは，本源的証券市場の瞬時的均衡を仮定することが必要であった．以下では，この単純化を取り払い，不完全代替の場合を検討する．

本源的証券市場の均衡という第3章での仮定と，ここで取り上げている貸出

市場の不完全性とは矛盾するであろうか．すでに分析してきたように，貸出市場の不完全性がある場合，民間銀行部門の貸出供給が有効貸出量であって，一般的には，民間非金融部門の貸出需要が実現することはない．つまり，民間非金融部門は貸出に関しては受動的行動態度をとることを意味すると考えれば，貸出市場の不完全性は貸出市場が常に均衡することを意味するので，矛盾がない．つまり，代替モデルを貸出と証券の不完全代替の場合に拡張する際に，貸出市場の不完全性は何ら障害とはならない．

問題は，民間銀行部門の証券需要である．民間非金融部門の派生預金需要はそのネットの証券供給の一定割合に依存する．証券市場が均衡し，民間銀行部門の証券需要が民間非金融部門のネットの証券供給に一致するのでなければ，派生預金需要が民間銀行部門の証券需要の一定割合に依存することが決まらず，証券まで含めて，部分的な信用創造モデルを一般均衡モデルに結合することはできない．貸出市場の不完全性が存在するモデルでも，代替モデルでは引き続き証券市場の瞬時的均衡の仮定が必要であることは明らかである．

1．モデル

マクロ的な制約は同一であるので，一括してこの場合のモデルの全体像を提示する．預金は本源的預金と派生的預金が区別されるので，需要も前者が D^{*d} で定義される．

(7.2.1) $D^S \equiv Z^b + R^d, \ Z^b \equiv L^S + E^b, \ R^d \equiv (\tau + \varepsilon(i))(1-\tau)D^S$

$L^S \equiv \lambda(i\,;\,\theta)(1-\tau)D^S$
$D^S \equiv D^{*d}(i,\ Y) + \delta(L^S + B^S - E^P)$

$[E^b \equiv b(i\,;\,\theta)(1-\tau)D^S, \ b(i\,;\,\theta) \equiv 1 - \lambda(i\,;\,\theta) - \varepsilon(i)]$

$CU^S + R^d \equiv E^C$
$M^S \equiv CU^S + D^S$

$[M^S \equiv Z^b + E^C]$

第7章　貸出市場の不完全性による信用割当とマクロ信用創造モデル

$$Y = Y^d(Y, \ i, \ L^S)$$
$$CU^S = CU^d(i, \ Y)$$

$$[B^S(i, \ Y, \ L^S) = E^P(i, \ Y) + E^b + E^C]$$

$$[(Y - Y^d) + (CU^S - CU^d) + \{(B^S - E^P) - (E^b + E^C)\} \equiv 0]$$

このモデルの行動方程式の性質はこれまでと同様であるが，預金供給に関する定式化が，標準モデルと異なる．第3章での代替モデルと本質的には同じであるが，貸出と証券の不完全代替を仮定し，同時に貸出市場の不完全性を導入したモデルとなっている．若干の重要事項について，説明しておこう．

標準モデルとは異なり，現金需要と預金需要に関して固定的な比率を仮定していない．また，派生預金需要だけでなく，銀行信用とは独立した本源的預金需要に応じて預金を供給するので，供給側に関しても固定的な比率は写像されていない．現金需要は，預金需要とは独立に定式化され，証券需要と不完全代替である．本源的預金需要に関しても同様に証券需要と不完全代替である．

(7.2.2)　$CU_i^d < 0, \ CU_Y^d > 0, \ D_i^{*d} < 0, \ D_Y^{*d} > 0$

民間銀行部門の預金供給に関する受動的行動態度を仮定するので，現金需給の均衡条件が成立していれば，同時に貨幣市場の均衡条件も成立している．

(7.2.3)　$M^S = CU^d(i, \ Y) + D^{*d}(i, \ Y) + \delta(L^S + B^S - E^P)$

(7.2.1) 式で表示された代替モデルは，内生変数が，$D^S, \ Z^b, \ R^d, \ L^S, \ E^b,$ $CU^S, \ M^S, \ Y, \ i$ の9個で，式が9個で，完結している．[　] で囲まれている式は独立ではない．ワルラス法則が成立し，銀行部門全体の制約が成立しているので，民間非金融部門について，次の制約を仮定していることになる．

(7.2.4)　$L^S + B^S + Y \equiv Y^d + D^{*d} + \delta(L^S + B^S - E^P) + CU^d + E^P$

証券市場の瞬時的均衡を仮定しているので，預金供給は，次のように変形できる．

(7.2.5)　$D^S \equiv D^{*d}(i, \ Y) + \delta(Z^b + E^C)$

(7.2.5) 式を使って，民間銀行部門の本源的証券需要と中央銀行のハイパワード・マネーの供給と本源的預金需要の関係，つまり信用乗数を導出しておこう．

(7.2.6) $\quad Z^b \equiv \kappa_1 D^{*d}(i, Y) + \kappa_2 E^C$

$$\kappa_1 \equiv \frac{(1-\tau)(1-\varepsilon(i))}{1-(1-\tau)(1-\varepsilon(i))\delta} > 0, \quad \kappa_2 \equiv \frac{(1-\tau)(1-\varepsilon(i))\delta}{1-(1-\tau)(1-\varepsilon(i))\delta} > 0$$

$$\delta \kappa_1 = \kappa_2$$

銀行部門全体の制約式により，貨幣供給と預金供給は次のようになる．

(7.2.7) $\quad M^S \equiv \kappa_1 D^{*d}(i, Y) + (\kappa_2 + 1) E^C \equiv M^S(i, Y; E^C)$

$$\kappa_2(i) + 1 \equiv m(i) \equiv \delta \kappa_1(i) + 1$$

$$M_i^S = \kappa_1' D^{*d} + \kappa_1 D_i^{*d} + m' E^C \gtreqless 0$$

$$M_Y^S = \kappa_1 D_Y^{*d} > 0, \quad M_{E^C}^S = m > 1$$

(7.2.8) $\quad D^S \equiv D^{*d}(i, Y) + \delta M^S \equiv m D^{*d}(i, Y) + \delta m E^C$

(7.2.8) 式を考慮して，貸出供給（有効貸出量）の性質を導出しておこう．

(7.2.9) $\quad L^S \equiv \lambda(i, \theta)(1-\tau)\{m(i) D^{*d}(i, Y) + \delta m(i) E^C\}$

$$= \phi(i, Y, ; E^C, \theta)$$

$$\phi_i = \lambda(1-\tau) m D_i^{*d} + \lambda(1-\tau) m (D^{*d} + \delta E^C)\left(\frac{\lambda_i}{\lambda} + \frac{m'}{m}\right) \gtreqless 0$$

$$\phi_Y = \lambda(1-\tau) m D_Y^{*d} > 0$$

$$\phi_\theta = \lambda_\theta (1-\tau) m (D^{*d} + \delta E^C) < 0$$

$$\phi_{E^C} = \lambda(1-\tau) \delta m > 0$$

(7.2.9) 式からわかるように，証券利子率が上昇した場合に，証券と貸出の代替性からは，貸出供給は減少するが，貨幣乗数が上昇するので預金供給の変化は一義的には確定しない．したがって，貸出供給が減少するかどうかは一義的には確定しない．所得が増加した場合，派生預金供給のみの標準モデルとは異なり，本源的預金需要が増加するので，預金供給が増加し貸出供給が増加する．これらの条件は，後述する安定性の分析とかかわっている．貸出市場の不完全性の程度が高まれば，貸出供給は当然減少するが，その程度は貨幣乗数の値が大きければ大きいほど大きい．中央銀行のハイパワード・マネーの供給が増加すれば預金供給が増加するので貸出供給が増加する．その場合，貨幣乗数の役割はまったく同じである．

ここで，制約式を考慮して，次のように証券市場の均衡条件を変形しておこう．

(7.2.10) $\quad \Omega(i, Y, L^S) = M^S - L^S$ （証券市場の均衡条件）

$$\Omega(i, Y, L^S) \equiv B^S(i, Y, L^S) - E^P(i, Y) \quad (\Omega \text{関数の定義式})$$
$$\Omega_i = B_i^S - E_i^P < 0, \quad \Omega_Y = B_Y^S - E_Y^P \gtreqless 0, \quad \Omega_{L^S} = B_{L^S}^S < 0$$
$$E^b + E^C \equiv Z^b - L^S + E^C \equiv M^S - L^S$$

(7.2.7)～(7.2.9) 式を考慮して，モデルを市場均衡条件に集約して示せば，次のようになる．

(7.2.11) $\quad \Omega(i, Y, \phi(i, Y; E^C, \theta)) = M^S(i, Y; E^C) - \phi(i, Y; E^C, \theta)$
$$Y = Y^d(i, Y, \phi(i, Y; E^C, \theta))$$
$$CU^d(i, Y) = M^S(i, Y; E^C) - D^{*d}(i, Y) - \delta M^S(i, Y; E^C)$$

(7.2.9) 式の第1番目の式は，証券市場の均衡条件である．第2番目は，財市場の均衡条件である．最後は，現金需給の均衡条件であり，これが成立していれば，預金需給は常に一致しているので，貨幣市場も均衡している．

2．均衡の性質

ワルラス法則が成立しているので，均衡の分析は，任意の2市場で行えばよい．以下では，財市場の均衡条件と貨幣市場の均衡条件で構成されたモデルと財市場の均衡条件と証券市場の均衡条件で構成されたモデルの両方で行う．もちろん2つのモデルの分析は同値でなければならない．

均衡の分析を行う場合，貸出供給の性質について，次の仮定をおく．

(7.2.12) $\quad Y_Y^d + Y_{L^S}^d \phi_Y < 1, \quad Y_i^d + Y_{L^S}^d \phi_i < 0$

この仮定は，不均衡調整過程の安定性を分析しなければ，正確にはわからないが，この条件が充たされていない場合は，市場均衡が不安定の可能性を持つことはすぐに理解できる．たとえば，財市場が超過需要であったとする．所得が増加するが，貸出供給も増加し，さらに財の需要を増加させ超過需要を拡大する．所得自体の直接的効果もあるのだから，それと併せて全体としての効果が1より少であれば，超過需要は縮小し少なくとも財市場は均衡に向かう圧力が生じる．最後の条件は，証券利子率の貸出供給へ与える効果である．証券利子率が上昇した場合，貸出供給を増加させると仮定すれば（$\phi_i > 0$），所得を増加させ，さらに超過需要を拡大する可能性がある．証券利子率の直接的な効果は財の需要を減少させるのであるから，貸出供給を通じる間接的効果がこれを上回らなければ，財市場は均衡に向かうはずである．

まず，貨幣市場（現金需給）の均衡条件で構成したモデルで，均衡の性質を

導出しておこう.

$$(7.2.13) \quad \frac{\partial Y}{\partial E^C} = \frac{Y_{L^S}^d \phi_{E^C} \{CU_i^d + (D_i^{*d} - (1-\delta)M_i^S)\} + (1-\delta)m(Y_i^d + Y_{L^S}^d \phi_i)}{\Delta_2} > 0$$

$$\frac{\partial i}{\partial E^C} = \frac{\{1 - (Y_Y^d + Y_{L^S}^d \phi_Y)\}(1-\delta)m - Y_{L^S}^d \phi_{E^C}\{CU_Y^d + (D_Y^{*d} - (1-\delta)M_Y^S)\}}{\Delta_2} \gtreqless 0$$

$$\Delta_2 = \{1 - (Y_Y^d + Y_{L^S}^d \phi_Y)\}\{CU_i^d + (D_i^{*d} - (1-\delta)M_i^S)\}$$
$$+ (Y_i^d + Y_{L^S}^d \phi_i)\{CU_Y^d + (D_Y^{*d} - (1-\delta)M_Y^S)\} < 0$$

この性質を導く際に,次の条件が成立することに注意しなければならない.

$(7.2.14) \quad 1 - (1-\delta)\kappa_1 = m - \kappa_1 > 0$

$(7.2.15) \quad D_Y^{*d} - (1-\delta)M_i^S = (1 - (1-\delta)\kappa_1)D_Y^{*d} > 0$

$\quad\quad D_i^{*d} - (1-\delta)M_i^S = (1 - (1-\delta)\kappa_1)D_i^{*d} - (1-\delta)\kappa_1' D^{*d} - (1-\delta)\kappa_2' E^C < 0$

中央銀行のハイパワード・マネーの供給の増加は,所得を増加させるが,証券利子率の効果については一義的に確定しない.フィッシャー=フリードマンの貨幣乗数の定式化を採用した標準モデルと定性的な性質は変わらないといえる.ただし,その置かれた仮定が異なることに注意しなければならない.

次に,証券市場の均衡条件を使ったモデルで均衡分析を行い,同時にそれが貨幣市場(現金需給)の均衡条件を使った場合とまったく同値であることを示しておこう.証券市場の均衡条件を使った分析は複雑である.それは,証券市場の性質が,現金の需要関数や財の需要関数の特定化によって,制約を受けているからである.したがって,まずこの点を,(7.2.10)式を考慮して,民間非金融部門の制約,(7.2.4)式を使って示しておこう.

$(7.2.16) \quad (1-\delta)(1+\Omega_{L^S}) \equiv Y_{L^S}^d > 0$

$\quad\quad (1-\delta)\Omega_i \equiv Y_i^d + D_i^{*d} + CU_i^d < 0$

$\quad\quad (1-\delta)\Omega_Y \equiv (Y_Y^d - 1) + D_Y^{*d} + CU_Y^d \gtreqless 0$

(7.2.16)式は,証券市場におかれた性質が,財市場や貨幣市場に置かれた性質とまったく矛盾しないことが示されている.追加的な情報は,貸出供給が増加すれば,財の需要が増加するので,それと代替的な証券供給の減少の効果は1より小さいものでなければならないということである.

証券市場の均衡条件を全微分し,$(1-\delta)$で調整しておくと,次のようになる.

第7章　貸出市場の不完全性による信用割当とマクロ信用創造モデル　　227

(7.2.17)
$$(1-\delta)\{\Omega_i+(1+\Omega_{L^S})\phi_i-M_i^S\}di+(1-\delta)\{\Omega_Y+(1+\Omega_{L^S})\phi_Y-M_Y^S\}dY$$
$$=\{(1-\delta)m-(1-\delta)(1+\Omega_{L^S})\phi_{E^C}\}dE^C$$

(7.2.17) 式で，di, dY, dE^C の各係数を，(7.2.14) 式の制約を使って Ω 関数の偏微係数を消去して，変形すると次のようになる．

(7.2.18)
di の係数　：$CU_i^d+(D_i^{*d}-(1-\delta)M_i^S)+(Y_i^d+Y_{L^S}^d\phi_i)<0$
dY の係数　：$CU_Y^d+(D_Y^{*d}-(1-\delta)M_Y^S)+(Y_Y^d-1)+Y_{L^S}^d\phi_Y\gtreqless 0$
dE^C の係数：$(1-\delta)m-Y_{L^S}^d\phi_{E^C}\gtreqless 0$

(7.2.18) 式の符号条件は，(7.2.12)，(7.2.14)，(7.2.15) 式が考慮されていることに注意しなければならない．このように，制約を使って，すべて証券市場の偏微分係数を財市場と貨幣市場の偏微分係数に置き換えても，(7.2.15) 式は，貨幣市場の均衡条件の変形と同じものではないことは自明である．

(7.2.18) 式を考慮して，(7.2.17) 式を使い，均衡の性質を導出すると，それは，正確に (7.2.1) 式と一致する．ここでは，省略しておく．[8]

3. 不均衡調整過程

フィッシャー・フリードマンの貨幣乗数の定式化を採用した標準的モデルと比較して，ここでは，証券市場の瞬時的均衡を仮定しなければならない．ワルラス法則が成立するので，財市場の不均衡と貨幣市場（現金需給）の不均衡のいずれかは独立ではない．（因果律は消滅し，）所得が財市場の不均衡を調整する調整変数と考えても貨幣市場の不均衡を調整するそれと考えても，不均衡調

---

8) 財市場と証券市場を全微分すると，次のようになる．
$$\begin{bmatrix}x_1 & x_2 \\ x_3 & x_4\end{bmatrix}\begin{bmatrix}dY \\ di\end{bmatrix}=\begin{bmatrix}Y_{L^S}^d\phi_{E^C}dE^C \\ ((1-\delta)m-Y_{L^S}^d\phi_{E^C})dE^C\end{bmatrix}$$
$x_1=1-(Y_Y^d+Y_{L^S}^d\phi_Y)$
$x_2=-(Y_i^d+Y_{L^S}^d\phi_i)$
$x_3=(Y_Y^d+Y_{L^S}^d\phi_Y)-1+CU_Y^d+(D_Y^d-(1-\delta)M_Y^S)$
$x_4=(Y_i^d+Y_{L^S}^d\phi_i)+CU_i^d+(D_i^d-(1-\delta)M_i^S)$
$x_1x_4-x_2x_3=\Delta_2$　が導出される．
したがって，(7.2.1) 式と同じ性質が導出される．

図 7-2

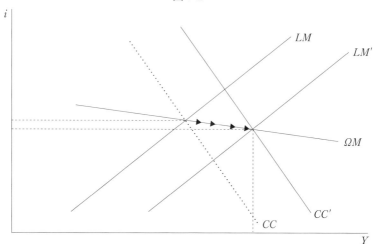

整過程の分析はまったく同値である．

(7.2.19) $\dot{Y} = \alpha[Y^d(i, Y, \phi(i, Y ; E^C, \theta)) - Y], \quad \alpha > 0$
$(= \alpha[(1-\delta)M^S(i, Y ; E^C) - D^d(i, Y) - CU^d(i, Y)])$

$\Omega(i, Y, \phi(i, Y ; E^C, \theta)) = M^S(i, Y ; E^C) - \phi(i, Y ; E^C, \theta)$

証券利子率は，所得の運動に従属して，証券市場を瞬時に均衡させるように運動する．これが持続するためには，たとえば，証券市場に超過供給の圧力がかかった場合，証券利子率が上昇してこの超過供給を瞬時に解消しなければならない．そのためには，(7.2.16) 式の di の係数が負でなければならない．

(7.2.18) $=> CU_i^d + (D_i^{*d} - (1-\delta)M_i^S) + (Y_i^d + Y_{L^S}^d \phi_i) < 0$

これを成立させるための十分条件は，次の条件であった．

(7.2.12) $=> Y_i^d + Y_{L^S}^d \phi_i < 0$

証券市場を均衡させる証券利子率を求めると，次のようになる．

(7.2.20) $i = l(Y ; E^C, \theta)$

$$l_Y = -\frac{((Y_Y^d + Y_{L^S}^d \phi_Y) - 1) + CU_Y^d + (D_Y^{*d} - (1-\delta)M_Y^S)}{CU_i^d + (D_i^{*d} - (1-\delta)M_i^S) + (Y_i^d + Y_{L^S}^d \phi_i)} \gtreqless 0$$

市場均衡が安定であるためには，$d\dot{Y}/dY < 0$ でなければならないので，次の条件が成立しなければならない．

(7.2.21) $\{(Y_Y^d + Y_{L^S}^d \phi_Y) - 1\} + (Y_i^d + Y_{L^S}^d \phi_i)l_Y < 0$

図 7-3

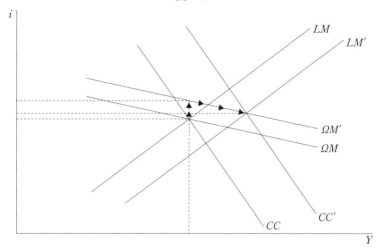

(7.2.21) 式の条件を，(7.2.20) 式を考慮して，変形すると次のようになる．

(7.2.22) $\{1-(Y^d_Y+Y^d_{L^S}\phi_Y)\}\{CU^d_i+(D^{*d}_i-(1-\delta)M^S_i)\}$
$+(Y^d_i+Y^d_{L^S}\phi_i)\{CU^d_Y+(D^{*d}_Y-(1-\delta)M^S_Y)\}(=\Delta_2)<0$

(7.2.22) 式を成立させるための十分条件が，均衡分析の場合に仮定した (7.2.12) 式の条件であることは明らかであろう．

証券利子率と所得の運動の図解は，図7-2，図7-3で明らかにされている（証券市場の均衡曲線が右下がりであることを仮定して描かれている）．中央銀行がハイパワード・マネーの供給を増加させた場合，証券利子率と所得の運動は証券市場の均衡曲線上で行われる．証券利子率が瞬時にジャンプして運動するかは，証券市場の均衡曲線がシフトするかどうかに依存している．ジャンプして運動せず，単調に下落する条件は，次のようになることは明らかである．

(7.2.23) $(1-\delta)m-Y^d_{L^S}\phi_{E^C}=0$

ジャンプして運動する場合も，定性的には貸出市場の瞬時的均衡が仮定されるモデルと変わらない．[9] その場合は，(7.2.22) 式が成立しないが，中央銀行

---

9) 貸出市場が効率的な市場で，瞬時に均衡すると仮定した場合のモデルは，下記の文献で詳細に分析されている．

拙稿「マクロ的枠組みの下での貨幣と信用構造の基本問題について」『金融経済研究』第32号，2011年4月．

がハイパワード・マネーの供給が増加したときに証券利子率が上昇する場合を提示しておこう．それは次のような場合で，図7-3で示されている．

(7.2.24) $(1-\delta)m - Y_{LS}^d \phi_{E^C} < 0$

金融緩和政策が行われたときに利子率がアンダーシューティングする条件を導出しておこう．

(7.2.25) $(1-\delta)m - Y_{LS}^d \phi_{E^C} > 0 \Rightarrow l_{E^C} < 0$

証券市場の均衡曲線が右下がりである条件は次のようになる．

(7.2.26) $(Y_Y^d - 1) + CU_Y^d + D_Y^{*d} - (1-\delta)M_Y^S + Y_{LS}^d \phi_Y$
$\equiv (1-\delta)(\Omega_Y - M_Y^S) + Y_{LS}^d \phi_Y < 0$

市場均衡の安定条件 (7.2.12) が充たされ，(7.2.25)，(7.2.26) 式の条件が充たされれば，(7.2.13) 式で，$\frac{\partial i}{\partial E^C} < 0$，となる．また，次の条件が成立する．

(7.2.27) $|l_{E^C}| < \left|\frac{\partial i}{\partial E^C}\right|$

したがって，(7.2.25)，(7.2.26) 式がアンダーシューティングの条件である．

第3節　開放マクロ経済モデルと信用創造・貨幣創造および貸出市場の不完全性

　貸出市場の不完全性を仮定して，これまでの議論を開放マクロ経済の枠組みのもとで拡張する．その際，自国証券と外国証券の完全代替と完全資本移動を仮定したモデルを取り上げる．つまり，この節で取り上げるモデルとその分析は，第6章のモデルとその分析に貸出市場の不完全性を導入したものである．
　信用と貨幣の創造を含んだマクロ金融経済モデルを開放経済に拡張するために，第6章で採用した民間銀行部門の行動に関する仮定については引き継ぐことにする．つまり，民間銀行部門は外国居住者への貸出は行わないし，外国証券も需要しない．この部門は閉鎖経済モデルでの役割と同じ役割しか果たさないという単純化である．[10] 以下のモデルでは，自国証券と外国証券は完全代替であるが，それは外国証券を需要する民間非金融部門についての仮定である．資本移動に関する単純化は，これまでの章とまったく同じである．

1. 標準モデルと貸出市場の不完全性

第1節の標準モデルを開放経済に拡張したモデルについては，次のように定式化することができる．それは，第6章の競争的な貸出市場を仮定したモデルに，貸出市場の需給均衡を放棄し，その不完全性を導入したモデルとなる．

(7.3.1) $Y = Y^d(Y, i, L^S) + T(Y, e)$

$$L^S = \lambda(i ; \theta)\left(\frac{1-\tau}{1+cu}\right)m(i)E^C$$

$$m(i)E^C = M^d(i, Y) \quad (M^S = m(i)E^C)$$

$$i = i^* + \frac{e^E - e}{e}$$

第6章の標準モデルの貸出市場の均衡条件の代わりに，信用割当てが行われ，民間銀行部門の貸出供給が有効貸出量となるということが仮定されている．

前章での議論から，金利平価条件の瞬時的成立を仮定するということは，国際収支の均衡と自国証券市場の均衡が仮定され，それぞれの均衡条件で，資本収支と民間非金融部門の自国証券需要が決定される．資本収支の決定は，自国の民間非金融部門の外国証券需要の決定であることを意味している．

(7.3.2) $T(Y, e) + K = 0$

$$B^S(Y, i, L^S) = b(i ; \theta)\left(\frac{1-\tau}{1+cu}\right)m(i)E^C + E^P + E^C$$

証券市場の均衡条件の定式化には，自国証券の供給関数の定式化が必要である．民間非金融部門は，これまでのモデルと同様に，自国証券供給と銀行借入で資金を調達する．この2つは不完全代替である．自国証券の供給は，所得の増加関数であり，自国証券利子率の減少関数であると仮定される．ここでは，民間銀行部門の貸出供給が有効な貸出量であり，代替的な資金調達である自国証券供給はこれに依存し，減少関数である．前節の標準モデルと同一の仮定を採用している．

---

10) この単純化では，グローバルな経済での銀行の活動を定式化することはできていない．問題を初めから消してしまっていることに注意しなければならない．そのような犠牲を払ってでも解決しなければならない重要な本質的問題が存在すると，筆者は考えている．

以上でこのモデルに仮定された性質をまとめて提示しておこう．

(7.3.3)　　$1>Y_Y^d>0,\ Y_i^d<0,\ 1>Y_{L^S}^d>0,$
　　　　　　$T_Y<0,\ T_e>0,\ \lambda_i<0,\ \lambda_\theta<0,\ m'>0,\ m>1,$
　　　　　　$M_Y^d>0,\ M_i^d<0,\ B_Y^S>0,\ B_i^S<0,\ -1<B_{L^S}^S<0$

(7.3.1) 式で，自国証券利子率，自国所得，為替相場が決定され，(7.3.2) 式で，中央銀行の政策が決定されていれば，民間非金融部門の自国証券需要，および資本収支が内生変数の決定と同時に決定される．

ところで，このモデルの制約はどのようになるかをみておこう．銀行部門の仮定は，第1節の閉鎖経済モデルとまったく変わりがないので，統合された銀行部門の制約を明らかにしておく．それは，これまでとまったく同一で，貨幣供給と銀行信用の等価性を表す制約である．

(7.3.4)　　$M^S \equiv L^S + E^b + E^C$

民間非金融部門の制約は，その収支均等式である．

(7.3.5)　　$L^S + B^S + Y \equiv Y^d + E^P + M^d - K$

(7.3.4), (7.3.5) 式を合体すれば，経済全体の制約式であり，ワルラス法則であることは，これまでとまったく変わりがない．ただし，これまでと同様に，貿易収支は，国際収支の構成要素でもあり，財の総需要の構成要素でもある．この点を考慮すれば，4市場間の関係としてワルラス法則が導出される．

(7.3.6)　　$\{Y-(Y^d+T)\}+(K+T)+\{B^S-(E^P+E^b+E^C)\}+(M^S-M^d) \equiv 0$

上記の貸出市場の不完全性を仮定した標準モデルは，財市場，外国為替市場（国際収支），自国証券市場，貨幣市場によって構成される．金利平価条件の瞬時的成立を仮定するので，国際収支と自国証券市場は瞬時に均衡している．問題は貨幣市場であるが，これはフィッシャー＝フリードマンの定式化を採用し，同時に，現金需給，預金需給の均衡を仮定して貨幣乗数と貨幣供給関数を導出しているので，常にこれらの市場は均衡している．とすれば，財市場もまた均衡していることになる．つまり，このモデルには1つの市場も不均衡になる余地は存在しないと言える．不均衡調整モデルのない均衡モデルとなっている．

ところで，このモデルの均衡解の性質は，一義的に決まるであろうか．答えは否である．この貸出市場の不完全性を持つ標準モデルも，閉鎖経済の場合と同様に，貸出供給関数の自国証券利子率についての性質が一義的に決まらないので，それは決まらない．この点は，第1節の閉鎖経済のモデルとまったく同

じである.[11] たとえば，次のように仮定しよう．

(7.1.6)　$\phi_i < 0$

この貸出供給の性質が，前述した標準モデルでも均衡の性質を一義的に決定してきたし，このモデルの市場不均衡の調整が安定的であるための１つの意味のある十分条件であった．だが，モデルの性質からは，この条件は，一般的には保証されない．

(7.1.6)′　$\phi_i \gtreqless 0$

不均衡調整モデルが存在し得ないというのであれば，モデルの均衡の性質についても確定的なことはいえないはずである．均衡モデルとその不均衡調整モデルは対である．

貨幣乗数を導出する伝統的な方法は，貨幣市場の均衡を常に仮定するので，その分析によって定式化された標準モデルについては金融市場のいずれかの不完全性を仮定し，開放経済モデルに拡張する場合，その整合性について厳格な論理的検証が必須であると言える．金利平価条件の瞬時的成立を仮定する場合，そしてこれが開放マクロ経済モデルの標準であるが，一層，厳格な整合性の検証が必要である．筆者の見解では，金利平価条件とフィッシャー＝フリードマンの仮説による貨幣乗数の定式化は貸出市場の不完全性を仮定した開放マクロ経済モデルでは両立し得ない．

貸出市場の不完全性が存在して，有効な貸出量は民間銀行部門の貸出供給によって決定されたとしても，依然として貸出需要は存在し，貸出市場は不均衡であると考えた場合，モデルの整合性はどのようになるか．これが問題である．しかしながら，貸出利子率を内生変数としないかぎり，やはり不均衡調整モデルは存在し得ない．それは，次のようにしてわかる．

第６章の検討から明らかなように，財市場が不均衡であるとして，それに対応したこの貸出市場が不均衡であるとみなされる場合，瞬時的市場均衡は，自国証券市場，外国為替市場（国際収支），そして貨幣市場に適用される．瞬時的均衡で決定される内生変数は，３つ必要である．貸出利子率が外生変数であるかぎり，新たな変数を探してこない限り，（これらの瞬時的市場均衡を含む）財市場の不均衡調整モデルは存在しえないことになる．このことは，貸出市場

---

11)　$L^s = \phi(i ; E^c, \theta)$

の不完全性を仮定する限り，マクロ信用創造モデルを開放経済に拡張した場合，金利平価条件の瞬時的成立と矛盾しない標準的モデルに代わる代替モデルが必要であり，重要であることを意味している．

2．代替的モデル
［1］ 代替モデルの定式化

金利平価条件の瞬時的成立と矛盾しない代替的なマクロ信用創造モデルは，第3章と本章の第1節で明らかにしてきた，預金供給に関して，民間銀行部門の預金需要への受動的行動態度を仮定した筆者の考案する代替モデルである．ここでは，このモデルを，完全資本移動を仮定した標準的な開放マクロ経済モデルに拡張する．

民間銀行部門の制約と行動方程式で，標準モデルと異なるのは，預金供給の決定である．

(7.3.7) $\quad D^S \equiv Z^b + R^d$
$\qquad\qquad Z^b \equiv L^S + E^b$

(7.3.8) $\quad R^d = (\tau + \varepsilon(i)(1-\tau))D^S$
$\qquad\qquad L^S = \lambda(i;\theta)(1-\tau)D^S \qquad (E^b = b(i;\theta)(1-\tau)D^S)$

(7.3.7)式が，民間銀行部門の制約であり，(7.3.8)式が，貸出供給と準備需要に関する民間銀行部門の行動方程式である．これらの性質については，標準モデルと何ら異なるところはない．

中央銀行の制約は，これまで通りである．

(7.3.9) $\quad CU^S + R^d \equiv E^c$

(7.3.7)，(7.3.9)式を統合すれば，銀行部門全体の制約となる．

(7.3.10) $\quad CU^S + D^S \equiv Z^b + E^c, \quad M^S = CU^S + D^S$

民間非金融部門の制約を明らかにしておこう．すでに閉鎖経済で，貸出市場が不完全性をもち民間銀行部門の貸出供給が有効貸出量であることを考慮して，提示されている．

(7.3.11) $\quad L^S + B^S + Y \equiv Y^d + E^P - K + CU^d + D^{*d} + \delta(L^S + B^S - E^P)$

(7.3.11)式では，本源的な預金需要と外部資金調達に依存する派生預金需要によって総預金需要が構成されている．外部資金調達とは，民間非金融部門内部で資金調達が完結する部分を除いた部分である．それは，間接金融による

資金調達である．(7.3.10)，(7.3.11) 式を合体すれば，経済全体の制約となるのだが，それでは，預金市場が不均衡となりうる場合が含まれ，預金供給自体が決定できない．そこで，この代替モデルでは，預金供給は預金需要によって常に受動的に決定されると仮定する．

(7.3.12) $D^S \equiv D^{*d}(i, Y) + \delta(L^S + B^S - E^P)$

この仮定を考慮して，経済全体の制約を導出すれば，次のようになる．貿易収支の役割を明示的に考慮している．

(7.3.13)
$$\{Y-(Y^d+T)\}+(CU^S-CU^d)+(K+T)+\{B^S-(E^P+E^b+E^C)\} \equiv 0$$

派生預金需要が銀行信用に依存しない限り，信用創造および貨幣創造は生じない．信用と貨幣の創造モデルの本質的要素は，標準的モデルであれこの代替モデルであれ，派生預金が本質的要素であり，これが銀行信用に依存しなければならない．そのためには，自国証券市場の均衡を仮定しなければならない．自国証券市場の均衡の仮定の下では，派生預金需要は常に銀行信用に依存する．

(7.3.14) if $B^S = E^P + E^b + E^C$, then $L^S + B^S - E^P = L^S + E^b + E^C$

(7.3.15) $L^S + E^b + E^C \equiv Z^b + E^C (\equiv M^S)$

(7.3.16) $\delta(L^S + B^S - E^P) = \delta(Z^b + E^C) = \delta M^S$

(7.3.12)′ $D^S \equiv D^{*d}(i, Y) + \delta(Z^b + E^C)$

自国証券市場が常に均衡するならば，派生預金需要が銀行信用に依存し，信用と貨幣が創造される．貸出市場が存在しないので，信用創造と市場の関係からみれば，いわば自国証券市場が信用と貨幣が創造される「場」である．つまり，信用創造と貨幣創造は自国証券市場の均衡と結合しているのである．ちょうど，標準モデルが，現金・預金供給比率が一定となるために貨幣市場の均衡が必要であったように．標準モデルは貨幣市場の均衡を仮定することにより信用創造と貨幣創造を定式化したが，代替モデルでは，自国証券市場の均衡を仮定することにより，信用創造と貨幣創造を定式化した．つまり，どの金融市場の均衡と信用創造・貨幣創造が関係を持つのかが重要な問題なのである．そして，後述するようにまさにこの市場均衡の選択が不均衡調整モデルの特徴を決定づけるのである．さらに，この不均衡調整過程の特徴が安定性を通じて均衡の性質を逆に決定づける．

さて，信用創造と貨幣創造の関係を導出しておこう．そのためには，民間銀

行信用（Z^b）と預金供給の関係を明確にしておこう．民間銀行部門の制約と準備需要関数から，次のような関係式が導出される．

(7.3.17) $Z^b = (1-\tau)(1-\varepsilon(i))D^S$

(7.3.12)′式を，これに代入して，Z^bで整理すれば，次の関係が得られる．

(7.3.18) $Z^b = \kappa_1 D^{*d}(i,\ Y) + \kappa_2 E^C$

$$\kappa_1 = \frac{(1-\tau)(1-\varepsilon(i))}{1-(1-\tau)(1-\varepsilon(i))\delta} > 0 \quad \kappa_2 = \frac{(1-\tau)(1-\varepsilon(i))\delta}{1-(1-\tau)(1-\varepsilon(i))\delta} > 0$$

$\delta\kappa_1 = \kappa_2,\ \kappa_1' > 0,\ \kappa_2' > 0$

銀行部門の統合された制約により，貨幣供給と本源的預金需要および中央銀行のハイパワード・マネーの供給との関係性を導出すれば，それは下記のようになる．

(7.3.19) $M^S = \kappa_1 D^{*d}(i,\ Y) + (\kappa_2 + 1)E^C$

$\kappa_2 + 1 = \delta\kappa_1 + 1 = m > 1,\ m = m(i),\ m' > 0$

したがって，預金供給は，次のように決定される．

(7.3.20) $D^S \equiv m(i)D^{*d}(i,\ Y) + \delta m(i)E^C$

預金供給がこのように決定されれば，(7.3.8)式の貸出供給関数に代入すれば，貸出供給も，所得，自国証券利子率の関数となる．ここでは，金利平価条件の成立を仮定するので，自国証券市場はこの意味からも均衡しているのであって，民間非金融部門の自国証券需要は自国証券市場の均衡によって受動的に決定される．外国証券需要を意味する資本収支も国際収支の均衡によって受動的に決定される．これらの仮定を考慮すれば，ワルラス法則から，財市場の均衡と現金市場の均衡と2つの均衡条件によってモデルは構成される．財の総需要は，これまで通りの定式化である．現金需要に関しても同様である．

代替モデルを集約的に提示すれば，下記のようになる．

(7.3.21) $Y = Y^d(i,\ Y; L^S) + T(Y,\ e)$

$L^S = \lambda(i;\theta)(1-\tau)[m(i)D^{*d}(i,\ Y) + \delta m(i)E^C]$

$(1-\delta)M^S(i,\ Y;E^C) - D^{*d}(i,\ Y) = CU^d(i,\ Y)$

$i = i^* + \dfrac{e^E - e}{e}$

最初の均衡条件が，開放マクロ経済の財市場の均衡条件であることは，これまでと同様である．民間銀行部門の貸出供給が有効貸出量である．次の方程式

が，現金需給の均衡条件である．預金需給の一致を前提に，これは同時に貨幣市場の均衡条件をも意味する．

ここでは，(7.3.19) 式を貨幣供給関数に変形している．

(7.3.19)′ $M^S = M^S(i, Y ; E^C)$

$\quad M_i^S = \kappa_1' D^{*d} + \kappa_1 D_i^{*d} + \kappa_2' E^C \gtreqless 0$

$\quad M_Y^S = \kappa_1 D_Y^{*d} > 0, \quad M_{E^C}^S = m$

現金供給は次のように変形されている．

(7.3.22) $CU^S = M^S - D^S = M^S - (D^{*d}(i, Y) + \delta M^S)$

$\quad\quad\quad = (1-\delta)M^S(i, Y ; E^C) - D^{*d}(i, Y)$

貸出供給，つまり有効貸出量は閉鎖経済のモデルと何ら変わらない．それは，この代替モデルでも依然として民間銀行部門は外国証券を需要しないし外国企業の貸出需要に応じないと仮定していることによる．

(7.2.9) $L^S = \phi(i, Y ; E^C, \theta), \quad \phi_i \gtreqless 0, \quad \phi_Y > 0, \quad \phi_\theta < 0, \quad \phi_{E^C} > 0$

また，次の関係が成立することも閉鎖経済の場合と同様である．

(7.3.23) $D_Y^{*d} - (1-\delta)M_Y^S > 0$

$\quad D_i^{*d} - (1-\delta)M_i^S < 0$

(7.3.21) の代替モデルは，分離体系であり，資本収支や自国証券需要は，下記の体系によって決定される．この点は，標準モデルとまったく同一である．

(7.3.24) $T(Y, e) + K = 0$

$\quad B^S(Y, i, \phi(i, Y ; E^C, \theta)) = E^P + M^S(i, Y ; E^C) - \phi(i, Y ; E^C, \theta)$

ただし，自国証券市場の均衡条件を次のように変形している．

(7.3.25) $B^S = E^P + E^b + E^C = E^P + Z^b - L^S + E^C = E^P + M^S - L^S$

(7.3.24) 式によって，自国証券需要と資本収支が決定される．

[2] 均衡の性質

均衡の性質を下記の条件を仮定して分析しておこう．

(7.3.26) $Y_i^d + Y_{L^S}^d \phi_i < 0$

$\quad (1 - T_Y) - (Y_Y^d + Y_{L^S}^d \phi_Y) > 0$

後述の不均衡調整モデルの分析によって明らかとなるように，これは，市場均衡の安定性の十分条件である．

中央銀行の自国証券需要を通じたベース・マネーの供給が増加した場合，つ

まり量的な金融緩和政策を実施した場合，内生変数である所得，自国証券利子率，為替相場への効果を求めておこう．

$$(7.3.27) \quad \Delta = \{(1-T_Y)-(Y_Y^d+Y_{L^S}^d\phi_Y)\}\{CU_i^d+D_i^{*d}-(1-\delta)M_i^S\}(e^E/e^2)$$
$$+\{CU_Y^d+D_Y^{*d}-(1-\delta)M_Y^S\}\{(Y_i^d+Y_{L^S}^d\phi_i)(e^E/e^2)-T_e\}<0$$

$$\frac{\partial Y}{\partial E^C} = \left[Y_{L^S}^d\phi_{E^C}\{CU_i^d+D_i^{*d}-(1-\delta)M_i^S\}\left(\frac{e^E}{e^2}\right)\right.$$
$$\left.+(1-\delta)m\left\{(Y_i^d+Y_{L^S}^d\phi_i)\left(\frac{e^E}{e^2}\right)-T_e\right\}\right]\frac{1}{\Delta}>0$$

$$\frac{\partial i}{\partial E^C} = \left[-Y_{L^S}^d\phi_{E^C}\{CU_Y^d+D_Y^{*d}-(1-\delta)M_Y^S\}\left(\frac{e^E}{e^2}\right)\right.$$
$$\left.+(1-\delta)m\{(1-T_Y)-(Y_Y^d+Y_{L^S}^d\phi_Y)\}\left(\frac{e^E}{e^2}\right)\right]\frac{1}{\Delta}\gtreqless 0$$

$$\frac{\partial e}{\partial E^C} = [Y_{L^S}^d\phi_{E^C}\{CU_Y^d+D_Y^{*d}-(1-\delta)M_Y^S\}$$
$$-(1-\delta)m\{(1-T_Y)-(Y_Y^d+Y_{L^S}^d\phi_Y)\}]\frac{1}{\Delta}\gtreqless 0$$

中央銀行の量的な金融緩和政策は，所得を増大させるが，自国証券利子率と為替相場の変化については一義的には確定しない．この後者の結論が重要である．信用創造・貨幣創造を含まない伝統的な開放マクロ経済モデルでは，この効果は一義的に決定される．

[3] 代替モデルの不均衡調整モデル

(7.3.21) で示された市場均衡の安定性を検討する．そのためには，この代替モデルの不均衡調整モデルを定式化しなければならない．このモデルでは，ワルラス法則の制約の下に，標準モデルと異なって，財市場が不均衡であれば，それに対応して現金需給が不均衡となる．財市場不均衡の正確な鏡像が現金需給の不均衡となる．そのため，調整変数と市場不均衡の一義的な関係を示す因果律は消滅する．この不均衡調整モデルでは，国際収支と自国証券市場は瞬時に均衡している．

$$(7.3.28) \quad Y^d+T \gtreqless Y \quad \Rightarrow \quad CU^S \gtreqless CU^d$$

財市場の超過需要に反応して時間が経過するにつれて所得が増加するという

調整過程を考える．つまり，伝統的な数量調整である．

(7.3.29) $\dot{Y} = \alpha[Y^d(Y, i, \phi(i, Y; E^C, \theta)) T(Y, e) - Y]$
$(= \alpha[(1-\delta)M^S(i, Y; E^C) - D^{*d}(i, Y) - CU^d(i, Y)], \alpha > 0)$

不均衡調整モデルの枠組みは，第6章の貸出市場に不完全性がないモデルとまったく同一で，この場合のモデルも同様に定式化することができる．金利平価条件は自国証券市場と国際収支の均衡の両方を意味する．したがって，この両市場の瞬時的均衡によって，自国証券利子率と為替相場が決定され，同時に均衡における金利平価条件と矛盾がないようにするためには，次のように定式化しなければならない．

(7.3.30) $K\left(i, i^* + \dfrac{e^E - e}{e}\right) + T(Y, e) = 0$

$B^S(Y, i, \phi(i, Y; E^C))$
$= E^P\left(Y, i, i^* + \dfrac{e^E - e}{e}\right) + M^S(i, Y; E^C) - \phi(i, Y; E^C)$

ただし，次の条件が課せられる．

(7.3.31) $K_i = +\infty, -K_r = +\infty, E_i^P = +\infty, -E_r^P = +\infty$

(7.3.32) $K + T = K\left(i, i^* + \dfrac{e^E - e}{e}\right) + T(Y, e), E^P = E^P\left(Y, i, i^* + \dfrac{e^E - e}{e}\right)$

$K_i > 0, -K_r > 0, E_i^P > 0, -E_r^P > 0$

(7.3.32) 式は，自国証券と外国証券が不完全代替の場合の国際収支と自国証券需要の定式化である．完全代替の場合は，これに加えて，それぞれの金利感応性が無限大という仮定が課せられる．市場均衡モデルにおける金利平価条件と矛盾のない自国証券利子率と為替相場の瞬時均衡決定モデルは，(7.3.30)，(7.3.31) 式で構成される．

自国証券利子率と為替相場の瞬時均衡解は，以下のように導出される．その際，符号条件を確定するために，民間非金融部門の制約を考慮しなければならない．行動方程式を代入して内生変数で偏微分して表すと，その制約条件は，次のようになる．

(7.3.33) $(1-\delta)(1 + B_{L^S}^S) = Y_{L^S}^d > 0$

$(1-\delta)(B_Y^S - E_Y^P) = (Y_Y^d - 1) + CU_Y^d + D_Y^{*d}$

$(1-\delta)(B_i^S - E_i^P) = Y_i^d - K_i + CU_i^d + D_i^{*d}$

$$-K_r = -(1-\delta)E_r^P$$

自国証券利子率と為替相場の瞬時的均衡解は，次のようになる．安定性を検討するためには，所得との依存関係が必要である．

(7.3.34) $i = l(Y ; E^C, e^E, i^*)$
$e = X(Y ; E^C, e^E, i^*)$

(7.3.35) $l_Y = \dfrac{(e^E/e^2)a_1}{(e^E/e^2)a_2 - T_e} \gtreqless 0, \quad X_Y = \dfrac{-a_1}{(e^E/e^2)a_2 - T_e} \gtreqless 0$

$a_1 = (1-T_Y) - (Y_Y^d + Y_{L^S}^d \phi_Y) - CU_Y^d - (D_Y^{*d} - (1-\delta)M_Y^S)$
$a_2 = Y_i^d + (D_i^{*d} - (1-\delta)M_i^S) + Y_{L^S}^d \phi_i + CU_i^d$

これらの瞬時的均衡解を考慮して，微分方程式を1変数の微分方程式に変形する．

(7.3.29)′
$\dot{Y} = \alpha[Y^d(Y, l(Y ; \cdot), \phi(l(Y), Y ; \cdot)) + T(Y, X(Y ; \cdot)) - Y]$

この微分方程式を所得で微分すれば，次の式を得る．

(7.3.36) $\dfrac{d\dot{Y}}{dY} = \alpha\left(\dfrac{\Delta}{T_e - (e^E/e^2)a_2}\right) \gtreqless 0$

(7.3.36) 式の Δ は，(7.3.25) 式で与えられている．市場均衡の安定性は一般的には保証されない．

(7.3.23) 式の符号条件に注意しながら，下記の条件が充たされているときに，局所的安定性が保証されていることをみておこう．

(7.3.26) $(1-T_Y) - (Y_Y^d + Y_{L^S}^d \phi_Y) > 0, \quad Y_i^d + Y_{L^S}^d \phi_i < 0$

この条件は均衡の性質を確定するときに仮定した条件である．この条件を仮定すると，次の結果が得られる．

(7.3.37) $\Delta < 0, \quad a_2 < 0$

したがって，次の条件が成立する．

(7.3.38) $\dfrac{d\dot{Y}}{dY} < 0$

(7.3.26) 式の条件は，安定性が保証されるための十分条件である．[12]

---

[12] 現金需給の不均衡に対応して所得が変化するという調整を考えても同値である．その証明は巻末「数学注」を参照．

第4節 結 論

　この章では，貸出市場に不完全性を導入し，部分的な信用創造および貨幣創造のモデルを開放マクロ経済モデルに結合した．その際，標準的モデルの欠陥を明らかにし，筆者の考察する代替モデルを提示し，このモデルであれば，整合的に結合することができることを明らかにした．

　まず最初に，閉鎖経済モデルで，フィッシャー＝フリードマンの貨幣乗数の定式化を採用した標準的モデルでは，貨幣創造と信用創造が整合的に結合されており，その意味で貸出市場の不完全性は，この問題に関する限り本質的な問題ではない．代替モデルでも同様の問題が明らかにされる．これら2つのモデルが本質的に相違するのは不均衡調整モデルにおいてである．前者は，貨幣市場の瞬時的均衡を仮定するが，後者の代替モデルは，証券市場の瞬時的均衡を仮定することになる．この本質は，証券と貸出が完全代替である場合もまったく同様である．この不均衡調整過程の特徴は，金融緩和政策の波及過程で説明される．

　開放マクロ経済の枠組みの下で拡張した場合，貸出市場の不完全性を仮定すると標準モデルでは深刻な問題が発生する．つまり，不均衡調整モデルが存在し得ないのである．金利平価条件の瞬時的成立を仮定する限り，この結論は確かなものであると考える．自国証券市場と国際収支が均衡しているもとで，フィッシャー＝フリードマンの貨幣乗数の定式化は貨幣市場の均衡を要請する．したがって，財市場は不均衡になり得ないのである．ワルラス法則がそのことを示している．代替モデルでは，このような本質的欠陥は生じない．閉鎖経済，開放経済，そして貸出市場の不完全性，のどの要素にも整合的に対応できる筆者の代替モデルは，有力なモデルとなりうる．

補遺および数学注

第3章への補遺

補遺1

筆者の代替モデルでは，本源的預金と銀行信用に依存する派生預金とを明確に区別した伝統的な信用創造モデルがマクロ均衡同時決定モデルに結合されている．そして，本文の説明では，伝統的な信用創造の部分モデルを説明し，それからマクロ均衡同時決定モデルに結合して説明するという2段階の方法がとられている．しかしながら，モデルの全体像の提示も必要であると思われるので，ここに一括して提示しておく．

① $D^S \equiv Z^b + R^d$
 $CU^S + R^d \equiv E^C$

② $[CU^S + D^S \equiv Z^b + E^C]$

③ $M^S \equiv CU^S + D^S$

④ $R^d = (\tau + \varepsilon(i)(1-\tau))D^S$
 $D^S = D^{*d}(i,Y) + \delta\Omega(Y,i)$

⑤ $Y = Y^d(Y,i)$
 $CU^S = CU^d(Y,i)$
 $\Omega(Y,i) = Z^b + E^C$

⑥ $(Y-Y^d)+(CU^S-CU^d)+\{\Omega-(Z^d+E^c)\}\equiv 0$

①は，上式が民間銀行部門の，下式が中央銀行の，制約である．②はそれを統合した銀行部門の制約となっている．ただし，②は①の制約から必然的に導かれるものであり，独立ではない．③は貨幣供給の定義式である．④は，本源的預金に関する非金融民間部門の行動を前提に，民間銀行部門の行動が定式化されている．最初の式は準備預金需要関数である．次の式は預金供給の決定であるが，民間銀行部門の預金需要への受動的行動態度が仮定されている．そのために，非金融民間部門の行動が仮定されている．外部資金調達が存在し，それがネットの資金調達，Ω 関数である．その一定割合がこの部門の派生預金需要となることが仮定されている．したがって，民間銀行部門が供給する預金供給は，この両者によって常に決定される．⑤は，非金融民間部門の現金需要や財の需要の行動を仮定して，集約的に市場均衡条件が示されている．⑥は，経済全体の制約，ワルラス法則であり，⑤の均衡条件の中で，任意の1つは独立ではない．⑥式に②式を考慮して，Z^b+E^c を消去し，④式より D^S を消去すれば，民間非金融部門の収支均等式が，次のように導出される．

⑦ $Y+\Omega\equiv Y^d+CU^d+D^{*d}+\delta\Omega$

②と⑦から⑥が導出されると考えても，まったく同じである．

内生変数は，D^S, R^d, Z^b, CU^S, M^S, i, Y の7つであり，決定条件は，①の2つ，③の1つ，④の2つ，⑤の2つ，の合計7つあり，完結している．詳細な説明は，本文に譲る．

補遺 2

筆者は，第3章の問題に関連する論文で，現金と預金の両方が貨幣として存在する伝統的な信用創造モデルをマクロ均衡同時決定モデルに結合する方法として，3つの方法が存在すると指摘してきた．1つは，貨幣乗数の導出をマクロ均衡同時決定モデルで整合的に行うために，貨幣市場（現金需給と預金需給）のそれぞれの瞬時的均衡を仮定する方法である．これは，標準的な方法である．もう1つは，民間銀行部門の預金供給に関する受動的行動態度を仮定し，そのために証券市場の瞬時的均衡を仮定する筆者独自の方法である．もう1つは，序論で明らかにしているように，預金と現金が，需要サイドで完全代替で

ある場合である．

しかしながら，序論ですでに指摘したように，この仮定の成立の前提には，民間銀行部門の間接証券である預金と中央銀行の供給する現金の本質的相違からくる預金保有リスクが一定で最小値（ゼロかゼロに近い値）でなければならないという問題が存在する．

バーナンキ＝ブラインダー・モデル（第3章脚注10）の論文）のように，現金が存在しないモデルを定式化すれば，信用貨幣である決済用預金の持つ不安定性をはじめから問題としないということになる．このモデルの全面的検討は，拙著『マクロ金融経済の基礎理論』晃洋書房，2013年，175-191ページ，でなされている．

民間銀行部門の準備需要を中央銀行は受動的に受け入れると，本書では潜在的に仮定されているが，バーナンキ＝ブラインダー・モデルでは，この点が本質的に異なる．現金が存在しないので，ベース・マネーは，準備預金のみである．これを民間銀行部門への貸付で供給しても，民間非銀行部門の証券を需要することにより供給しても，この乗数倍の預金が創造されるという結論には，準備預金市場の均衡が隠されている．本書のモデルと正反対であることに注意しなければならない．準備預金市場の均衡を考えて信用創造モデルを定式化することは，もちろん可能で，筆者は，部分的モデルではあるが，それを上記拙著で行った．本書の仮定を変更して，準備率政策や準備預金政策を考えるためには，この準備預金市場を取り上げる必要があるが，その際，現金の存在を無視する必要はまったくないと考えている．近く，この論点を取り入れたマクロ信用創造モデルを提示したいと考えている．

第5章への補遺

補遺　マンデル＝フレミング・モデルの政策的命題について

第5章第4節3．では，マンデル＝フレミング・モデルの市場均衡の安定性や不均衡調整過程および金融政策の波及経路の基本的な問題を詳細に検討している．本書では，政策に関する初等的な解説やその応用についてほとんど触れることはなかった．その理由は，後者の問題については，これまでの国際金融論，金融論の膨大なテキストの類ですでに紹介されていることであり，その

様々な検討も数え切れないほどなされてきているためである．

しかしながら，前者の問題，つまり本書で問題とした市場の不均衡調整モデルの論点については，合意はないと筆者は考えている（天野明弘『国際収支と為替レートの基礎理論』有斐閣，1990年，参照．この著書の第3章第2節，193-204ページで，「Mundell-Fleming 型のモデル」が検討され（市場）均衡の性質が理論的に厳格にしかも簡潔に整合的に分析されている．だが，その市場均衡の安定性を問う（市場の）不均衡調整モデルの検討はなされていないように思う．マンデル＝フレミング型モデルについてはこれまで，常にそのような取扱いであった）．本書第5章第4節3．で問題としたのは，まさにこの論点である．

そして，市場均衡と不均衡調整過程の関係から，後者の知見の妥当性もまた前者の議論に左右されることはいうまでもない．とすれば，本当は，後者の政策的命題もそれほど確固とした命題ではないということになる．不均衡調整モデルを定式化した R.ドーンブッシュもまた本書で考察した問題を深く考えたはずである．為替相場決定理論を統合しようとする意図には賛成であるが，筆者は彼のモデルには同意できない．

この政策的命題については，すでに古典的なもので，重要性はないと考える人も多いであろうし，新しい論点と理論的装いが好きな俊英は見向きもしないであろう．だが，現実の経済問題ではそうではない．実際には，1980年代末から1990年代前半の日米貿易摩擦の時期，東アジアの通貨金融危機とその後のリセッションの時期，そして，2008年のリーマン・ショックとその克服のための財政出動の時期でさえ，ことあるごとに，その命題が言及されることもまた事実である．

そこで，3つのテーマで，その点を通常とは異なった視点で，補足して解説しておきたい．ただし，膨大な文献と研究内容が存在するので，その関連業績の圧倒的多くの貢献について言及することを割愛せざるを得ず，本書第5章の単なる補足に過ぎないことを断っておかなければならない．

［1］ 原点となった政策命題

第4章で，為替相場決定の金利平価モデルの本質について詳しく解説した．マンデル＝フレミング・モデルでは，為替相場予想については「静学的予想」

が仮定されるので，金利平価条件は名目利子率の均等化条件（自国名目利子率が外国名目利子率に一致する）に変わる．固定価格の通常の開放経済のIS-LMモデル（小国モデル）が仮定される．

変動相場制では，短期均衡で貨幣市場が均衡し（投機的貨幣需要が不変であるので）貨幣供給が所得を決定する．したがって，国内貯蓄超過（所得－消費－投資－政府支出）も決定されるので，これと一致するように，つまり財市場が均衡するように貿易収支が決定され，名目為替相場が決定される．国際収支は均衡しているので（対外所得収支を無視すれば），貿易収支が資本収支を決定する．

内生変数である所得と為替相場のこの決定関係は，金融財政政策の所得への効果（プラスの効果がある場合を，以下，有効性を持つという）について，次のようなあまりにも有名な政策的命題に帰結する．貨幣供給を増加させる金融緩和政策は，所得を増加させ有効性を持つ．逆に，政府支出を増加させる財政拡張政策は，国内貯蓄超過を政府支出の増加だけ減少させるので，貿易収支はそれに等しく悪化し為替相場は下落し（増価し），所得への拡大効果はまったく消滅し，有効性を持たない．

マンデル＝フレミングの意図は，世界経済が固定相場制でリンクされていた時代に将来の変動相場制を展望して，固定相場制と変動相場制における金融財政政策の有効性の比較にあったこともよく知られている．国際収支が均衡し，利子率均等化条件が成立するという同じ条件で，しかも同一のモデルで金融財政政策の有効性を比較することができる．

固定相場制の場合は，為替相場の代わりに，内生変数として外貨準備（ストック）が貨幣供給の構成要素として付加される以外には新たな変更点は存在しない．変動相場制の場合は短期均衡で決定される内生変数が所得と（名目）為替相場であるのに比較して，固定相場制の場合は所得と外貨準備が内生変数である．固定平価が維持されているのであるから，（利子率均等化条件により投資支出が不変の下で）財市場の均衡条件で所得が決定され，政府支出を増加させる財政拡張政策は所得を増加させ，有効性を持つ．（このことと利子率均等化条件により，全体としての貨幣需要は確定するので）貨幣市場の均衡条件が決定するのは，（自国の）外貨準備である．（自国債券の追加的需要によって）貨幣供給を増加させる金融緩和政策は，外貨準備の減少をもたらすだけで，総

貨幣供給は一定であり，所得への拡大効果はまったく存在せず，有効性を持たない．

変動相場制と固定相場制では，金融財政政策の有効性の組合せはまったく逆である．マンデル＝フレミングの政策的命題の初等的解説については，これ以上の説明は不要であろう．ただ以下のような本質を指摘しておくことは，本書のような本質的かつ基本的な論点を厳格に議論するような著作では，重要であると考える．

1960年代初頭，ニュー・エコノミックスが一世を風靡して，財政拡張政策によって完全雇用経済を目指すケインジアン・エコノミックスが全盛期を迎え新古典派総合として新古典派さえも組み込まれるという状況にあったまさにそのときに，シカゴ学派の貨幣数量説の伝統を新たな理論的装いで擁護するマンデルは，その直観的に冴え渡る頭脳を使って，変動相場制では金融政策が財政政策に対して優位になる条件を探していたと思われる．それが，本書でいう完全資本移動という条件であった．この論点によって，経済活動水準を意味する経済全体の所得を貨幣供給量が決定するという命題が単純に成立することを見いだしたと思われる．そして，財政拡張政策の有効性とその安定化機能を前面に押し出すニュー・エコノミックスが暗黙のうちに固定相場制に依拠していることを炙り出した．当時，多くのケインジアンは，この命題とその直観的斬新さに相当翻弄されたと思う．それは，戦後確立した固定相場制が，1960年初頭のドル危機によって矛盾を露呈し始めていたからであり，金為替本位制の本質からくる矛盾であるがゆえに，それが容易に収まる問題ではないこともまた明白であったからである．また，先進国であるアメリカとカナダの間では，変動相場制の下で自由な資本移動が実現していたし，そういう事実も厳然として存在したのであった（カナダドルの米ドルに対する為替相場は，1（カナダ）ドル前後で安定していた．1960年代初頭のドル危機のあとから再びドル危機が発生する1960年代末まで，世界的な規模での固定相場制の下で，きわめて安定していた）．

そして，固定相場制の危機が深化するにしたがい，マンデル＝フレミングの線に沿ったケインジアンの開放マクロ経済学の研究も活発になり，1970年代初頭に先進国間の固定相場制が崩壊するにいたって全盛期を迎えることになった．変動相場制になってから以降，マンデルは早くからそのことを予見していたか

のように喧伝されることになった．

　しかしながら，この命題の本質的意図は，財政ではなく（名目）貨幣量こそが経済活動水準を決定し重要であるというシカゴ学派の伝統や総帥ミルトン，フリードマンの主張に沿ったものであることは明らかである．このマンデルの命題を開放経済の IS-LM モデルで説明して見せたのは，マンデルではなく，当時，IMF の研究スタッフであった J.フレミングであった（J. M. Fleming, "Domestic Financial Policies Under Fixed and Under Floating Exchange Rates," *IMF Staff Papers*, Vol.9, No.3, Nov. 1962）．ニュー・エコノミックスの中核に位置する短期的モデルは，IS-LM モデルであったので，この業績によって，多くのケインジアンをこの命題の応用的研究に取り込んでいく端緒を開いたといえる．その後の多くの研究もまた，後にみられるケインジアンとマネタリストの「共通モデル」での論争という本質を合わせ持っていたが，ケインジアンのこの分野での研究業績が膨大に蓄積されるにつれて，その側面は消え去り，ケインジアン的な色彩が強くなっていった．マネタリストの研究の多くは，その後，登場した（どの市場も不均衡になり得ない）「超」均衡モデルであるマネタリー・モデルにとって代わられたといえる．

［2］　国際金融のトリレンマ

　この政策的命題は，完全資本移動という概念を使用して，次のような有名な命題に言い換えられる．為替相場の静学的予想の下で，利子率均等化条件が瞬時にして成立するのは，資本移動に規制がなく取引される内外資産が完全代替であれば，内外利子率格差に反応して瞬時に資本移動が生じるからであり，これを完全資本移動と呼ぶ．完全資本移動が成立していれば，変動相場制では金融政策は独立性（裁量性）を保持し，有効性を持つ．逆に為替相場を固定平価に釘付けにする固定相場制では，金融政策は独立性（裁量性）がなく有効性を持たない．つまり，金融政策の独立性（裁量性），（固定相場に類似した）為替相場規制の2つは，規制のない自由な資本移動の世界では両立しない．完全資本移動を目指した資本自由化は，早晩いずれかを放棄しなければならないことを意味する．この命題は，今日，新興工業国が資本自由化を目指す場合の指針として，主張されることが多い．いずれにしても，為替相場規制，裁量的な金融政策，自由な資本移動の3つが成立することはありえない．いずれか1つは，

放棄しなければならない．これを国際金融のトリレンマと呼ぶことが多く，これ以上の説明は不要であろう．

　1990年代から新興工業国の多くは資本自由化を目指すことになった．これを促進することはアメリカの国際金融政策となっていた．それがワシントン・コンセンサスと呼ばれることもまた周知のことである．その絶頂は，1994年であり，その前年に世界銀行（World Bank）の『東アジアの奇跡』（*The East Asian Miracle: Economic Growth and Public Policy*, Oxford Univ. Press, 1993）という報告書が出たこともよく知られている．その後，この政策と新興工業国経済の矛盾は，東アジアのツイン・クライシスと呼ばれる通貨・銀行危機となって露呈した．この現象の必然性の言及にこの命題が使われ，新興工業国の多くがドル・ペッグ政策という固定相場制に類似した為替相場規制をとった下で，裁量的な金融政策と資本自由化を目指していたことの結果であることが指摘された．したがって，その克服策についても，IMFは，財政拡張政策ではなく，変動相場制への移行と金融緩和政策に力点をおいた勧告を行い，ワシントン・コンセンサスに沿った資本自由化の維持と財政の健全化を，経済支援の条件とした．

　何も，新興工業国だけにこの命題が適用されたのではない．アメリカが，レーガノミクスという独特な政策を採用した結果を一因として出現した1980年代前半の異常なドル高の時期も，アメリカは，その是正策として，日本などの先進国側に残滓として存在する資本移動規制の撤廃と金融自由化を強く要請した．そして，1980年代後半に一転してドル安からドル暴落に至ると，先進国間の為替相場が金利平価モデルで決定されていると見なして，金融政策により金利格差を操作することにより，為替相場の安定性，とりわけ基軸通貨ドルの価値の安定性を回復させるということが行われたのも，この命題の政策的応用とみなすことができる（1987年のドル暴落のときに，ドル価値の安定化支援のためにとった日本の金融緩和政策が，内需拡大のため財政拡張政策と合わせて，そのバブルに拍車をかけたという指摘がある．筆者はこの指摘は正鵠を射たものであると考える．歴史的には，1927年のイギリスのポンド危機支援のためのアメリカの金融政策緩和策が想起される．このときもまた，1927年以降のアメリカのバブルに拍車をかけたと考えられる）．

[3] 市場開放政策への応用

　マンデル＝フレミングの政策的命題は，(長期にわたって変動相場制を採用してきた先進国間の) 対外不均衡 (貿易収支・経常収支の黒字) の是正の問題にも適用されてきた．輸入障壁が数量化されると仮定して，この障壁を削減する市場開放政策の採用は，輸入が増大し貿易収支は悪化し (貿易収支の黒字の削減という) 対外不均衡を是正する直接的効果を持つとしても，(変動相場制の) マンデル＝フレミング・モデルを前提とすれば，為替相場の上昇 (減価) によってこの直接的効果は相殺され貿易収支の黒字は不変となり，有効性を持たない．その理由は次のとおりである．マンデル＝フレミング・モデルでは，所得は貨幣市場の均衡条件で決定されるので，国内貯蓄超過は確定し (財市場が均衡しているので) それに等しく貿易収支は決定され，国内貯蓄超過が輸入障壁に依存しない限り，為替相場が上昇し輸入障壁削減 (市場開放政策) の直接的効果は相殺される．これは，財市場の均衡条件で為替相場が決定されていることの言換えにすぎない．それに反して，政府支出の増加をもたらす財政拡張政策 (やその他の内需拡大政策) は，国内貯蓄超過をそれだけ減少させ，貿易収支を悪化させるので対外不均衡の是正に関して有効性を持つ．

　マンデル＝フレミングの政策的命題のこの応用的命題が，1980年代後半から90年代前半の日米対外不均衡の是正のための政策的根拠となったことは記憶に新しいところである．日米の (経済) 構造改革を主張していたアメリカ政府の経済官僚の多くが，アメリカの有名大学で，経済学の Ph.D. を取得しており，国際金融論・国際経済学の標準的なテキストで学んだ経験を持ち，マンデル＝フレミング・モデルの内容について熟知している経済学の専門家でもあることは周知のことである．日本側が，この点を踏まえて，アメリカが要請する市場開放政策に，マンデル＝フレミング・モデルに依拠して経済理論的に反撃し，アメリカの財政赤字や過剰消費，過少貯蓄に問題があると主張したのは，きわめて戦略的であり，交渉の理論的根拠とならねばならなかった．しかしながら，アメリカの経済官僚たちがこのような戦略的な主張に従うはずもなく，この応用的命題の1つである，対外不均衡是正には黒字側の財政拡張政策が有効であるとする命題の方が，逆に調整の理論的根拠となった．

　マンデル＝フレミング・モデルを使って，市場開放政策が有効性を持たず，

貿易収支の黒字の大きさにはまったく影響を及ぼすことができないという命題の成立を危うくする理由が存在する．それは，貿易収支と経常収支の黒字が大きい経済では，同時に資本収支も大幅赤字であるということに関係している．資本収支の大幅赤字の1つの理由は，海外直接投資にある．海外直接投資と国内投資は代替的である．直接投資は，自国通貨高になると増加する傾向にあり，自国通貨建て為替相場の減少関数である．企業部門がグローバル化していて，海外での現地生産が通常となっているような日本経済では，この効果は非常に重要である．海外直接投資と国内投資が代替的であれば，国内投資は為替相場の増加関数となる．この点は，リーマン・ショック後の2010年までのデータでも確認することができる．

　国内投資が自国通貨建て為替相場の増加関数であるとすると，市場開放政策は為替相場を上昇させるので，国内投資が増加し，国内貯蓄超過（所得－消費－投資－政府支出）は減少するので，貿易収支（の黒字）も減少しなければならない．市場開放政策が無効であるという命題は，このようにして，国内投資が為替相場に依存しないということを前提としている．この関係は，海外直接投資の大きい国ではとりわけ重要となっている．

　2008年以降の2～3年間は，アメリカの不況に端を発した世界不況の真っ只中にあった．先進国，新興工業国を問わず，財政拡張政策が実施された．いわゆる「財政出動」である．対応は素早かった．名目利子率が長短問わず低水準にあって下げ余地がきわめて限られている状況の中にあったこと，耐久消費財需要と設備投資が世界的な規模で累積的に減少し，各国の製造業製品の輸出の急落という状況に，実体経済はあったこと（「マイナス景気」『日本経済新聞』2009年4月7日，参照），これらを背景として，財政拡張政策（裁量的財政拡張政策）の有効性が再び問われた．（管理変動相場制による為替レートの弾力化も含めた）変動相場制が世界的な規模で広がりを見せているもとで，財政拡張政策の採用は，マンデル＝フレミングの政策命題と鋭く衝突する．

　マンデル＝フレミングの変動相場制における政策命題を考えるうえで，次のような解説は的を射たものではない．変動相場制下で財政拡張政策が有効性を持たないとする前提は，名目貨幣供給が一定ということであるが，現実は，財政拡張政策が実施される場合，同時に金融緩和政策も採用される場合が多いの

だから，マンデル＝フレミングの命題は限定してみるべきであると（岩本康志「経済教室」『日本経済新聞』2009年2月2日，参照．この解説では，最近の「財政出動」との関連で，もう一度マンデル＝フレミングの命題に言及がなされている）．このように解説してみたところで，それは単にマンデル＝フレミングの仮定と理論を認める限り，財政拡張政策が有効性を持たず金融緩和政策が有効であると主張しているにしかすぎないことは自明のことであろう．マンデル＝フレミング・モデルの金融財政政策に関する命題は，今日では，経済学者にとっては喉に刺さった小骨のようなものなのであろう（忘れていたが，時折，小骨を意識する方が理論的な態度ではある）．

安定したインフレ率が実現した1980年代末頃から2000年初頭にかけては，利子率のテーラー・ルールとそれに沿った金融政策の研究が，アメリカのケインジアン・エコノミックスの中心となった．アメリカのFRBの金融政策を通してニュー・エコノミーを牽引したという成功の証の研究であるかぎり，マンデル＝フレミングの政策命題など大方の人の脳裏から消えていった．短期金利と長期金利の安定した関係により，名目利子率はテーラー・ルールによって決められ，それを理論的モデルに持ち込めば，「LM曲線は不要である」マクロ経済モデルとなる．これらは，「ニュー・マクロモデル」として確立した．マンデル＝フレミング・モデルにとって，LM曲線は必須の道具であることは明らかである．そのモデルに取って代わる開放マクロ経済モデルの研究も進んだ．まさに，マンデル＝フレミング・モデルはゴミ箱への削除となる運命の瀬戸際にあった．

その後，リーマン・ショックによってバブルが崩壊し，利子率のテーラー・ルールの信頼性は，「グリーンスパンの謎」によって，大きく損なわれた．2006年以降，短期利子率の政策的誘導および変更（公定歩合，FFレートの引上げ）は，長期利子率の引上げの誘導に失敗し，経済の過熱化を抑制することに失敗した．これ以降，理論的には，「LM曲線の復活」がいわれ始めた．このことは政策的誘導目標としての利子率が必ずしも市場利子率とはならないことを意味する．「マンデリアン」は，声声に，「LM曲線の大切さ」を叫ばなければならないであろう．

その後，財政拡張政策は，欧州でのソブリン・デットクライシスなどの債務危機，アメリカの連邦政府支払いの一時的停止措置と財政再建計画の合意の困

難性，日本における巨額の財政赤字の出現，予想される新興工業国の国家債務危機などによって，その限界が大きく問われている．これらの一連の危機は，リーマン・ショック後の財政出動に原因があったといわれる．そこで，金融緩和政策が，ゼロ金利政策を維持しながら量的にも質的にも飛躍的に強化された量的緩和政策でもって再び登場してきている．筆者は，これらの現象の理論的分析には，金利平価条件を持つマンデル＝フレミング・モデルを長期均衡とした場合の安定性の検討が少しは役立つと考えている（本書第4章と第5章の補論および拙稿「長期均衡におけるマンデル＝フレミング・モデルの安定性とその諸命題について」『社会科学』（同志社大学，人文科学研究所）第85号，2009年）．

第7章への補遺

補遺1

1988年のAER誌上の論文（第3章脚注10）の文献）で公表された，いわゆるバーナンキ＝ブラインダー・モデルは，IS-LMモデルが貨幣と債券の2資産モデルであったのを，銀行貸出（銀行信用）を加えて，3資産モデルに拡張した．金融政策の波及経路（transmission channel）に，新たな信用チャネルを付け加えた点で意義あるものと考えられたが，その評価は，当初からあまり高くない．とりわけ，日本ではそうである．吉川洋氏は，編著『金融政策と日本経済』（日本経済新聞社，1996年）の序論の中で，「信用のチャネルを重視するということは，従来のIS/LMに代わる新しい理論的パラダイムを考えるわけではない．……2資産モデルを3資産モデルに拡張したにすぎない」「問題は，そうした効果がどれほど現実の経済において重要であるかという点にある」と述べており，なかなか手厳しい評価を与えている．

このモデルをめぐっては多くの論争があるが，核心的な論点の1つは，財の需要の利子率弾力性（もしくは利子率感応性）の問題である．このモデルは，単純なマクロの枠組みの下で定式化されているので，当然のことながら，財の需要関数は利子率（本書でいう証券利子率と貸出利子率）の減少関数と仮定されている．この仮定の現実性をめぐって，日米の経済学者の間には，見解の相違があるようである．吉川氏は，同書の序論の中で，「短期金利の変更は実体経済に影響を与えるのであろうか．……，バーナンキ＝ブラインダーをはじめ，

多くの研究がこの問いに対して「イエス」という答えを出している」「残された問題は，金融政策，すなわち短期金利の変更が，いかなる経路で実体経済に影響を与えるかである」「しかし……代表的な変数である設備投資について利子弾力性を計測してみると，決して大きな値でないことが従来から知られている」と述べている（上記編著，14ページ）．

この問題に対する1つの解答となるモデルが，第7章脚注1）の文献の星岳雄氏のモデルである．このモデルでは，貸出市場は不完全で信用割当が一般的であり，有効貸出量は民間銀行部門の貸出供給であるとし，財の需要関数の変数として，貸出利子率ではなくこの有効貸出量そのものが入ると仮定される．このことにより，民間銀行部門の貸出供給に影響を及ぼす様々な変数が，トランスミッション・チャネル（波及経路）として付け加えられる．

本書は，バーナンキ=ブラインダー・モデル（閉鎖経済モデル）や星岳雄氏の理論モデル（開放マクロ経済モデル）に学びながら，その整合性を検討し，とりわけ，証券市場を明示的に定式化して，表に登場させて全体像を理論的に検討している．信用チャネルをマクロ均衡同時決定モデルに付け加えることは，その方法如何によって，不均衡調整過程が影響を受け，調整経路が根本的に異なり，とりわけ，政策の影響が最終的効果に対して，瞬時的には，オーバーシューティングやアンダーシューティングを生み出すことを明確にしている．為替相場のドーンブッシュ・モデル以来，チャネルも重要であるが，その途中経路がどのようなものであるかが重視されてきたはずである．本書ではこのような問題を新しいパラダイムとして提起している．不均衡調整過程はその安定性とあわせて，マクロ金融経済理論にとって，きわめて重要な問題であるとともに，最初の政策発動に対して追加的政策の必要性，タイミングを見極めるという重要な問題の分析の出発点になっていると考える．

補遺2

本書では，金融政策の波及経路として，債券利子率，貸出利子率，為替相場，貸出量などの基本的なチャネルしかでてこないが，多様なチャネルが検討され，それらを体系的に整理したものに，次の優れたサーベイ論文がある．

Frederic S. Mishkin, "The Channels of Monetary Transmission: Lessons for Monetary Policy," NBER Working Paper Series, No. 5464, Feb. 1996.

この論文では，本書で取り上げられた基本的なチャネル以外に，多様な資産価格のチャネル，中でも，株価チャネル，バランスシート・チャネルなどが取り上げられている．それぞれのチャネルが1つの理論モデルと対応しているので，この背後には理論モデルとその論争が数多くあるといわなければならない．

　しかしながら，ミシュキンは，たとえば伝統的チャネルとしての利子率チャネルでは，マネーサプライの増加⇒実質利子率の下落⇒投資の増加⇒産出量の増加，というように説明している．他のチャネルも全て同様の説明である．このような途中経路を描くためには，チャネル変数が決定される金融市場の調整スピードが速くなければならないという問題が存在する．また，本書で明らかにしたような，特定の市場の均衡を仮定する理論的な理由がある場合がある．本書では，それを信用創造・貨幣創造に求めたのである．だから，金融政策の波及経路という場合，チャネルの問題と，そのチャネル変数が直接的に作用すると該当する金融市場の瞬時的均衡という問題が存在する．そのことを通じて，政策の波及はオーバーシューティングという特徴を持つか，アンダーシューティングという特徴を持つかの2類型となる．本書では，伝統的チャネルで，前者が貨幣市場の均衡と結びつき，後者が証券市場の均衡と結びついている．本書は，マクロ金融経済モデルには，基本的には不均衡調整過程は，前者の特徴を持つ「貨幣市場均衡型不均衡調整」と後者の特徴を持つ「証券市場均衡型不均衡調整」の2類型があることを主張している．金利平価条件を持つ開放マクロ経済を標準的な方法でマクロ信用創造モデルに拡張した場合は，「貨幣市場・証券市場複合均衡型不均衡調整」となる．

数学注

第1章への数学注（本文51ページ）

Ⅰ-1　(1.4.22) 式の導出.

$q = \lambda / \left\{ 1 + \lambda \left(\dfrac{k' H_\pi}{k(H(\pi))} + \dfrac{Q_\pi}{Q(\pi)} \right) \right\}$，とすると，(1.4.20) 式より，長期均衡近傍 $(\Omega(0) = \pi)$ を考慮すれば，安定性の条件は次のようになる．

（Ⅰ.1.1）　$\dfrac{\partial \dot{\pi}}{\partial \pi} = q \Omega'(H_\pi - 1 - (\alpha + 1)) < 0$

補遺および数学注　257

したがって,
　（Ⅰ.1.2）$q > 0$
　（Ⅰ.1.3）$H_\pi < 0$
　（1.4.8），（1.4.15）式より，（1.4.22）式を得る．

第3章への数学注（本文90ページ，95ページ）

Ⅲ-1　（3.2.18）式の導出．
　（3.2.18）式は，（3.2.14）式の l_Y を考慮すれば，次のように導出される．
　（3.2.18）$(1+cu)D_Y^d + (1+cu)D_i^d l_Y - M_i^S l_Y$

$$= (1+cu)D_Y^d - (M_i^S - (1+cu)D_i^d) \frac{(1+cu)D_Y^d}{(M_i^S - (1+cu)D_i^d)} = 0$$

したがって，（3.2.17）$d\dot{Y}/dY = \alpha\{(Y_Y^d - 1) + Y_i^d l_Y\}$ となり，（3.2.15）式と一致する．

Ⅲ-2　（3.3.22）式の導出．
　（3.3.22）式は，以下のようにして導出するのが簡単な方法である．まず（3.3.21）の第1式で与えられる財市場の均衡条件を全微分すると，次のようになる．
　（Ⅲ.2.1）$(1 - Y_Y^d)dY - Y_i^d di = 0$
また，同第2式の証券市場の均衡条件を全微分すると，次のようになる．
　（Ⅲ.2.2）$(\Omega_Y - M_Y^S)dY + (\Omega_i - M_i^S)di = mdE^C$
この式の両辺に，$(1-\delta)$ を掛けても同値である．
　（Ⅲ.2.2）$(1-\delta)(\Omega_Y - M_Y^S)dY + (1-\delta)(\Omega_i - M_i^S)di = (1-\delta)mdE^C$
　（3.3.20）式の制約条件を考慮して，Ω 関数の偏微分係数を消去し，財市場と貨幣市場の偏微分係数に置き換えていく．
　dY の係数：$(1-\delta)(\Omega_Y - M_Y^S) = (Y_Y^d - 1) + CU_Y^d + D_Y^{*d} - (1-\delta)M_Y^S$
　di の係数：$(1-\delta)(\Omega_i - M_i^S) = Y_i^d + CU_i^d + D_i^{*d} - (1-\delta)M_i^S$
　これらを考慮して，上記 (dY, di) に関する連立方程式の係数行列の行列式（determinant）を計算し，それを Δ^S とすると，次のようになる．

$$\Delta^S = (1 - Y_Y^d)(Y_i^d + CU_i^d + D_i^{*d} - (1-\delta)M_i^S)$$
$$+ Y_i^d((Y_Y^d - 1) + CU_Y^d + D_Y^{*d} - (1-\delta)M_Y^S)$$

$$= (1-Y_i^d)(CU_i^d + D_i^{*d} - (1-\delta)M_i^S)$$
$$+ Y_i^d(CU_Y^d + D_Y^{*d} - (1-\delta)M_Y^S) < 0$$

ここで，次の条件があることに，注意しなければならない．
(3.3.6) 式より，

(Ⅲ.3.3) $\quad 1-(1-\delta)\kappa_1(i) = \dfrac{1-(1-\tau)(1-\varepsilon)}{1-(1-\tau)(1-\varepsilon)\delta} > 0$

(Ⅲ.3.4) $\quad D_Y^{*d} - (1-\delta)M_Y^S = (1-(1-\delta)\kappa_1)D_Y^{*d} > 0$

$\qquad D_i^{*d} - (1-\delta)M_i^S = (1-(1-\delta)\kappa_1)D_i^{*d} - (1-\delta)\kappa_1' D^{*d} < 0$

第5章への数学注（本文163ページ）

V-1

自国証券利子率と為替相場の瞬時的均衡の性質は，以下のような手続きで，導出されている．H_Y^p，V_Y^p を例にとって説明する．以下，同様にして求められる．

まず，自国証券と外国証券が不完全代替である場合，自国証券市場と国際収支が瞬時的均衡の性質を導出する（それは，(5.3.6)-(b) のモデルの瞬時的均衡解で，すでに導出されている (5.3.15) 式）．

(V.1.1)
$$\frac{\partial i}{\partial Y} = \frac{-T_Y K_r(e^E/e^2) - (1-C'-L_y)(T_e - K_r(e^E/e^2))}{K_i T_e - (I' + L_i)(T_e - K_r(e^E/e^2))}$$

次に，完全代替，完全資本移動の場合の性質を求めるために，$-K_r = +\infty$，$K_i = +\infty$，を仮定して，(V.1.1) 式の極限値を導出する．

(V.1.2)
$$\lim\left(\frac{\partial i}{\partial Y}\right) = \lim \frac{T_Y(e^E/e^2) - (1-C'-L_y)T_e/(-K_r) - (1-C'-L_y)(e^E/e^2)}{T_e - (I'+L_i)T_e/(-K_r) - (I'+L_i)(e^E/e^2)}$$

したがって，次のようになる．

(V.1.2) $\quad H_Y^p = \lim\left(\dfrac{\partial i}{\partial Y}\right) = \dfrac{T_Y(e^E/e^2) - (1-C'-L_y)(e^E/e^2)}{T_e - (I'+L_i)(e^E/e^2)}$

$$= \frac{\{T_Y - (1-C'-L_y)\}(e^E/e^2)}{\Delta^P}$$

同様にして，V_Y^p を導出する．

(V.1.3) $\quad \dfrac{\partial e}{\partial Y} = \dfrac{K_i(1-C'-L_y)+T_Y(I'+L_i-K_i)}{K_iT_e-(I'+L_i)(T_e-K_r(e^E/e^2))}$

(V.1.4) $\quad \lim\left(\dfrac{\partial e}{\partial Y}\right) = \lim \dfrac{(1-C'-L_y)+T_Y(I'+L_i)/(-K_r)-T_Y}{T_e-(I'+L_i)(T_e)/(-K_r)-(I'+L_i)(e^E/e^2)}$

したがって，次のようになる．

(V.1.4) $\quad V_Y^p = \lim\left(\dfrac{\partial e}{\partial Y}\right) = \dfrac{(1-C'-L_y)-T_Y}{T_e-(I'+L_i)(e^E/e^2)} = \dfrac{(1-C'-L_y)-T_Y}{\varDelta^p}$

第6章への数学注（本文207ページ）

Ⅵ-1　(6.3.2) 式

(6.3.2) 式は，瞬時的均衡解を考慮すれば，(6.3.2)′ 式の微分方程式となる．

(6.3.2)′ 式の不均衡調整方程式の性質は，以下のようにして導出される．

(6.3.2)′ 式の $\dot{Y}$ の微分方程式を Y で微分すれば，次のようになる．

(Ⅵ.1.1) $\quad \dfrac{d\dot{Y}}{dY} = \alpha\bigg[L_Y^d + \bigg\{L_i^d - \lambda_i\bigg(\dfrac{1-\tau}{1+cu}\bigg)mE^C - \lambda\bigg(\dfrac{1-\tau}{1+cu}\bigg)m'E^C\bigg\}\varphi_Y^i$
$\qquad\qquad + \bigg\{L_\rho^d - \lambda_\rho\bigg(\dfrac{1-\tau}{1+cu}\bigg)mE^C\bigg\}\varphi_Y^\rho\bigg]$

(6.3.10) 式の，a_1, a_2 を代入すると，次のようになる．ただし，$\phi_Y = L_Y^d/a_2$, $\phi_i = a_1/a_2$，であることに注意．

(Ⅵ.1.1) $\quad \dfrac{d\dot{Y}}{dY} = \alpha(L_Y^d + a_1\varphi_Y^i - a_2\varphi_Y^\rho)$

これに，(6.3.11), (6.3.12) 式の，φ_Y^i, φ_Y^ρ を代入して計算すると，次の結果を得る．

(Ⅵ.1.1) $\quad \dfrac{d\dot{Y}}{dY} = \alpha\bigg(\dfrac{a_2}{\varDelta^s}\bigg)\varDelta^q < 0$

第7章への数学注

Ⅶ-1　(本文220ページ)

因果律の消滅は次のように証明される．(7.1.22) 式の証券市場の不均衡調整方程式は制約を考慮すれば，次のように変形される．

(Ⅶ.1.1) $\dot{Y}=\alpha[B^s(i,Y,\phi(i,E^C))-E^P(Y,i)+\phi(i,E^C)-m(i)E^C]$

(7.1.23) 式の証券利子率の瞬時的均衡解を代入，制約を考慮する．

(Ⅶ.1.2) $\dfrac{d\dot{Y}}{dY}=\alpha[(B_Y^S-E_Y^P)+(B_i^S-E_i^P-m'E^C)l_Y+(B_{L^S}^S+1)\phi_i l_Y]$

$\qquad = \alpha[M_Y^d+(Y_Y^d-1)+Y_{L^S}^d\phi_i l_Y+(Y_i^d+M_i^d)l_Y-m'E^C l_Y]$

$\qquad = \alpha[(Y_Y^d-1)+(Y_i^d+Y_{L^S}^d\phi_i)l_Y]<0$

(7.1.24) 式と一致することがわかる．

Ⅶ-2 （本文230ページ）

(Ⅶ.2.1) $l_{E^C}=\dfrac{(1-\delta)m-Y_{L^S}^d\phi_{E^C}}{Y_i^d+D_i^{*d}-(1-\delta)M_i^S+CU_i^d+Y_{L^S}^d\phi_i}$

瞬時均衡において，金融緩和政策により，利子率が下落する条件は，$(1-\delta)m-Y_{L^S}^d\phi_{E^C}>0$，であることがわかる．最終市場均衡において，利子率が下落する条件は，次のようにしてわかる．

(Ⅶ.2.2) $\dfrac{\partial i}{\partial E^C}=\dfrac{((1-\delta)m-Y_{L^S}^d\phi_{E^C})(1-(Y_Y^d+Y_{L^S}^d\phi_Y))-Y_{L^S}^d\phi_{E^C}((1-\delta)(\Omega_Y-M_Y^S)+Y_{L^S}^d\phi_Y)}{\Delta^2}$

安定条件から，$1-(Y_Y^d+Y_{L^S}^d\phi_Y)>0$，であるので，

以下の条件が充たされば，$\dfrac{\partial i}{\partial E^C}<0$，である．

(Ⅶ.2.3) $(1-\delta)m-Y_{L^S}^d\phi_{E^C}\geq 0$

$\qquad (1-\delta)(\Omega_Y-M_Y^S)+Y_{L^S}^d\phi_Y<0$

最後の条件は，証券市場の均衡曲線が右下がりであることを意味する．

(7.2.27) 式は，次のようになる．$\sigma=(1-\delta)(\Omega_Y-M_Y^S)+Y_{L^S}^d\phi_Y<0$，とする．

(Ⅶ.2.4) $|l_{E^C}|-\left|\dfrac{\partial i}{\partial E^C}\right|$

$=\dfrac{-\sigma[(1-\delta)m(Y_i^d+Y_{L^S}^d\phi_i)+Y_{L^S}^d\phi_{E^C}(D_i^{*d}-(1-\delta)M_i^S+CU_i^d)]+Y_{L^S}^d\phi_{E^C}Y_{L^S}^d\phi_Y(Y_i^d+Y_{L^S}^d\phi_i)}{\Delta^2(Y_i^d+D_i^{*d}-(1-\delta)M_i^S+CU_i^d+Y_{L^S}^d\phi_i)}<0$

Ⅶ-3 （本文240ページ）

ワルラス法則により，財市場の超過需要に対応しているのは，現金の超過供給である．そこで，第3章，第6章と同様に，この2つの市場の不均衡の調整変数を所得としても同値であることを証明しておく（(7.3.29) 式）．

(Ⅶ.3.1) $\dot{Y}=\alpha(CU^S-CU^d)$

$$= \alpha[(1-\delta)M^S(i,Y;E^C) - D^{*d}(i,Y) - CU^d(i,Y)]$$

(7.3.35) 式の瞬時的均衡解の性質,l_Y を代入する.

(Ⅶ.3.2) $\dfrac{d\dot{Y}}{dY} = \alpha[(1-\delta)M_Y^S - D_Y^{*d} - CU_Y^d + \{(1-\delta)M_i^S - D_i^{*d} - CU_i^d\}l_Y]$

(Ⅶ.3.3) $\dfrac{d\dot{Y}}{dY} = \dfrac{\Delta}{T_e - (e^E/e^2)a_2}$

参考文献

Agénor, P.-R. and P. J. Montiel, *Development Macroeconomics*, Princeton University Press, 1996.

Baltagi, B. H., ed., *Panel Data Econometrics: Theoretical Contributions and Empirical Applications*, Emerald Group Publishing, 2006 (Honorary Editors: D. W. Jorgenson and J. Tinbergen).

Barro, R. J., "Money and the Price Level under the Gold Standard," *Economic Journal*, Vol.89, 1979.

―――, N. G. Mankiw, and X. Sala-i-Martin, "Capital Mobility in Neoclassical Models of Growth," *American Economic Review*, Vol.85, No.1, 1995.

Bernanke, B. S., "Credit in the Macroeconomy," *FRBNY Quarterly Review*, Spring 1992-93.

―――, "The Crisis as a Classic Financial Panic," at Fourteenth Jacques Polak Annual Research Conference, Washington, D. C., sponsored by IMF, Nov. 2013.

――― and A. S. Blinder, "Credit, Money, and Aggregate Demand," *American Economic Review*, Vol.78, No.2, Papers and Proceedings, 1988.

Bilson, J. F. O., "Recent Developments in Monetary Models of Exchange Rate Determination," IMF Staff Papers, Vol.26, No.2, 1979.

Blanchard, O., "The Crisis: Basic Mechanisms, and Appropriate Policies," IMF Department Economics Working Paper Series, Working Paper 09-01, Dec. 2008.

―――, "The State of Macro," NBER Working Paper No.14259, August 2008.

――― and M. Riggi, Why Are the 2000s So Different from 1970s ? A Structural Interpretation of Changes in the Macroeconomic Effects of Oil Prices, NBER Working Paper Series, Working Paper No.15467, Oct. 2009.

Blinder, A. S., "Inventories in the Keynesian Macro Model," *Kyklos*, Vol.33, No.4, 1980.

―――, "Inventories and the Structure of Macro Models," *American Economic Review*, Vol.71, No.2, 1981.

―――, "Credit Rationing and Effective Supply Failures," *Economic Journal*, Vol. 97, No.386, 1987.

―――, "Quantitative Easing: Entrance and Exit Strategies," CEPS Working Paper, No.204, 2010.

―――and R. M. Solow, "Does Fiscal Policy Matter ?" *Journal of Public Economics*,

Vol.2, No.4, 1973.
Branson, W. H., "Exchange Rate Dynamics and Monetary Policy," in *Inflation and Employment in Open Economies*, ed. by A. Lindbeck, North-Holland, 1979.
――――, *Asset Markets and Relative Prices in Exchange Rate Determination*, Princeton University, 1977 (Reprints in *International Finance*, No.20, 1980).
Brunner, K. and A. H. Meltzer, "Some Further Investigations of Demand and Supply Functions for Money," *Journal of Finance*, Vol.19, No.2, 1964.
Carlin, W. and D. Soskice, "The 3-Equation New Keynesian Model: A Graphical Exposition," CEPR Discussion Paper, No.4588, 2004.
Chiarella, C., R. Franke, P. Flaschel, and W. Semmler, eds., *Quantitative and Empirical Analysis of Nonlinear Dynamic Macromodels*, Emerald Group Publishing, 2006 (Honorary Editors: D. W. Jorgenson and J. Tinbergen).
Cogan, J. F., T. Cwik, J. B. Taylor, and V. Wieland, "New Keynesian versus Old Keynesian Government Spending Multipliers," *Journal of Economic Dynamics and Control*, Vol.34, No.3, 2010.
Dornbusch, R., "Expectations and Exchange Rate Dynamics," *Journal of Political Economy*, Vol.84, No.6, 1976.
Fisher, I., *The Purchasing Power of Money: Its Determination and Relation to Credit, Interest, and Crisis*, Macmillan, 1911.
Fleming, J. M., "Domestic Financial Policies Under Fixed and Under Floating Exchange Rates," *IMF Staff Papers*, Vol.9, No.3, Nov. 1962.
Frenkel, J. A. and A. Razin, "The Mundell-Fleming Model: A Quarter Century Later: A Unified Exposition," *IMF Staff Papers*, Vol.34, No.4, 1987.
――――and C. A., Rodriguez, "Exchange Rate Dynamics and the Overshooting Hypothesis," *IMF Staff Papers*, Vol.29, No.1, 1982.
Friedman, M., *A Program for Monetary Stability*, Fordham University Press, 1959.
――――, "Nobel Lecture: Inflation and Unemployment," *Journal of Political Economy*, Vol.85, No.3, 1977.
Fuhrer, J. C., P. G. Olivei, and G. M. B. Tootell, "Inflation Dynamics When Inflation Is Near Zero," FRB of Boston Working Papers, No.11-17, Sept. 2011.
Gersbach, H., "A Framework for Two Macro Policy Instruments: Money and Banking Combined," CEPR Policy Insight, No.58, 2011.
Gertler, M. and N. Kiyotaki, "Financial Intermediation and Credit Policy in Business Cycle Analysis," at the Monetary Economics Seminar of Kobe University, 2010.
Goodfriend, M., "Interest on Reserves and Monetary Policy," *Economic Policy Review*, Vol.8, No.1, 2002.
Gordon, R. J., ed., *Milton Friedman's Monetary Framework*, University of Chicago Press, 1974.
Gurley, J. G. and E. S. Shaw, *Money in a Theory of Finance*, Brookings Institution, 1960.
――――and――――, "Financial Structure and Economic Development," *Economic Development and Cultural Change*, Vol.15, No.3, April 1967.

Hadjimichalakis, M. G., "The Rose-Wicksell Model: Inside Money, Stability, and Stabilization Policies," *Journal of Macroeconomics*, Vol.3, No.3, 1981.

Hicks, J. R., "Mr. Keynes and the 'Classics': A Suggested Interpretation," *Econometrica*, Vol.5, No.2, 1937.

Hsing, Y., "Extension of Romar's IS-MP-IA Model to Small Open Economies," *Atlantic Economic Journal*, Vol.32, No.3, 2004.

Ize, A. and E. L. Yeyati, "Financial Dollarization," *Journal of International Economics*, Vol.59, 2003.

Johansen, L., "The Role of the Banking System in a Macro-Economic Model," *International Economic Papers*, Vol.8, 1958.

King, R. G., "The New IS-LM Model: Language, Logic, and Limits," *Economic Quarterly*, Vol.86, No.3, 2000.

Krugman, P., "Currency Regimes, Capital Flows, and Crisis, *IMF Economic Review*, 26, August 2014.

―――, "The World's Smallest Macromodel," 1999, P. Krugman's HP, Princeton University.

―――, "The J-Curve, the Firesale, and the Hard Landing," AEA Papers Proceedings, May 1989.

―――, "Thinking about Liquidity Trap," Dec. 1999, P. Krugman's HP, Princeton University.

―――and L. Taylor, "Contractionary Effects of Devaluation," *Journal of International Economics*, Vol.8, No.3, 1978.

Kuska, E. A., "On the Almost Total Inadequacy of Keynesian Balance-of-Payments Theory," *American Economic Review*, Vol.68, No.4, 1978.

Mayer, C., "The Assessment: Money and Banking: Theory and Evidence," *Oxford Review of Economic Policy*, Vol.10, No.4, 1994.

Mishkin, F. S., "The Channels of Monetary Transmission: Lessons for Monetary Policy," NBER Working Paper, No.5464, 1996.

Mundell, R. A., "Capital Mobility and Stabilization Policy under Fixed and Flexible Exchange Rates," *Canadian Journal of Economics and Political Science*, Vol.29, No.4, 1963.

Palacio-Vera, A., "The 'Modern' View of Macroeconomics: Some Critical Reflections," *Cambridge Journal of Economics*, Vol.29, No.5, 2005.

Patinkin, D., "Walras's Law," in *The New Palgrave: A Dictionary of Economics*, Palgrave Macmillan, Vol.4, 1987.

Poole, W., "Optimal Choice of Monetary Policy Instruments in a Simple Stochastic-Macro Model," *Quarterly Journal of Economics*, Vol.84, No.2, 1970.

Romer, D., "Keynesian Macroeconomics without the LM Curve," *Journal of Economic Perspectives*, Vol.14, No.2, 2000.

―――, "Short-Run Fluctuations," University of California, Berkley, HP, January, 2013 (revision).

―――, "What Have We Learned about Fiscal Policy from the Crisis ?" the Paper prepared for IMF Conference on Macro and Growth Policies in the Wake of the Crisis on March 2011 (this revision on June 2012).

Rodrik, D., "The Real Exchange Rate and Economic Growth," *Brookings Papers on Economic Activity: Fall 2008*, 2009.

Santomero, A. M. and J. J. Siegel, "A General Equilibrium Money and Banking Paradigm," *Journal of Finance*, Vol.37, No.2, 1982.

Solow, R. M. and J. B. Taylor, *Inflation, Unemployment, and Monetary Policy*, MIT Press, 1998.

Spilimbergo, A., S. Symansky, O. Blanchard, and C. Cottarelli, "Fiscal Policy for the Crisis," IMF Staff Position Note, Dec. 2008.

Taylor, J. B., "Teaching Modern Macroeconomics at the Principles Level," *American Economic Review*, Vol.90, No.2, 2000.

―――, "The Role of the Exchange Rate in Monetary-Policy Rules," *American Economic Review*, Vol.19, No.2, 2001.

―――, "The Need to Return to a Monetary Framework," *Business Economics*, Vol.44, No.2, 2009.

―――, "The Role of Policy in the Great Regression and the Weak Recovery," *American Economic Review*, Vol.104, May 2014.

―――, "Rapid Growth or Stagnation: An Economic Policy Choice," *Journal of Policy Modeling*, Vol.36, Issue 3, May/June 2014.

Tinbergen, J., *On the Theory of Economic Policy*, North-Holland, 1952.

Tobin, J., "A General Equilibrium Approach to Monetary Theory," *Journal of Money, Credit and Banking*, Vol.1, No.1, 1969.

―――, "The Commercial Banking Firm: A Simple Model," *Scandinavian Journal of Economics*, Vol.84, No.4, 1982.

Valavanis, S., "A Denial of Patinkin's Contradiction," *Kyklos*, Vol.8, No.4, 1955.

Velupillai, K. V., "A Disequilibrium Macrodynamic Model of Fluctuations," *Journal of Macroeconomics*, Vol.28, No.4, 2006.

Walras, L., *Elements of Pure Economics*, George Allen and Unwin, 1954 (Translated by W. Jaffé).

Weise, C. L., "A Simple Wicksellian Macroeconomic Model," *B. E. Journal of Macroeconomics*, Vol.7, No.1, 2007.

Woodford, M., "Financial Intermediation and Macroeconomic Analysis," M. Woodford's HP (Published in *Journal of Economic Perspectives*, Fall 2010).

―――, *Interest and Prices*, Princeton University Press, 2003.

―――, Monetary Policy in a World without Money, M.Woodford's HP (Published in *International Finance* 3, 2000).

―――, "Convergence in Macroeconomics: Elements of the New Synthesis," *American Economic Journal: Macroeconomics*, Vol.1, No.1, 2009.

Young, W. and B. Z. Zilberfarb, eds., *IS-LM and Modern Macroeconomics*, Kluwer

Academic Publishers, 2000.
天野明弘『貿易論』筑摩書房，1986年．
――――『国際収支と為替レートの基礎理論』有斐閣，1990年．
伊賀隆・菊本義治・藤原秀夫『マネタリストとケインジアン――どちらが名医か』有斐閣，1983年．
池尾和人「金融危機と市場型金融の将来」『フィナンシャル・レビュー』（財務省財務総合政策研究所）第101号，2010年．
――――・財務省財務総合政策研究所編著『市場型間接金融の経済分析』日本評論社，2006年．
石山嘉英『通貨金融危機と国際マクロ経済学』日本評論社，2004年．
岩田一政「デフレ・スパイラル発生の可能性」小宮隆太郎・日本経済研究センター編『金融政策論議の争点――日銀批判とその反論』第3章所収，日本経済新聞社，2002年．
――――・日本経済研究センター編『量的・質的金融緩和――政策の効果とリスクを検証する』日本経済新聞出版社，2014年．
岩田規久男・浜田宏一・原田泰編著『リフレが日本経済を復活させる――経済を動かす貨幣の力』中央経済社，2013年．
植田和男「マネーサプライ・コントロールを巡って」『金融研究』（日本銀行金融研究所）第12巻第1号，1993年．
エクランド，イーヴァル『数学は最善世界の夢をみるか？』南條郁子訳，みすず書房，2009年．
大野早苗・小川英治・地主敏樹・永田邦和・藤原秀夫・三隅隆司・安田行宏『金融論』有斐閣，2007年．
小川英治『国際通貨システムの安定性』東洋経済新報社，1998年．
翁邦雄『金融政策のフロンティア――国際的潮流と非伝統的政策』日本評論社，2013年．
翁百合『金融危機とプルーデンス政策――金融システム・企業の再生に向けて』日本経済新聞出版社，2010年．
小野善康『金融』（第2版），岩波書店，2009年．
黒柳雅明・浜田宏一「内生的成長理論――経済発展，金融仲介と国際資本移動」『フィナンシャル・レビュー』第27号，1993年．
小宮隆太郎『貿易黒字・赤字の経済学』東洋経済新報社，1994年．
――――編著『日本の産業・貿易の経済分析』東洋経済新報社，1999年．
櫻川昌哉・福田慎一編『なぜ，金融危機は起こるのか――金融経済研究のフロンティア』東洋経済新報社，2013年．
清水啓典「情報・期待と金融制度」『一橋論叢』第101巻第5号，1989年．
――――『日本の金融と市場メカニズム』東洋経済新報社，1997年．
――――監訳，三木谷良一・アダムS.ポーゼン編『日本の金融危機』東洋経済新報社，2001年．
千田純一『利子論』東洋経済新報社，1982年．
地主敏樹「1980年代の所得分配構造の変化――共和党政権の遺産」（藤原秀夫／同志

社大学アメリカ研究所編『現代アメリカ経済研究』晃洋書房，1995年，第9章所収）．
―――『アメリカの金融政策――金融危機対応からニューエコノミーへ』東洋経済新報社，2006年．
二階堂副包編集『経済の数理』筑摩書房，1977年．
則武保夫『現代金融論――資金循環と金融資産の研究』（神戸大学経済学叢書），有斐閣，1965年．
―――・三木谷良一編『現代金融論』有斐閣，1984年．
浜田宏一『国際金融』岩波書店，1996年．
深尾京司「直接投資とマクロ経済――中期的分析」『経済研究』（一橋大学経済研究所）第48巻第3号，1997年．
藤野正三郎「マクロ・モデルと貨幣量の決定」『経済研究』（一橋大学経済研究所）第17巻第4号，1966年．
藤原秀夫「ワルラス法則と不均衡状態における利子率の決定」『同志社商学』第28巻第3号，1977年．
―――「長期予想インフレーション率と貨幣政策」『同志社商学』第34巻第4号，1982年．
―――「期首モデルと政府の予算制約式」『同志社商学』第37巻第4号，1985年．
―――『マクロ経済分析における貨幣と証券――整合的なマクロ経済モデルの構築』千倉書房，1988年．
―――「金融政策と国際マクロ経済モデル」三木谷良一・石垣健一編『金融政策と金融自由化』第3章所収，東洋経済新報社，1993年．
―――「長期予想インフレ率の固定性および可変性と金融政策の有効性」『同志社商学』第46巻第4号，1994年．
―――『マクロ金融政策の理論――金融政策の有効性と限界』晃洋書房，1995年．
―――「期首モデルと金融政策の有効性」『同志社商学』第47巻第5号，1996年．
―――「均衡動学モデルと為替相場決定理論」『社会科学』（同志社大学人文科学研究所編）第59号，1997年．
―――「独立性と金融政策」三木谷良一・石垣健一編著『中央銀行の独立性』第6章所収，東洋経済新報社，1998年．
―――『為替レートと対外不均衡の経済学』東洋経済新報社，1999年．
―――「市場の調整スピードと為替レート動学の本質的問題について」『同志社商学』第53巻第1号，2001年．
―――「インフレ目標と貨幣政策および利子率政策」『社会科学』（同志社大学人文科学研究所）第74号，2005年．
―――「『経済成長と国際収支』に関するR.A.マンデルの古典的命題について――整合性と論争解決の基本的方向性」『研究年報経済学』（東北大学経済学会）第68巻第1号，2006年．
―――「貨幣錯覚，所得流通速度とケインジアン・モデル及びマネタリスト・モデル」『同志社商学』第59巻第1・2号，2007年．
―――「為替レート決定理論としての現代マネタリー・モデルと一般均衡モデル」

『社会科学』（同志社大学人文科学研究所）第82号，2008年．
─────『マクロ貨幣経済の基礎理論』東洋経済新報社，2008年．
─────「貨幣錯覚，名目政府支出と利子率政策」『同志社商学』第61巻第1・2号，2009年．
─────「利子率政策と『ケインジアン・モデル』および『マネタリスト・モデル』」『研究年報経済学』（東北大学経済学会，鴨池治教授退職記念号）第70巻第1号，2009年．
─────「マクロ的枠組みの下での貨幣と銀行信用の基本問題について」『金融経済研究』第32号，2011年．
─────『マクロ金融経済の基礎理論』晃洋書房，2013年．
─────・小川英治・地主敏樹『国際金融』有斐閣，2001年．
二木雄策「信用乗数について」『国民経済雑誌』第153巻第3号，1986年．
─────「流通市場の経済的機能」『国民経済雑誌』第163巻第4号，1991年．
─────『マクロ経済学と証券市場』同文舘出版，1992年．
─────「LM関数について」『国民経済雑誌』第175巻第5号，1997年．
星岳雄「金融政策と銀行行動──20年後の研究状況」福田慎一・堀内昭義・岩田一政編『マクロ経済と金融システム』第2章所収，東京大学出版会，2000年．
堀雅博・浜田宏一「相対価格調整とデフレーション──池尾・岩田論争を踏まえて」『エコノミックス』7，東洋経済新報社，2002年．
本多佑三「インフレーション・ターゲティング──展望」『フィナンシャル・レビュー』第59号，2001年．
─────「非伝統的金融政策と日本経済」『東アジア経済・産業における新秩序の模索』（関西大学経済・政治研究所研究双書，第157冊所収）2013年．
マッキノン，ロナルド・大野健一『ドルと円──日米通商摩擦と為替レートの政治経済学』日本経済新聞社，1998年．
宮尾龍蔵『マクロ金融政策の時系列分析──政策効果の理論と実証』日本経済新聞社，2006年．
─────「量的緩和政策と時間軸効果」『国民経済雑誌』第195巻第2号，2007年．
─────「日本経済と金融政策」，日本金融学会2014年度秋季大会特別講演，日本銀行HP．
矢尾次郎「マネー・サプライと金融政策」『国民経済雑誌』第132巻第5号，1975年．
─────「貸付資金説をめぐる一考察」『国民経済雑誌』第140巻第6号，1979年．
矢野浩一「動学的確率的一般均衡（DSGE）モデルと政策分析」『ESR』（内閣府社会経済研究所）No.5，2014年．
吉川洋編著『金融政策と日本経済』（序論所収），日本経済新聞社，1996年．
吉田伸夫『思考の飛躍──アインシュタインの頭脳』新潮社，2010年．
吉野直行責任編集「世界の資金循環と日本の金融市場」『フィナンシャル・レビュー』109号，2010年．
吉野直行「日本経済長期展望のための財政経済モデル」『フィナンシャル・レビュー』110号，2010年．
─────他「新種預金の導入と預金準備率」『フィナンシャル・レビュー』26号，

1993年.
和田貞夫『動態的経済分析の方法』中央経済社,1989年.
―――「物価・賃金の名目的硬直性と実質的硬直性」『大阪学院大学経済学論集』
　　第8巻第2号,1994年.
渡辺努・岩村充『新しい物価理論――物価水準の財政理論と金融政策の役割』岩波
　　書店,2004年.

索引

あ 行

IS-MP モデル　26
IS-LM 分析　89,99
IS-LM モデル　12-13,16,21,26,34,100,190,216
アコード　65
アンダーシューティング　15,19,21-22,24-26,98-99,167,173,185,230
　　為替相場の――　180
　　自国証券利子率に関する――　153
移行過程　176
異次元緩和　65
一般均衡モデル　104
　　資産市場の――　119
　　マクロ――　211
　　マクロ信用創造――　211
因果律　15,90,100,227
　　――の消滅　207
インターバンク・レート　27
インフレ予想　41,130
インフレ率　37,46,53,60,65,68-70,74,129
　　目標――　37,40,42,51,60,62,65-68,70,74,77
　　予想――　37-39,41,44-45,50-51,53,60,65,68-69,74,129
AD-AS モデル　34,57
FRB　28
LM 関数　100
LM 曲線　28,62
オーバーシューティング　15,19,21-22,24-26,91,158,166,173,185,209
　　為替相場の――　173,180,185
　　自国証券利子率に関する――　153
　　名目為替相場の――　126-127
オーバーシューティング・モデル　29,104,125-127
　　為替相場の――　161
　　ドーンブッシュの――　177

か 行

海外部門　140
回帰的予想　22,153
　　――仮説　125
外国為替市場　105-106,144,149,202,233
外国債券　110,118
　　――ストック　106
外国証券　188
　　――需要　194,236
　　――の収益率　181
　　――の予想収益率　22
　　――利子率　176,182
外部資金　84
開放経済のワルラス法則　139
開放経済モデル　137
開放マクロ経済　12,23,103,236
　　――の不均衡調整モデル　149-150,158,172
　　――モデル　1,15,24,138,140,158,172,188,191-192,209,234,241
欠けた方程式　120
貸出供給　17,204,210,222,224
　　――関数　218,236
貸出市場　24,202,209,211,213
　　――の均衡条件　204
　　――の不完全性　211,213,216,221-222,230,233,241
貸出需要（貸付金供給）　17,214,222
貸出利子率　17-18,202,204,211
貸出量　215-216
　　有効――　216,218,222,231,234,236-237
貸付金供給　→　貸出需要
貸付金需要　→　貸出供給
過少決定　64,121
過剰決定　11
　　――問題　19
可処分所得　143,170
　　実質――　38,48
可処分貯蓄　143
貨幣（預金通貨）　1-2,4,9,12,79
　　自国――　118
貨幣供給　5-6,13,21,81,93-94,176,197
　　実質――　38-40,43-44,61,66,68,71,133
　　名目――　43,47,50,61
　　――関数　83,194
　　――政策　56

――増加率　38-39,42,53,75
――弾力性　127
――と銀行信用の等価性　193,203
――・流動性／GDP・比率　187
――量　3
貨幣経済　1,34,79
貨幣錯覚　38,43,46,57,61,67,70-71,77,101
貨幣市場　13-14,16-17,21,28,38,40,47,50,61,88,140,148,178,182
　自国――　144
　――の均衡条件　237
　――の瞬時的均衡　220
　――の超過供給　133
貨幣市場均衡型の不均衡調整過程　15,22,166,173
貨幣市場均衡・証券市場均衡の複合型モデル　24
貨幣需要　34,170,200
　実質――　38,41,43,48,71,131-133
貨幣乗数　4,8,10,16-17,29-30,79,83,85,87,93,204,210,224
貨幣数量説　35,50,52,56
貨幣政策　33,53
貨幣創造　1,16,79,85,99,187,235
　――のモデル　82
貨幣賃金率　34,101
貨幣保有の機会費用　188
為替相場　22,104,165
　自国通貨建て――　22,140
　実質――　107,127,134
　名目――　104,106-108,123,134
　――のアンダーシューティング　180
　――のオーバーシューティング　173,180,185
　――のオーバーシューティング・モデル　161
　――の静学的予想　173
　――の予想変化率　173,181
為替相場決定のマネタリー・アプローチ　177
為替相場決定理論　104
為替相場チャネル　22
為替相場予想　22,123,128,153,168
為替リスク　109
間接金融　3,99-100
　――資金フロー　13,18-19,101
間接証券　2,4,6
完全雇用　35
　――実質所得　39-40,43,74
完全資本移動　161,172,191,201-202,199,234
　不――　138,150,153,158,172,188,191,199
完全代替　12,16,20,172
　現金と預金の――　189
　自国証券と外国証券の――　191,199,201
　不――　16,101,188
完全予見　109
　不――　109
機会費用
　貨幣保有の――　188
期間分析　120
期首モデル　119-120
供給変数　8,10,16,86
均衡
　瞬時的――　16-17,28,156,190
　短期――　44
　長期――　35,44,69
　定常――　15,21,24,156
　――解の同値性　207
　――財政　37,63,139
　――財政拡張政策　143
　――分析　229
銀行貸出　18,79
銀行債務　4
銀行信用　2,8,16,79,81-82,87,92-93,101,219,235
銀行部門　1-2
金融緩和政策　21-22,24,89,127,152,209-210,216
　量的――　29,46,101,238
金融経済　1-2,79
　――のワルラス法則　187
　――理論　1
金融財政政策　102,142,151
金融資産　10,79,120,194
　――市場　23
金融市場
　――の瞬時的調整　149
　――の同時均衡　202
金融政策　22,24,27,38,41,45,91,131,166
　――の波及プロセス　191
金融仲介（資金仲介）　1-2,79,100-101
　――機関　100-101
金融負債　19
金利
　短期――　28
　短期政策――　5,57
金利平価条件　19,22-23,108,110,122,128,158,163,165,172-173,192,195,199,201,

索引　273

209-210, 212, 233, 241
金利平価モデル　110, 112, 119, 123, 127, 129, 158
　——のマクロ不均衡調整モデル　162, 166
グリーンスパンの謎　57
経済のファンダメンタルズ　178
ケインジアン・モデル　33, 37, 39, 44-45, 52, 55
決済用預金　6
限界消費性向　41
現金　6, 9, 11-12, 16, 79, 101
　——と預金の完全代替　189
　——／預金・保有比率　16
現金供給
　——／預金・比率　9
　——・預金供給比率　87-89, 214
現金市場　24
現金需要　82, 198, 236
　——・預金需要比率　87-89, 220
現実の超過準備　20
現代マネタリー・モデル　108, 129, 134
公定歩合　5, 28
購買力平価　23
　——条件　113-114, 122
　——モデル（PPP）　114-115, 121-122
合理的予想　153
国際収支　23, 106-107, 144, 178, 195
　——均衡モデル　104-106, 110-112, 114, 122
国内貯蓄超過　122
古典的マネタリー・モデル　104, 121-122
古典派の二分法　55
コール・レート　5

さ　行

債券　6, 16
財市場　15, 21, 23, 38, 40, 50, 140, 178
最小の部分均衡モデル　103, 106, 122, 128
最小のマクロ経済モデル　80, 99-100
財政
　——拡張政策　132, 134
　——縮小政策　134
　——政策　63, 67, 176
最適な超過準備　20
債務証書　48
裁量政策　69
Jカーブ効果　138
資金
　——運用　19
　——需要　218
　——循環　1, 100
　——仲介　→　金融仲介
　——調達　48
　——の漏れ　9
　——不足部門　2
　——流通　1, 79
資金フロー　13
　間接金融——　13, 18-19, 101
　直接金融——　13
資金余剰　2, 81
　——部門　2
自国
　——債券　110, 118
　——財物価　107, 118, 123
　——所得　123
　——名目利子率　104, 106, 118
自国貨幣　118
　——市場　144
自国証券　188
　——供給　194, 231
　——市場　23, 147, 150, 178, 182, 235
　——と外国証券の完全代替　191, 199, 201
　——と外国証券の不完全代替　191, 202
自国証券需要　170, 201, 231
　——関数　194
自国証券利子率　144, 147, 165, 194
　——に関するアンダーシューティング　153
　——に関するオーバーシューティング　153
自国通貨　22
　——建て為替相場　22, 140
　——建て予想為替相場　140
資産勘定　120
資産市場　23
　——の一般均衡モデル　119
資産制約　119
資産選択　38, 48
資産モデル　23, 104, 120
市場
　——経済　34
　——の調整スピード　190
　——の不完全性　213
　——名目利子率　38, 46, 76
　——利子率　36
市場均衡　1, 16
　——と信用創造の関係　188
　——の安定性　48, 209
　——モデル　1, 239
市場不均衡　5, 99

──調整過程　　1
　　──調整モデル　　1, 13
実効利子率　　213
実質可処分所得　　38, 48
実質貨幣供給　　38-40, 43-44, 61, 66, 68, 71, 133
実質貨幣残高　　132
実質貨幣需要　　38, 41, 43, 48, 71, 131-133
　　──関数　　38
　　──の名目利子率感応性　　75-76
　　──の名目利子率弾力性　　54-55
実質為替相場　　107, 127, 134
実質所得　　34, 38-39, 44, 46-48, 50-51, 53, 60, 69
　　完全雇用──　　39-40, 43, 74
　　──ギャップ　　37
実質政府支出　　39-40, 44, 50, 60, 69, 131
実質投資　　69
実質利子率　　26, 59-60, 65, 74, 109
　　目標──　　67-68
　　予想──　　44-45
支払決済　　1
支払準備　　2
　　──政策　　5
資本移動　　118
　　完全──　　161, 172, 191, 201-202, 199, 234
　　不完全──　　138, 150, 153, 158, 172, 188, 191, 199
資本収支　　106-107, 111, 117, 140, 194
　　──関数　　201
　　──の動学方程式　　176
収支均等式　　10, 14, 83
修正フィリップス曲線　　35, 37-38, 45, 55, 129
需要変数　　8, 10, 16, 86
純外国債権ストック　　119
瞬時的均衡　　16-17, 28, 156, 190
　　貨幣市場の──　　220
　　証券市場の──　　211
瞬時的調整
　　金融市場の──　　149
瞬時的同時均衡モデル　　203
準備
　　支払──　　2
　　所用──（法定準備）　　7, 194
　　超過──　　4, 9, 20, 81, 194
準備需要　　3, 81, 92
　　──関数　　92, 95, 194, 197, 218, 236
準備預金　　4, 6
　　──供給　　4
　　──金利　　5, 7, 194

　　──市場　　5
　　──需要　　6, 11
証券　　18, 79
　　外国──　　188
　　間接──　　2
　　自国──　　188
　　本源的──　　3, 6-7, 11, 83-84, 93-94, 101
　　──供給　　11, 218
　　──利子率　　17-18
証券市場　　11, 13-14, 16-17, 48, 148, 213
　　自国──　　23, 147
　　本源的──　　88, 95-96, 221
　　──均衡型の不均衡調整過程　　15, 21, 167, 173
　　──の瞬時的均衡　　211
小国経済　　138
小国モデル　　174
所得　　1, 14, 21, 79
　　自国──　　123
　　実質──　　34, 38-39, 44, 46-48, 50-51, 53, 60, 69
　　──・支出勘定　　119
　　──・支出・モデル　　35, 47, 51, 55
所得流通速度　　34, 39, 44, 46-47, 50
　　──関数　　51
　　──の逆数　　46
　　──の（逆数の）名目利子率感応性　　54
所用準備（法定準備）　　7, 194
信用　　1, 6
　　中央銀行──　　2, 101, 187
　　民間銀行──（本源的証券需要）　　2, 8, 101
　　──収縮　　187
　　──乗数　　4, 11, 17, 19, 79, 83, 92
　　──チャネル　　16
　　──と貨幣が創造される「場」　　235
　　──膨張　　187
　　──割当　　211, 231
信用創造　　1, 4, 8, 16, 79, 85, 99, 187, 235
　　──の「場」　　94
信用創造・貨幣創造のモデル　　189
　　部分的な──　　192, 211
信用創造モデル
　　部分的な──　　9, 13, 92-93, 95, 220
　　マクロ──　　1, 9, 16, 29, 102, 188, 192, 209
信用量
　　──／GDP・比率　　187
　　──とGDPの同時決定モデル　　187
　　──と生産量とを同時に決定するマクロ信用創造モデル　　189
数量調整　　15

索引　275

――方程式　206
数量方程式　33-34,46,54
ストック　118
静学的予想　125
　　為替相場の――　173
政策誘導目標　28,36,46
政府支出
　　実質――　39-40,44,50,60,69,131
　　名目――　64,69,77
ゼロ金利政策　46
先決変数　144
総需要
　　――＝総供給・モデル　26
　　――の利子率感応性　204
総預金　9
　　――需要　234

た 行

短期均衡　44
短期金利　28
短期政策金利　5,57
短期利子率　36,78
チャネル変数　191
中央銀行
　　――貸出　5
　　――借入　9
　　――信用　2,101,187
超過供給
　　貨幣市場の――　133
超過準備　4,7,9,20,81,194
　　現実の――　20
　　最適な――　20
　　――比率　95
超過準備需要　7,17,83,87
　　――関数　83,87
長期均衡　35,44,69,127
長期金利　57
長期利子率　27-28,78
調整インフレ政策　129
調整スピード　149
調整変数　5,13,17,90,97,99,144,147,181,238
直接金融　3,99
　　――資金フロー　13
定常均衡　15,21,25,156
　　――モデル　154
ティンバーゲン定理　64
適応的予想仮説　38,130,153,168-169
テーラー・ルール　26,28,35,42,45,60
　　利子率の――　35,58,63

動学方程式
　　資本収支の――　176
等価原理　3,6,13
同時均衡
　　金融市場の――　202
同時均衡モデル
　　瞬時的――　203
トランスミッション・メカニズム　21
ドーンブッシュのオーバーシューティング・モデル　177
ドーンブッシュ・モデル　128,149,177

な 行

内外利子率格差　173
内生変数　104
二次元の不均衡調整モデル　90
日本化（Japanization）　2
ニュー・エコノミー　27
ニュー・ケインジアン　27
ノミナル・アンカー　57,62-63

は 行

ハイパワード・マネー　216,226,229
派生預金　3,8-10,82,87
派生預金供給　86,219-220,224
　　――関数　82
派生預金需要　92,94,222-223,234-235
　　――関数　16
バーナンキ＝ブラインダー・モデル　215
バブル　187
比較静学分析　16
非金融部門　8,102
フィッシャー＝フリードマンの仮定　85
フィッシャー＝フリードマンの方法　80,192
フィッシャー命題　57
不完全資本移動　138,150,153,158,172,188,191,199
不完全代替　16,101,188
　　自国証券と外国証券の――　191,202
不完全予見　109
不均衡調整過程　12,148,154,172,182,188-189,191-192,220
　　貨幣市場均衡型の――　15,22,166,173
　　証券市場均衡型の――　15,21,167,173
　　――の安定性　225
不均衡調整モデル　14,16-17,21,85,89,96,99,128,147,149,153-154,157,164,172,188,190-191,202-203,207,209,212,237-238,241
　　開放マクロ経済の――　149-150,158,172

市場—— 1, 13
マクロ—— 22, 137, 158
マンデル＝フレミング・モデルの—— 181, 184-185
物価 22, 34, 46-47, 101, 104
自国財 107, 118, 123
部分均衡モデル 23, 104, 109, 114, 134
最小の—— 103, 106, 122, 128
部分的な信用創造・貨幣創造モデル 192, 211
部分的な信用創造モデル 9, 13, 92-93, 95, 220
フロー 118
閉鎖経済モデル 137, 188
ベース・マネー 4, 9, 13, 27-29, 82, 89, 92, 96, 196, 205, 237
変動相場制 149-150, 176
貿易収支 106-107, 111, 117, 140
——関数 116
——均衡モデル 115
法定支払準備率 194
法定準備 →所用準備
——預金 214
ポートフォリオ・バランス・モデル 108
ポリシー・ミックス 67-68, 77, 124
本源的証券 3, 6-7, 11, 83-84, 93-94, 101
——市場 88, 95-96, 221
——需要（民間銀行信用） 4, 6, 11, 17, 83, 101
——需要関数 83
本源的預金 4, 8-10, 92
——需要 92-93, 223

ま 行

マクロ一般均衡モデル 211
マクロ供給関数 34, 39, 44-48, 50-51, 53, 55, 59, 65-66, 73, 130
マクロ均衡同時決定モデル 1, 12-13, 80, 83, 85, 139, 161, 163, 189, 202-203, 207
マクロ金融経済モデル 187, 230
マクロ経済変数 104
マクロ経済モデル
最小の—— 80
マクロ在庫モデル 102
マクロ信用創造一般均衡モデル 211
マクロ信用創造モデル 1, 9, 16, 29, 102, 188, 192, 209
信用量と生産量とを同時に決定する —— 189
マクロ不均衡調整過程 137

マクロ不均衡調整モデル 22, 137, 158
金利平価モデルの—— 162, 166
マクロ閉鎖経済 137
マーシャル・ラーナー条件 116
マネーサプライ 30
マネタリー・アプローチ
為替相場決定の—— 177
マネタリスト・モデル 33, 46, 52, 55
マネタリー・トランスミッション 16
マネタリー・モデル
現代—— 108, 134
古典的—— 104, 121-122
マンデル＝フレミング・モデル 104, 123-124, 126, 129, 131, 153, 168, 170, 174, 178, 184
——の不均衡調整モデル 181, 184-185
民間銀行信用（本源的証券需要） 2, 8, 101
民間銀行部門 2, 7-8, 10, 19, 81, 192
——の預金供給に関する受動的行動態度 189
——の預金需要への受動的行動態度 234
民間非金融部門 84, 192
名目貨幣供給 43, 47, 50, 61
——増加率 51, 66, 68
名目貨幣量 47
名目為替相場 104, 106-108, 123, 134
——減価率 129-130
——のオーバーシューティング 126-127
——の予想変化率 125
——変化率 109
名目政府支出 64, 69, 77
名目利子率 26, 28, 35, 42, 45, 36, 38-39, 41, 44-47, 50, 53, 59-60, 123
自国—— 104, 106
市場—— 38, 46, 76
——均等化条件 123, 127
名目利子率感応性
実質貨幣需要の—— 75-76
所得流通速度の（逆数の）—— 54
名目利子率弾力性
実質貨幣需要の—— 54-55
目標インフレ率 37, 40, 42, 51, 60, 62, 65-68, 70, 74, 77
目標実質利子率 67-68

や 行

有価証券 16
有効貸出量 216, 218, 222, 231, 234, 236-237
預金 4, 6, 11-12, 16
決済用—— 6

準備―― 4, 6
　総―― 9
　派生―― 3, 8-10
　本源的―― 4, 8-10, 92
　　――市場　8-9, 24, 235
　　――通貨　2, 12, 79
　　――保有リスク　12, 20
預金供給　9, 82, 93, 197-198, 214-216, 219, 223, 235-236
　　――の非決定性　196
預金需要　9, 82, 91-93, 101, 198, 235
　派生――　92, 94, 222-223, 234-235
　本源的――　92-93, 223
予想インフレ率　37-39, 41, 44-45, 50-51, 53, 60, 65, 68-69, 74, 129
予想為替相場　142-144, 151, 168, 172
　自国通貨建て――　140
予想実質利子率　44-45
予想収益率
　外国証券の――　22
予想変化率
　為替相場の――　173, 181

ら　行

利子率　11, 13-14, 21-22, 33, 48, 79, 83
　貸出――　17-18, 202, 204, 211
　市場――　36
　市場名目――　38, 46, 76
　実効――　213
　実質――　26, 59-60, 65, 74, 109
　証券――　17-18
　短期――　36, 78
　長期――　27-28, 78
　名目――　26, 28, 35, 42, 45, 36, 38-39, 41, 44-47, 50, 53, 59-60, 123
　　――決定ルール　65-66, 70-71
　　――政策　28, 33, 36-38, 43-45, 53, 56, 59-60, 66-68, 74, 77
　　――チャネル　22
　　――のオーバーシューティング　98-99
　　――のテーラー・ルール　35, 58, 63
利子率感応性
　総需要の――　204
リスク
　為替――　109
　預金保有――　12, 20
　　――・プレミアム　28, 108-109
リーマン・ショック　28, 187
流通速度関数　49
流動性　2, 7, 187
量的金融緩和政策　29, 46, 101, 238

わ　行

ワルラス法則　9-11, 18, 23, 33-34, 48, 79, 83, 96, 128, 137, 140, 144, 147-149, 178, 182, 188, 196, 198, 200, 203, 212, 218-219, 225, 232
　開放経済の――　139
　金融経済の――　187

【著者紹介】
藤原　秀夫（ふじわら　ひでお）
神戸商科大学卒業．
神戸大学大学院経済学研究科修士課程修了．同博士課程中退．
現在，同志社大学商学部教授，同大学院商学研究科教授．
経済学博士（神戸大学）．専攻は金融論・国際金融論．

単独著書
『マクロ経済分析における貨幣と証券』千倉書房，1988 年
『マクロ金融政策の理論』晃洋書房，1995 年
『為替レートと対外不均衡の経済学』東洋経済新報社，1999 年
『マクロ貨幣経済の基礎理論』東洋経済新報社，2008 年
『マクロ金融経済の基礎理論』晃洋書房，2013 年

主要論文
「期首モデルと金融政策の有効性」『同志社商学』第 47 巻第 5 号，1996 年
「均衡動学モデルと為替相場決定理論」『社会科学』第 59 号，1997 年
「『経済成長と国際収支』に関する R. A. マンデルの古典的命題について——整合性と論争解決の基本的方向性」『研究年報経済学』東北大学経済学会，第 68 巻第 1 号，2006 年
「利子率政策と『ケインジアン・モデル』および『マネタリスト・モデル』」『研究年報経済学』第 70 巻第 1 号，2009 年
「マクロ的枠組みの下での貨幣と銀行信用の基本問題について」『金融経済研究』第 32 号，2011 年

マクロ金融経済と信用・貨幣の創造

2015 年 2 月 5 日発行

著　者──藤原秀夫
発行者──山縣裕一郎
発行所──東洋経済新報社
　　　　　〒103-8345　東京都中央区日本橋本石町 1-2-1
　　　　　電話＝東洋経済コールセンター　03(5605)7021
　　　　　http://toyokeizai.net/
印　刷…………丸井工文社
製　本…………東京美術紙工協業組合
カバーデザイン……橋爪朋世
©2015 Fujiwara Hideo　　Printed in Japan　　ISBN 978-4-492-65461-3

本書のコピー，スキャン，デジタル化等の無断複製は，著作権法上での例外である私的利用を除き禁じられています．本書を代行業者等の第三者に依頼してコピーやスキャンやデジタル化することは，たとえ個人や家庭内での利用であっても一切認められておりません．

落丁・乱丁本はお取替えいたします．